H. H. Gloistehn

Numerische Methoden bei Integralen und gewöhnlichen Differentialgleichungen für PTR (AOS)

Anwendung programmierbarer Taschenrechner

Band 1 Angewandte Mathematik – Finanzmathematik – Statistik – Informatik für UPN-Rechner, von H. Alt

Band 2 Allgemeine Elektrotechnik – Nachrichtentechnik – Impulstechnik für UPN-Rechner, von H. Alt

Band 3/I Mathematische Routinen der Physik, Chemie und Technik für AOS-Rechner, Teil I, von P. Kahlig

Band 3/II Mathematische Routinen für Physik, Chemie und Technik für AOS-Rechner Teil II, von P. Kahlig

Band 4 Statik – Kinematik – Kinetik für AOS-Rechner, von H. Nahrstedt

Band 5 Numerische Mathematik. Programme für den TI-59, von J. Kahmann

Band 6 Elektrische Energietechnik – Steuerungstechnik – Elektrizitätswirtschaft für UPN-Rechner, von H. Alt

Band 7 Festigkeitslehre für AOS-Rechner (TI-59), von H. Nahrstedt

Band 8 Graphische Darstellung mit dem Taschenrechner (AOS), von P. Kahlig

Band 9 Maschinenelemente für AOS-Rechner, Teil I: Grundlagen, Verbindungselemente, Rotationselemente, von H. Nahrstedt

Band 10 Getriebetechnik – Kinematik für AOS- und UPN-Rechner (TI-59 und HP-97), von K. Hain

Band 11 Indirektes Programmieren und Programmorganisation, von A. Tölke

Band 12 Algorithmen der Netzwerkanalyse für programmierbare Taschenrechner (HP-41C), von D. Lange

Band 13 Getriebetechnik – Dynamik für AOS- und UPN-Rechner, von H. Kerle

Band 14 Graphische Darstellung mit dem Taschencomputer PC-1211, von P. Kahlig

Band 15 Numerische Methoden bei Integralen und gewöhnlichen Differentialgleichungen für programmierbare Taschenrechner (AOS), von H. H. Gloistehn

Anwendung programmierbarer Taschenrechner

Band 15

Hans Heinrich Gloistehn

Numerische Methoden bei Integralen und gewöhnlichen Differentialgleichungen für programmierbare Taschenrechner (AOS)

Mit 10 Testprogrammen, 33 effizienten Programmen und 70 Beispielen

Friedr. Vieweg & Sohn Braunschweig/Wiesbaden

CIP-Kurztitelaufnahme der Deutschen Bibliothek

Gloistehn, Hans Heinrich:
Numerische Methoden bei Integralen und gewöhnlichen Differentialgleichungen für programmierbare Taschenrechner (AOS): mit 10 Testprogrammen, 33 effizienten Programmen u. 70 Beispielen / Hans Heinrich Gloistehn. – Braunschweig; Wiesbaden: Vieweg, 1982.
(Anwendung programmierbarer Taschenrechner; Bd. 15)
ISBN 978-3-528-04204-2 ISBN 978-3-322-88835-8 (eBook)
DOI 10.1007/978-3-322-88835-8
NE: GT

1982

Satz: Friedr. Vieweg & Sohn, Wiesbaden

ISBN 978-3-528-04204-2

Vorwort

In diesem Buch werden einige Verfahren zur numerischen Lösung von bestimmten Integralen und Anfangs-, Rand- und Eigenwertaufgaben bei gewöhnlichen Differentialgleichungen beschrieben und in Programme für Taschenrechner der Serie **TI-58** oder **TI-59** umgesetzt. Das Buch kann damit demjenigen, der lediglich ein konkretes Problem aus dem hier behandelten Themenkreis lösen möchte, als Programmsammlung dienen. In diesem Fall braucht nur aus dem Katalog der 33 effizienten Programme (s. Anhang) das geeignete herausgesucht und unter Beachtung der zugehörigen Benutzeranleitung gestartet zu werden.

Vornehmlich aber wendet sich dieses Buch an *den* Leser, der das umfangreiche Gebiet der numerischen Methoden bei Differentialgleichungen kennenlernen und sich bei einem ersten Studium nicht durch eine allzu theoretische Darstellung abschrecken lassen möchte. Die meisten Mathematiker begeistern sich naturgemäß hauptsächlich für eine möglichst umfassende Theorie mit schönen und mathematisch strengen Beweisen. Es fällt ihnen nicht immer leicht einzusehen, daß viele Menschen diese Begeisterung nicht in gleichem Maße teilen und stattdessen lieber ein praktisches oder zumindest ein numerisches Beispiel vorziehen. Aus diesem Grund wird in diesem Buch auf die Theorie der Verfahren kaum eingegangen. Diese findet der Leser in manchen der zahlreichen Lehrbücher über numerische Mathematik, von denen einige im Literaturverzeichnis angegeben sind.

Wir werden also auf den folgenden Seiten die jeweiligen Verfahren an vielen *Beispielen* erproben. Dieses ist oft sehr mühsam, aber hier bietet der programmierbare Taschenrechner eine vorzügliche Hilfe. Durch die außergewöhnlich günstige Preisentwicklung auf dem Taschenrechnermarkt und die zunehmende Leistungsfähigkeit dieser Geräte ist es möglich geworden, viele Verfahren der praktischen Analysis in aller Ruhe zu Hause am Schreibtisch zu testen. Die Programmierung eines Taschenrechners in der nicht sehr bequemen Maschinensprache ist zwar mühsamer als in einer problemorientierten Programmiersprache wie z.B. BASIC oder ALGOL. Ist aber ein fertiges und ausgetestetes Programm auf einer Magnetkarte gespeichert, dann ist die Nutzanwendung bei der numerischen Behandlung einer konkreten Aufgabe mit einem programmierbaren Taschenrechner kaum einfacher denkbar.

Den Mitarbeitern im Vieweg Verlag danke ich für die problemlose und angenehme Zusammenarbeit bei der Herstellung dieses Buches.

Hamburg, Februar 1982 *H. H. Gloistehn*

Inhaltsverzeichnis

Anhang

Vorbemerkungen

Die in diesem Buch zusammengestellten numerischen Verfahren zur Berechnung bestimmter Integrale und gewöhnlicher Differentialgleichungen werden im allgemeinen nach folgendem Prinzip aufgestellt. Zunächst wird ein Algorithmus möglichst anschaulich beschrieben und in ein Programm für den Taschenrechner umgesetzt. Danach wird das Verfahren an einigen Beispielen mit bekannten Lösungen getestet. Hierdurch soll versucht werden, einen Eindruck von der quantitativen Güte des Verfahrens zu erhalten. Daraus werden wir dann sehr mutig und im Sinne einer strengen Mathematik fast etwas leichtfertig Gesetzmäßigkeiten über den Fehler unseres Algorithmus gewinnen und schließlich mit Hilfe der Fehlerbetrachtung ein besseres Verfahren entwickeln. Diese in der *reinen* oder *theoretischen* Mathematik nicht übliche Vorgehensweise könnte man als *experimentelle* Mathematik bezeichnen. Sie ist erst möglich geworden durch programmierbare Rechner, die uns in relativ kurzer Zeit ein umfangreiches Zahlenmaterial zur Verfügung stellen, aus dem wir das Fehlerverhalten eines numerischen Verfahrens ablesen können.

Die Programme, die effizient zur Lösung eines Problems herangezogen werden können, werden wir mit einem Kennwort und einer laufenden Nummer versehen. Wir benutzen in diesem Buch

INT für numerische Integration,
AWA für Anfangswertaufgabe,
RWA für Randwertaufgabe,
EWA für Eigenwertaufgabe.

So bedeutet z.B. RWA 2 das Programm zur Lösung der linearen Randwertaufgabe

$$y'' + q(x)\,y' + p(x)\,y = r(x), \quad y(a) = y_a, \quad b_0\,y(b) + b_1\,y'(b) = b_2$$

mit dem gewöhnlichen Differenzenverfahren. Eine Zusammenstellung der Programme und der Verfahren finden Sie im Anhang. Dabei haben wir entsprechend der verschiedenen Kapazitäten der benutzten Taschenrechner TI-58 und TI-59 häufig zwei Programmversionen angegeben. So wird z.B. bei den Programmen EWA 4 und EWA 5 in beiden Fällen das Mehrstellenverfahren zur Berechnung von Eigenwerten desselben Eigenwertproblems herangezogen. In der Version EWA 4 für den TI-58 (die selbstverständlich auch von dem größeren TI-59 benutzt werden kann) wird lediglich der Eigenwert für eine vorgegebene Intervalleinteilung nach dem klassischen Mehrstellenverfahren berechnet. Das Programm EWA 5 führt zusätzlich eine Extrapolation mehrerer Näherungswerte durch und ermittelt schließlich den Eigenwert auf eine gewünschte Genauigkeit.

Bei allen Problemen, die wir in diesem Buch behandeln, werden Funktionen $f(x)$, $q(x)$, $f(x, y)$ usw. auftreten, deren Werte in einem Unterprogramm zu berechnen sind. Die Eingabe einer solchen Funktion soll in allen Fällen stets nach derselben Vorschrift durchgeführt werden:

[GTO] [SBR] [LRN]; Tastenfolge zur Berechnung der Funktionswerte $f(\ldots)$ mit $x = (R_1)$, $y = (R_2)$, ... eingeben und mit [INV] [SBR] [LRN] abschließen.

Hierin bedeutet

(R_1) = Inhalt des Datenspeichers (Registers) R_1.

Lautet z.B.

$$f(x, y) = e^{-y/x} + x^2 \sqrt{y},$$

so könnte die Tastenfolge zur Berechnung der Funktionswerte f(x, y) so aussehen:

[RCL] 2 [+/−] [÷] [RCL] 1 [=] [INV] [LN] [+] [RCL] 1 [x^2] [X] [RCL] 2 [$\sqrt{x}$] [=]

Alle Programme in diesem Buch sind so aufgebaut, daß das Gleichheitszeichen in einem Unterprogramm benutzt werden darf (im Gegensatz zu der Vorschrift im TI-Programmierhandbuch oder in anderen Büchern). Sprunganweisungen, Verzweigungen und Unterprogramme werden fast immer direkt adressiert. Wir verzichten damit auf eine gewisse Flexibilität bei Benutzung von Labels zugunsten einer kürzeren Rechenzeit.

Die meisten Algorithmen habe ich durch ein Flußdiagramm (Programmablaufplan) dargestellt, um den Übergang zum Rechnerprogramm zu erleichtern. Im Gegensatz zu meinen Programmierbüchern habe ich in diesem Buch folgende Änderungen vorgenommen. Das in der Programmiersprache ALGOL übliche Wertzuweisungszeichen := habe ich durch = ersetzt (wie in FORTRAN, BASIC usw. üblich). Für die Laufanweisung benutze ich die in DIN 66001 festgelegte Bezeichnung, z.B. für i = 1, 2, 3, ..., n:

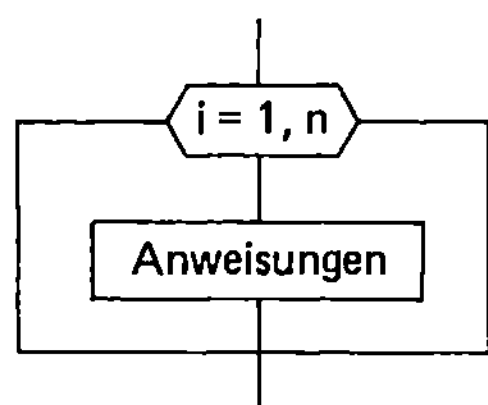

Programmiert wird diese Laufanweisung beim Taschenrechner mit Decrement and Skip on Zero (Dsz), d.h. vom Rechner wird rückwärts von n bis 1 gezählt.

Die meisten Beispiele (s. Anhang) werden in diesem Buch mit einer Genauigkeit durchgerechnet, die für technische Anwendungen weit übertrieben ist. Der Praktiker möge dieses dem Mathematiker, der auf diesem Wege die Leistungsfähigkeit eines numerischen Verfahrens testen will, verzeihen. Bei einer konkreten Aufgabe wird man selbstverständlich die geforderte Genauigkeit dem jeweiligen Problem anpassen (und nicht z.B. die Geschwindigkeit einer Rakete auf mm/s genau berechnen).

1 Numerische Integration

Bei der einfachsten Differentialgleichung ist eine Funktion $y(x)$ gesucht, die den Bedingungen

$$y' = f(x) \quad \text{für} \quad x \in]a;b[\quad \text{und} \quad y(a) = y_a \tag{1-1}$$

genügt. Die Existenz und Eindeutigkeit der Lösungsfunktion $y(x)$ wollen wir im folgenden stets voraussetzen. Das Problem (1-1) ist durch Integration lösbar:

$$y(x) = y_a + \int_a^x f(t)\,dt\,. \tag{1-2}$$

Ist insbesondere $y_a = 0$ und nur nach $y(b)$ gefragt, so führt die Lösung auf das bestimmte Integral

$$y(b) = I = \int_a^b f(x)\,dx\,. \tag{1-3}$$

Ist $F(x)$ eine Stammfunktion von $f(x)$, d.h. $F'(x) = f(x)$, so lautet nach dem Hauptsatz der Differential- und Integralrechnung die Lösung

$$I = F(b) - F(a)\,.$$

Ist es nicht möglich, eine Stammfunktion $F(x)$ anzugeben (z.B. für $f(x) = \sqrt{\sin x}$ oder in einfacher Form durch elementare Funktionen darzustellen (z.B. für $f(x) = (1 + x^5)^{-1}$), dann muß I näherungsweise durch andere Verfahren ermittelt werden. Einige dieser Verfahren sollen in diesem Kapitel 1 beschrieben werden. Dabei gehen wir von der anschaulichen Deutung des bestimmten Integrals aus: I stellt den Inhalt der Fläche zwischen der zu $\bar{y} = f(x)$ gehörenden Kurve und der x-Achse von $x = a$ bis $x = b$ dar.

1.1 Tangententrapezregel

1.1.1 Algorithmus und Testprogramm

Wir unterteilen das Gesamtintervall $[a;b]$ in n Teilintervalle mit der

Schrittweite $h = \dfrac{b-a}{n}$, $x_i = a + ih$ $(i \in \mathbb{N}_{0,n})$ und

$x_{i+1/2} = x_i + \dfrac{h}{2} = a + \dfrac{h}{2} + ih$ $\quad (i \in \mathbb{N}_{0,n-1})$.

In jedem Teilintervall ersetzen wir die gekrümmte Kurve im Mittelpunkt durch ihre Tangente. Für den Inhalt der Fläche unter der Ersatzkurve erhalten wir

$$T(h) = h \sum_{i=0}^{n-1} f(x_{i+1/2}) = h \sum_{i=0}^{n-1} f(a + \tfrac{h}{2} + ih)\,. \tag{1.1-1}$$

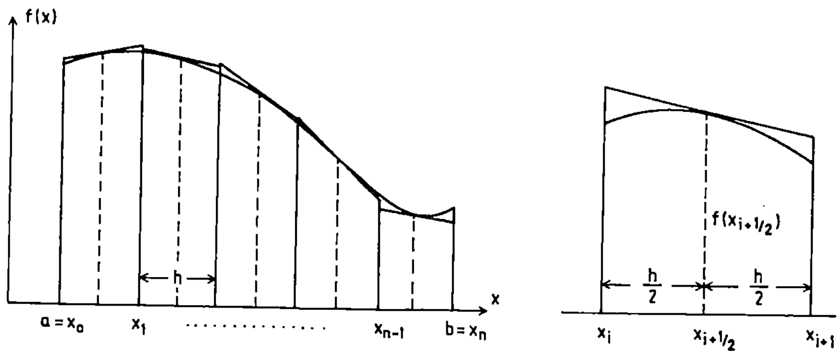

Diese Näherungsformel für I nennt man die *Tangententrapezregel*. Die Differenz

$$F = \int_a^b f(x)\,dx - T \tag{1.1-2}$$

bezeichnen wir als Fehler des Verfahrens. Um die Abhängigkeit dieses Fehlers von der Intervallunterteilung, also von h bzw. n, experimentell herauszufinden, schreiben wir ein Programm zur Berechnung der Näherungswerte T für die Intervalleinteilungen $n = 4, 8, 16, \ldots, 4 \cdot 2^{p-1}$. Wir bezeichnen die nach (1.1-1) berechneten Summen mit $T_{11}, T_{12}, \ldots, T_{1p}$ und mit $F_k = I - T_{1k}$ ($k \in \mathbb{N}_p$) die jeweiligen Fehler. Für ein bekanntes I sollen mit dem Testprogramm n, T_{1k}, F_k und das Verhältnis F_{k-1}/F_k zweier aufeinanderfolgender Fehler ausgegeben werden (wobei wir noch $F_0 = 0$ setzen). Das Flußdiagramm 1.1.1 zeigt den Ablauf dieses Testprogramms. Die Laufanweisungen k = 1 bis p und i = 1 bis n programmieren wir mit [*Dsz] 5 bzw. [*Dsz] 0.

```
000 76 LBL     020 42 STO     040 02  02     060 44 SUM     080 95  =
001 11  A      021 04  04     041 85  +      061 07  07     081 99 PRT
002 47 CMS     022 91 R/S     042 43 RCL     062 43 RCL     082 48 EXC
003 99 PRT     023 76 LBL     043 03  03     063 03  03     083 08  08
004 42 STO     024 15  E      044 55  ÷      064 44 SUM     084 55  ÷
005 02  02     025 42 STO     045 02  2      065 01  01     085 43 RCL
006 94 +/-     026 05  05     046 95  =      066 97 DSZ     086 08  08
007 42 STO     027 02  2      047 42 STO     067 00  00     087 95  =
008 03  03     028 42 STO     048 01  01     068 00  00     088 99 PRT
009 91 R/S     029 06  06     049 00  0      069 57  57     089 98 ADV
010 76 LBL     030 22 INV     050 42 STO     070 43 RCL     090 97 DSZ
011 12  B      031 49 PRD     051 07  07     071 03  03     091 05  05
012 99 PRT     032 03  03     052 43 RCL     072 49 PRD     092 00  00
013 44 SUM     033 02  2      053 06  06     073 07  07     093 33  33
014 03  03     034 49 PRD     054 99 PRT     074 43 RCL     094 91 R/S
015 91 R/S     035 06  06     055 42 STO     075 04  04     095 76 LBL
016 76 LBL     036 22 INV     056 00  00     076 75  -      096 71 SBR
017 13  C      037 49 PRD     057 71 SBR     077 43 RCL
018 99 PRT     038 03  03     058 00  00     078 07  07
019 98 ADV     039 43 RCL     059 97  97     079 99 PRT
```

Programm 1.1.1: Tangententrapezregel (Test)

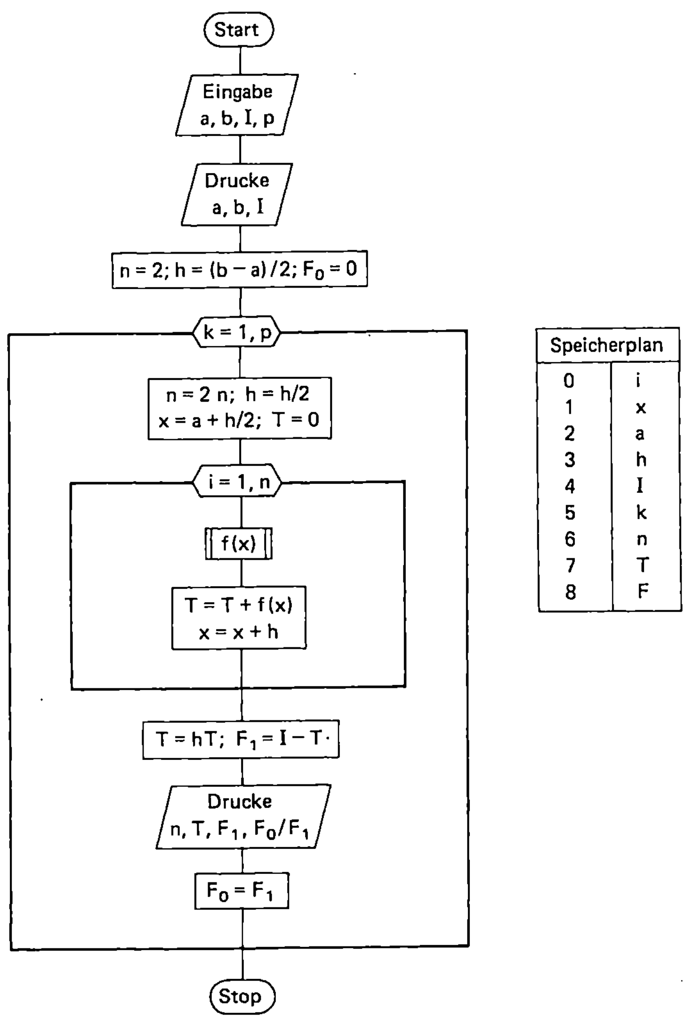

Speicherplan	
0	i
1	x
2	a
3	h
4	I
5	k
6	n
7	T
8	F

Flußdiagramm 1.1.1: Testprogramm Tangententrapezregel

Benutzeranleitung: Testprogramm Tangententrapezregel

(1) Programm 1.1.1 einlesen.

(2) [GTO] [SBR] [LRN]; Tastenfolge zur Berechnung der Funktion $f(x)$ mit $x = (R_1)$ eingeben und mit [INV] [SBR] [LRN] abschließen.

(3) Eingabe: a [A] b [B] I [C] p [E]

(4) Ausgabe: n; T_{1k}; F_k; F_{k-1}/F_k $\quad (k \in \mathbb{N}_p;\ F_0 = 0)$.

Wir berechnen mit dem Programm 1.1.1 die folgenden Integrale:

(B1-1) $\int_1^8 \frac{dx}{\sqrt[3]{x}} = 4{,}5;$ (B1-2) $\int_0^{\pi/2} e^x \cos x \, dx = \frac{1}{2}\left(\exp\frac{\pi}{2} - 1\right);$

(B1-3) $\int_0^3 (1+x)^{1{,}5} = 12{,}4;$ (B1-4) $\int_3^7 \frac{x}{1+x^2}\,dx = \frac{1}{2}\ln 5\,.$

Die Ergebnisse sind im Beispiel 1.1.1 angegeben.

(B1-1)	(B1-2)	(B1-3)	(B1-4)
1.	0.	0.	3.
8.	1.570796327	3.	7.
4.5	1.90523869	12.4	.8047189562
4.	4.	4.	4.
4.466860931	1.94235108	12.36496325	.8022046666
.0331390694	-.0371123895	.0350367519	.0025142896
0.	0.	0.	0.
8.	8.	8.	8.
4.490627523	1.914558722	12.39121871	.8040867654
.0093724774	-.0093200315	.0087812948	.0006321908
3.535785475	3.98200257	3.989930045	3.977105428
16.	16.	16.	16.
4.497550933	1.907571289	12.39780323	.8045606934
.0024490666	-0.002332599	.0021967747	.0001582629
3.826959002	3.995556732	3.997357904	3.994562199
32.	32.	32.	32.
4.499379765	1.905822002	12.39945071	.8046793773
.0006202348	-.0005833112	.0005492857	.0000395789
3.948611836	3.998892704	3.999329893	3.998662819
64.	64.	64.	64.
4.499844413	1.905384528	12.39986267	.8047090607
.0001555875	-.0001458379	.0001373273	.0000098956
3.986406327	3.999723481	3.99982975	3.999664516

Beispiel 1.1.1: Tangententrapezregel (Test)

1.1.2 Extrapolationsverfahren

Aus den Testbeispielen des vorhergehenden Abschnitts erkennen wir, daß $F_{k-1}/F_k \cong 4$ gilt. Die 4 wird im allgemeinen um so besser erreicht, je größer k ist, d.h. je größer die Anzahl der Teilintervalle bzw. je kleiner die Schrittweite h ist. Der Fehler bei Halbierung der Schrittweite h geht demnach auf etwa 1/4 des Fehlers bei der vorhergehenden Schrittweite zurück, d.h. es gilt

$$F_k = F(h) = I - T_{1k} \cong C_2 h^2.$$

Die rechte Seite müssen wir als erstes Glied einer Reihenentwicklung der Funktion $F(h)$ nach Potenzen von h auffassen. (Wir setzen hier voraus, daß eine solche Reihenentwicklung existiert. Im Abschnitt 1.1.4 werden wir das Problem etwas theoretischer untersuchen.) Für das bestimmte Integral erhalten wir somit

$$I = T_{1k} + C_2 h^2 + C_4 h^4 + C_6 h^6 + C_8 h^8 + \ldots \tag{1.1-3}$$

Daß in der Potenzreihenentwicklung nur Potenzen mit geraden Exponenten auftreten, kann man folgendermaßen erklären. Berechnen wir T_{1k} von rechts her ($x_0 = b$) mit einer negativen Schrittweite $-h$, so müssen wir denselben Wert wie vorher mit dem Beginn bei $x_0 = a$ und $+h$ erhalten, d.h. es gilt

$$T_{1k} = T(h) = T(-h)\ .$$

Es können also keine Potenzen mit ungeraden Exponenten auftreten.

Aus (1.1-3) lassen sich nach einem Vorschlag von *Romberg* in einfacher Weise verbesserte Näherungswerte für I berechnen. Schreiben wir (1.1-3) für die doppelte Schrittweite, so wird mit $T_{1,k-1} = T(2h)$

$$I = T_{1,k-1} + 4\,C_2 h^2 + 4^2 C_4 h^4 + 4^3 C_6 h^6 + 4^4 C_8 h^8 + \ldots \tag{1.1-3'}$$

Multiplizieren wir (1.1-3) mit 4 und ziehen davon (1.1-3') ab, so erhalten wir mit

$$T_{2k} = \frac{4\,T_{1k} - T_{1,k-1}}{3}$$

für I die Darstellung

$$I = T_{2k} + C_{4,1} h^4 + C_{6,1} h^6 + C_{8,1} h^8 + \ldots \tag{1.1-4}$$

Hierin ist T_{2k} ein neuer Näherungswert für I, der im allgemeinen besser sein wird als die Werte T_{1k} und $T_{1,k-1}$, aus denen T_{2k} berechnet wird. Schreiben wir nun (1.1-4) für die doppelte Schrittweite, so können wir entsprechend wie oben das Glied $C_{4,1}h^4$ eliminieren und erhalten

$$I = T_{3k} + C_{6,2} h^6 + C_{8,2} h^8 + \ldots$$

mit

$$T_{3k} = \frac{4^2 T_{2k} - T_{2,k-1}}{4^2 - 1}\ .$$

Dieses Spiel können wir fortsetzen und so aus der Folge

$$T_{11},\ T_{12},\ T_{13},\ T_{14},\ \ldots$$

neue Näherungswerte für I nach der folgenden Vorschrift ermitteln:

$$T_{j+1,k} = \frac{4^j T_{jk} - T_{j,k-1}}{4^j - 1} \qquad (k = 2, 3, \ldots;\ j = 1, 2, \ldots, k-1) \tag{1.1-5}$$

Dieses *Extrapolationsverfahren* (häufig auch *Richardson*-Extrapolation genannt) können wir schematisch so darstellen:

$$\begin{array}{lllll}
T_{11} & & & & \\
T_{12} & T_{22} & & & \\
T_{13} & T_{23} & T_{33} & & \\
T_{14} & T_{24} & T_{34} & T_{44} & \\
T_{15} & T_{25} & T_{35} & T_{45} & T_{55} \\
\ldots & & & &
\end{array} \tag{1.1-6}$$

Die Werte der ersten Spalte werden mit der Tangententrapezregel (1.1-1) für $h, \frac{h}{2}, \frac{h}{4}, \frac{h}{8}$ usw. berechnet. Hieraus ergeben sich nach (1.1-5) die nächsten Spalten. Zur Berechnung von T_{34} z.B. werden die beiden Werte T_{23} und T_{24} der vorhergehenden Spalte benötigt (in der obigen Darstellung gestrichelt eingerahmt). Setzen wir noch $T_{10} = 0$ und $T_{jk} = 0$ für $j > k$, so endet die Berechnung in einer Zeile, wenn wir bei $T_{k+1,k} = 0$ angekommen sind. Diese Eigenschaft werden wir später beim Aufbau des Programms ausnutzen.

Anmerkung: Statt mit der

Romberg-Folge $h, \frac{h}{2}, \frac{h}{4}, \frac{h}{8}, \ldots$

kann natürlich auch mit jeder anderen Folge $h_1, h_2, h_3, \ldots$ gearbeitet werden. So z.B. [20] mit der

Bulirsch-Folge $h, \frac{h}{2}, \frac{h}{3}, \frac{h}{4}, \frac{h}{6}, \frac{h}{8}, \ldots,$

die gegenüber der Romberg-Folge den Vorteil der geringeren Intervallunterteilung besitzt und daher weniger Rechenzeit benötigt.

1.1.3 Programm für das Romberg-Tangententrapezverfahren

Die Berechnung der T_{jk} nach (1.1-1) und (1.1-5) nehmen wir folgendermaßen vor. Wir beginnen stets mit $n = 4$, d.h. $h = (b-a)/4$, und verdoppeln im nächsten Schritt n und halbieren h. Wir lassen uns n und die Werte $T_{1k}, T_{2k}, T_{3k}, \ldots, T_{kk}$ einer Zeile aus (1.1-6) ausdrucken (vom Drucker natürlich untereinander). Die Rechnung soll abgebrochen werden, wenn eine vorgegebene Genauigkeit ϵ erreicht worden ist. Wir wollen hier fordern, daß die letzten Werte zweier aufeinanderfolgender Zeilen sich um weniger als ϵ unterscheiden:

$$|T_{kk} - T_{k-1,k-1}| < \epsilon . \qquad (1.1\text{-}7)$$

Wir können hieraus selbstverständlich nicht mathematisch streng $|I - T_{kk}| < \epsilon$ folgern, aber mit einiger Wahrscheinlichkeit wird diese Aussage richtig sein.

Den gesamten Algorithmus stellen wir im Flußdiagramm INT 1 dar. Hierbei ist zu beachten, daß der Laufindex k im Programm selbst überhaupt nicht auftritt, er dient lediglich zum besseren Verständnis des Algorithmus. Die berechneten Werte T_{jk} $(j = 1, 2, \ldots, k)$ speichern wir nach R_{9+j}. Für ein neues k werden die alten Speicherinhalte überschrieben. T_{jk} wird für j so lange berechnet, bis der Inhalt eines Speichers R_{9+j} den Wert Null besitzt. Dann wird $j > k$ (s. Bemerkung in 1.1.2), und das Verfahren wird auf Abbruch oder Fortsetzung mit dem nächsten k-Wert getestet. Die Potenzen $C_j = 4^j$ schließlich berechnen wir rekursiv mit $C = 1$ und danach $C = 4C$.

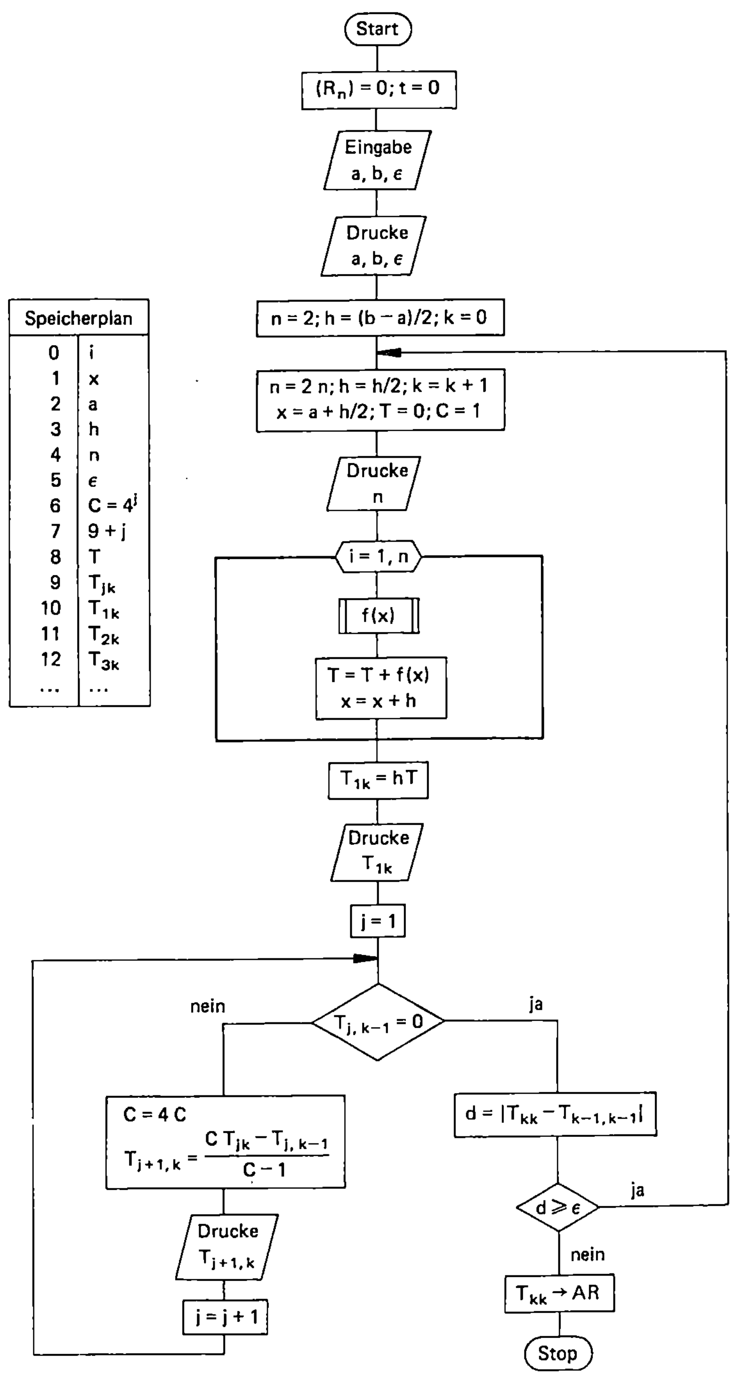

Speicherplan	
0	i
1	x
2	a
3	h
4	n
5	ϵ
6	$C = 4^j$
7	9 + j
8	T
9	T_{jk}
10	T_{1k}
11	T_{2k}
12	T_{3k}
...	...

Flußdiagramm INT 1: Romberg-Tangententrapezverfahren

```
000  76 LBL
001  11  A
002  47 CMS
003  29 CP
004  99 PRT
005  42 STO
006  02  02
007  94 +/-
008  42 STO
009  03  03
010  91 R/S
011  76 LBL
012  12  B
013  99 PRT
014  44 SUM
015  03  03
016  91 R/S
017  76 LBL
018  15  E
019  42 STO
020  05  05
021  99 PRT
022  02  2
023  42 STO
024  04  04
025  22 INV
026  49 PRD
027  03  03
028  98 ADV
029  02  2
030  49 PRD
031  04  04
032  22 INV
033  49 PRD
034  03  03
035  00  0
036  42 STO
037  08  08
038  43 RCL
039  02  02
040  85  +
041  43 RCL
042  03  03
043  55  ÷
044  02  2
045  95  =
046  42 STO
047  01  01
048  43 RCL
049  04  04
050  99 PRT
051  42 STO
052  00  00
053  01  1
054  42 STO
055  06  06
056  71 SBR
057  01  01
058  33  33
059  44 SUM
060  08  08
061  43 RCL
062  03  03
063  44 SUM
064  01  01
065  97 DSZ
066  00  00
067  00  00
068  56  56
069  43 RCL
070  03  03
071  49 PRD
072  08  08
073  09  9
074  42 STO
075  07  07
076  04  4
077  49 PRD
078  06  06
079  01  1
080  44 SUM
081  07  07
082  43 RCL
083  08  08
084  99 PRT
085  63 EX*
086  07  07
087  67 EQ
088  01  01
089  13  13
090  42 STO
091  09  09
092  94 +/-
093  85  +
094  43 RCL
095  06  06
096  65  ×
097  73 RC*
098  07  07
099  95  =
100  55  ÷
101  53  (
102  43 RCL
103  06  06
104  75  -
105  01  1
106  54  )
107  95  =
108  42 STO
109  08  08
110  61 GTO
111  00  00
112  76  76
113  73 RC*
114  07  07
115  75  -
116  43 RCL
117  09  09
118  95  =
119  50 I×I
120  75  -
121  43 RCL
122  05  05
123  95  =
124  77 GE
125  00  00
126  28  28
127  73 RC*
128  07  07
129  68 NOP
130  91 R/S
131  76 LBL
132  71 SBR
```

Programm INT 1: Romberg-Tangententrapezverfahren

Benutzeranleitung INT 1: Romberg-Tangententrapezverfahren zur Berechnung des bestimmten Integrals $I = \int_a^b f(x)\,dx$ mit einer Genauigkeit ϵ.

(1) Programm INT 1 einlesen.

(2) Ist $f'(a) = f'(b)$, dann [GTO] 0 5 3 [LRN] 4 [LRN]

(3) [GTO] [SBR] [LRN]; Tastenfolge zur Berechnung der Funktion $f(x)$ mit $x = (R_1)$ eingeben und mit [INV] [SBR] [LRN] abschließen.

(4) Eingabe: a [A] b [B] ϵ [E]

(5) Ausgabe: n; T_{1k}; T_{2k}; ... T_{kk} für $k \in \mathbb{N}$ bis zur Stoppbedingung $|T_{kk} - T_{k-1,k-1}| < \epsilon$. Wird nur die Ausgabe von T_{kk} gewünscht, so wird in die Programmspeicherstellen 0 2 8, 0 5 0 und 0 8 4 [*Nop] und in 1 2 9 [*Prt] gesetzt. Ohne Benutzung eines Druckers wird vom Programm INT 1 nur T_{kk} angezeigt.

Die Bedeutung der in der Benutzeranleitung unter (2) aufgeführten Bedingung werden wir später (s. Abschnitt 1.1.4) erklären.

Als Beispiele zum Romberg-Tangententrapezverfahren benutzen wir (B1-1) und (B1-2) aus dem Abschnitt 1.1.1 und weiter

(B1-5) $I = \int_0^3 \frac{dx}{1 + x^5}$; (B1-6) $I = \int_0^1 \frac{\sin(\pi x)}{x}\,dx$.

Die in (B1-6) zu integrierende Funktion $f(x)$ ist zunächst für $x = 0$ nicht definiert (der Rechner würde an dieser Stelle blinken). Grenzwertbetrachtung für $x \to 0$ oder Reihenentwicklung liefert die sinnvolle Definition $f(0) = \pi$. Diesen Wert brauchen wir aber bei der Eingabe der Tastenfolge für f(x) nicht zu berücksichtigen, da die Tangententrapezregel die Funktionswerte am Anfang und Ende des Intervalls nicht benutzt. – Die Ergebnisse der Berechnungen sind im Beispiel INT 1 aufgelistet. Die Rechenzeiten betragen etwa drei bis sechs Minuten.

(B1-1)	(B1-2)	(B1-5)	(B1-6)
1.	0.	0.	0.
8.	1.570796327	3.	1.
0.00000001	0.00000001	0.000001	.0000000001
4.	4.	4.	4.
4.466860931	1.94235108	1.04913b251	1.86017649
8.	8.	8.	8.
4.490627523	1.914558722	1.065774393	1.853985974
4.49854972	1.905294603	1.07132044	1.851922469
16.	16.	16.	16.
4.497550933	1.907571289	1.06588829	1.852448604
4.499858737	1.905242145	1.065926256	1.851936148
4.499946005	1.905238648	1.065566644	1.85193706
32.	32.	32.	32.
4.499379765	1.905822002	1.065881028	1.852064898
4.499989376	1.905238906	1.065878607	1.851936996
4.499998085	1.90523869	1.065875431	1.851937052
4.499998912	1.90523869	1.065880332	1.851937052
64.	64.	64.	64.
4.499844413	1.905384528	1.065879165	1.851969011
4.499999295	1.905238704	1.065878544	1.851937048
4.499999956	1.90523869	1.06587854	1.851937052
4.499999986	1.90523869	1.065878589	1.851937052
4.4999999	1.90523869	1.065878582	1.851937052
128.		128.	
4.49996107		1.065878698	
4.499999955		1.065878543	
4.499999999		1.065878542	
4.5		1.065878542	
4.5		1.065878542	
4.5		1.065878542	

Beispiel INT 1: Romberg-Tangententrapezverfahren

1.1.4 Theoretische Ergänzung

Die im Abschnitt 1.1.1 experimentell an einigen Beispielen gewonnenen Erkenntnisse über den Verfahrensfehler

$$F(h) = I - T(h) = \int_a^b f(x)\,dx - T(h)$$

wollen wir durch eine kurze theoretische Betrachtung ergänzen. Es ist nicht unser Ziel, eine umfassende Theorie zu entwickeln, diese kann der Leser in den Büchern über numerische Mathematik (z.B. [11], [13], [20] o.a.) nachlesen. Hier kommt es nur darauf an, die Theorie soweit kennenzulernen, wie sie für unsere Methoden praktische Bedeutung besitzt.

Wir schreiben für das i-te Teilintervall $[x_i; x_{i+1}]$

$$I_i = \int_{x_i}^{x_{i+1}} f(x)\,dx = \int_0^h f(x_i + t)\,dt = \int_0^h g(t)\,dt \qquad \text{oder} \qquad I_i = \int_0^{h/2} 1 \cdot g(t)\,dt + \int_{h/2}^h 1 \cdot g(t)\,dt$$

und setzen voraus, daß im folgenden $f(x)$ genügend oft in $[a; b]$ differenzierbar ist. Dann können wir auf die obigen Integrale die Regel über Produktintegration

$$\int v' u\,dt = v\,u - \int v\,u'\,dt$$

anwenden und erhalten

$$I_i = (t + C_1)\,g(t)\Big|_0^{h/2} - \int_0^{h/2} (t + C_1)\,g'(t)\,dt + (t + C_2)\,g(t)\Big|_{h/2}^{h} - \int_{h/2}^{h} (t + C_2)\,g'(t)\,dt\,.$$

Die Integrationskonstanten werden so gewählt, daß die Terme mit

$$g(0) = g_0 = f(x_i) = f_i \quad \text{und} \quad g(h) = g_1 = f(x_i + h) = f_{i+1}$$

verschwinden. Das liefert $C_1 = 0$ und $C_2 = -h$. Mit

$$g\left(\frac{h}{2}\right) = g_{1/2} = f\left(x_i + \frac{h}{2}\right) = f_{i+1/2}$$

wird dann

$$I_i = h\,f_{i+1/2} - \int_0^{h/2} t\,g'(t)\,dt - \int_{h/2}^{h} (t - h)\,g'(t)\,dt\,.$$

Das erste Glied auf der rechten Seite stellt gerade die Tangententrapezformel für das i-te Teilintervall dar (was ja auch mit der Wahl von C_1 und C_2 bezweckt werden sollte). Auf die Integrale wenden wir erneut Produktintegration an usw. Dabei werden die Integrationskonstanten in der Funktion $v(t)$ so gewählt, daß alle Terme mit Ableitungen gerader Ordnung für $t = 0$ und $t = h$ und alle Terme mit Ableitungen beliebiger Ordnung für $t = \frac{h}{2}$ verschwinden. Warum gerade diese Forderungen gestellt werden, ist an dieser Stelle natürlich überhaupt nicht zu erkennen. Erst wenn man die etwas langwierigen Rechnungen durchgeführt hat und das Endergebnis vorliegt, sieht man ein, daß die obigen Forderungen sinnvoll sind. Die nächste Integration für die obige Beziehung z.B. lautet

$$I_i = h\,f_{i+1/2} - \left(\tfrac{1}{2}\,t^2 + C_1\right) g'(t)\Big|_0^{h/2} + \int_0^{h/2} \left(\tfrac{1}{2}\,t^2 + C_1\right) g''(t)\,dt -$$

$$- \left[\tfrac{1}{2}\,(t - h)^2 + C_2\right] g'(t)\Big|_{h/2}^{h} + \int_{h/2}^{h} \left[\tfrac{1}{2}\,(t - h)^2 + C_2\right] g''(t)\,dt\,.$$

Bei den ungeraden Ableitungen wird lediglich das Verschwinden des Terms mit $g'_{1/2}$ verlangt. Das liefert $C_1 = C_2$ und damit

$$I_i = h\,f_{i+1/2} + C_1\,(f'_{i+1} - f'_i) + \int_0^{h/2} \ldots\,dt + \int_{h/2}^{h} \ldots\,dt\,.$$

Nochmalige Integration liefert zwei neue Integrationskonstanten, die sich mit C_1 durch Nullsetzen der Koeffizienten von g_0'', $g_{1/2}''$ und g_1'' bestimmen lassen. In dieser Weise können wir fortfahren und erhalten eine Reihendarstellung, die so beginnt:

$$I_i = h\, f_{i+1/2} + \frac{h^2}{24}(f'_{i+1} - f'_i) - \frac{7\,h^4}{8 \cdot 720}(f'''_{i+1} - f'''_i) + - \ldots$$

Summieren wir diese Beziehung über alle $i \in \mathbb{N}_{0,n-1}$, so fallen auf der rechten Seite in der Summe der Ableitungen alle Terme im Innern des Intervalls [a; b] fort und wir erhalten

$$I = T(h) + \frac{h^2}{24}[f'(b) - f'(a)] - \frac{7\,h^4}{8 \cdot 720}[f'''(b) - f'''(a)] + - \ldots \qquad (1.1\text{-}8)$$

Die Punkte stehen hier für „usw. bis zur Integraldarstellung". Sie bedeuten nicht unbedingt die Konvergenz der Reihe. Wir erkennen hieraus zunächst einmal die Gültigkeit der beim Extrapolationsverfahren benutzten Reihendarstellung (1.1-3). Damit hat das Romberg-Verfahren nachträglich seine theoretische Untermauerung bekommen, allerdings nur unter der Voraussetzung der genügend häufigen Differenzierbarkeit der Funktion f(x). Überprüfen wir diese Voraussetzung mit unserem Testprogramm 1.1.1 für die folgenden Integrale:

(B1-7) $\displaystyle\int_0^1 \sqrt{1-x^2}\,dx = \frac{\pi}{4}$; (B1-8) $\displaystyle\int_0^1 \sqrt[3]{x}\,dx = 0{,}75$;

(B1-9) $\displaystyle\int_0^{5\pi/6} |\cos x|\,dx = 1{,}5$; (B1-10) $\displaystyle\int_0^1 \frac{7}{2}x^{2{,}5}\,dx = 1$.

```
          0.               0.              0.             0.
          1.               1.     2.617993878             1.
 .7853981634             0.75             1.5             1.

          4.               4.              4.             4.
 .7959823052      .7581445875     1.457731263    .9770529409
-.0105841418     -.0081445875     .0422687375    .0229470591
          0.               0.              0.             0.

          8.               8.              8.             8.
 .7891717328      .7533590784     1.502412898    .9942883864
-.0037735694     -.0033590784    -.0024128985    .0057116136
  2.80480907      2.424649437    -17.51782686    4.017614081

         16.              16.             16.            16.
 0.786737952      .7513648831     1.497387687    .9985744703
-.0013397886     -.0013648831     .0026123131    .0014255297
 2.816540966      2.461074034    -.9236635617    4.006660391

         32.              32.             32.            32.
 .7858728507      .7505496191     1.500150611    .9996438368
-.0004746873     -.0005496191    -.0001506112    .0003561632
 2.822465799      2.483325643    -17.34474989    4.002462262

         64.              64.             64.            64.
 0.785566168      .7502201081     1.499836844    .9999109792
-.0001680046     -.0002201081     .0001631557    .0000890208
 2.825442078      2.497041423    -.9231132857    4.000897217
```

(B1-7) (B1-8) (B1-9) (B1-10)

Beispiel 1.1.3-1: Tangententrapezregel (Test)

Sehen wir uns die im Beispiel 1.1.3-1 aufgeführten Ergebnisse etwas genauer an. In den ersten drei Fällen wird unser früheres Ergebnis $F_{k-1}/F_k \cong 4$ nicht bestätigt. Alle Funktionen sind in einem Punkt des abgeschlossenen Integrationsintervalls nicht differenzierbar, d.h. eine Darstellung der Form (1.1-8) existiert nicht. Im Beispiel (B1-10) ist die Funktion in [0; 1] zweimal differenzierbar, d.h. der Beginn der Reihenentwicklung ist gültig und unser Fehlergesetz $F_{k-1}/F_k \cong 4$ wird auch tatsächlich bestätigt. Die 3. Ableitung existiert für $x = 0$ aber nicht mehr. Beim Romberg-Verfahren liefern die T_{2k} noch günstige Verbesserungen, danach können die T_{3k}, $T_{4k}, \ldots$ zwar auch noch bessere Näherungswerte liefern, aber keineswegs so optimale, wie wir sie im allgemeinen zu erwarten haben.

Was macht man nun, wenn man Integrale, die zwar existieren, bei denen jedoch die Differenzierbarkeitsbedingung verletzt ist, näherungsweise zu berechnen hat? Ganz einfach sind natürlich Fälle wie (B2-9). Hier integriert man intervallweise:

$$\int_0^{5\pi/6} |\cos x|\,dx = \int_0^{\pi/2} \cos x\,dx - \int_{\pi/2}^{5\pi/6} \cos x\,dx\,.$$

Für die anderen Fälle gibt es im wesentlichen zwei Möglichkeiten. Man kann versuchen, eine (1.1-8) entsprechende Reihenentwicklung zu finden. Hierüber wird z.B. in [11] und [20] berichtet. Oder man versucht, die Singularität zu beheben. Wir wollen dieses an den Beispielen

$$\text{(B1-11)} \quad I = \int_0^{\pi/2} \sqrt{\sin x}\,dx \quad \text{und} \quad \text{(B1-12)} \quad I = \int_0^1 \sqrt[3]{1-x^2}\,dx$$

erläutern. Wir substituieren

$$x = t^2 \quad \text{bzw.} \quad x = 1 - t^3$$

und erhalten

$$\text{(B1-11')} \quad I = \int_0^{\sqrt{\pi/2}} 2t\sqrt{\sin t^2}\,dt \quad \text{und} \quad \text{(B1-12')} \quad I = \int_0^1 3t^3 \sqrt[3]{2-t^3}\,dt\,.$$

Die zu integrierenden Funktionen sind jetzt im abgeschlossenen Integrationsintervall beliebig oft differenzierbar. Im Beispiel 1.1.3-2 stellen wir die mit dem Programm INT 1 auf eine Genauigkeit ϵ ermittelten Ergebnisse für (B1-11) bis (B1-12') zusammen. Wir sehen, daß hier die differenzierbaren Funktionen zu sehr viel besseren Resultaten für den Integralwert kommen als die nichtdifferenzierbaren.

Mit Hilfe einer Substitution lassen sich auch häufig uneigentliche Integrale berechnen. Der Leser möge selbst das Ergebnis

$$\int_0^{\pi/2} \frac{dx}{\sqrt[4]{\sin x}} = 1{,}927\,903\,296$$

bestätigen.

(B1-11)	(B1-11')	(B1-12)	(B1-12')
0.	0.	0.	0.
1.570796327	1.253314137	1.	1.
0.0001	0.00000001	0.0001	0.000001
4.	4.	4.	4.
1.21314632	1.189526156	.8524645741	.8246929995
8.	8.	8.	8.
1.203439803	1.196067487	.8457752763	.8373350097
1.200204298	1.198247931	.8435455104	.8415490131
16.	16.	16.	16.
1.200013395	1.197627185	.8430894083	.8403283226
1.198871259	1.198147085	.8421941189	.8413260935
1.19878239	1.198140362	.8421040262	.8413112322
32.	32.	32.	32.
1.198802451	1.198012295	.8420172692	.8410648467
1.198398803	1.198140665	.8416598895	.8413103548
1.198367306	1.198140237	.8416242742	.8413093055
1.198360717	1.198140235	.8416166591	.8413092749
64.	64.	64.	64.
1.19837436	1.19810827	.8415905447	.8412482108
1.198231662	1.198140262	.8414483032	.8413093321
1.19822052	1.198140235	.8414341974	.8413092639
1.19821819	1.198140235	.8414311803	.8413092633
1.198217631	1.198140235	0.841430453	.8413092632
128.		128.	
1.19822301		.8414209512	
1.19817256		.8413644201	
1.19816862		.8413588278	
1.198167796		.8413576315	
1.198167599		.8413573431	
1.19816755		.8413572716	

Beispiel 1.1.3-2: Tangententrapezregel (INT 1)

1.1.5 Sonderfälle beim Romberg-Verfahren

Nach der Reihendarstellung (1.1-8) läßt sich der mit der Tangententrapezregel berechnete Wert T(h) verbessern, wenn wir den Term mit h^2 hinzuaddieren:

$$VT = T + \frac{h^2}{24}\,[f'(b) - f'(a)]\,. \qquad (1.1\text{-}9)$$

Diese verbesserte Tangententrapezregel mit einem Fehler der Ordnung h^4 läßt sich immer dann vorteilhaft zur numerischen Integration heranziehen, wenn die Ableitungen der Funktion f(x) nicht allzu schwer zu bestimmen sind. Ein Programm zur Berechnung von VT läßt sich aus INT 1 durch kleine Änderungen leicht entwickeln. Die zweite Spalte im Extrapolationsverfahren (1.1-6) wird jetzt mit dem Faktor $16 = 4^2$ statt wie früher mit 4 berechnet usw. Wir wollen aber allgemein auf diesen Fall nicht weiter eingehen. Der Leser möge selbst das Programm INT 1 für (1.1-9) umschreiben. Wir betrachten nur den in der Benutzeranleitung für INT 1 unter (2) aufgeführten Sonderfall $f'(b) = f'(a)$. Hier gilt VT = T, d.h. die Tangententrapezregel liefert eine höhere Genauigkeit als in den bisherigen Beispielen mit $f'(b) \neq f'(a)$. Im Programm INT 1 müssen wir lediglich mit C = 4 in der PSS 0 5 3 starten. Wir betrachten hierzu die Beispiele

$$\text{(B1-13)} \quad I = \int_0^3 (24\sqrt{1+x} + x^2)\,dx = 121 \quad \text{und}$$

$$\text{(B1-14)} \quad I = \int_0^{\pi/4} \left(3x + \frac{2}{\pi}x^2 - \tan x\right) dx = \frac{5\pi^2}{48} + \ln\cos\frac{\pi}{4} = 0{,}6815102015\,.$$

Beide Funktionen erfüllen unsere Voraussetzung $f'(b) = f'(a)$, wie der Leser leicht bestätigen wird. Auf die Durchführung des Testprogramms 1.1.1 verzichten wir, es hätte das erwartete Ergebnis $F_{k-1}/F_k \cong 16$ bestätigt. Wir berechnen I mit dem Programm INT 1 zunächst mit C = 1 und danach mit C = 4 (also unter Beachtung des Punktes (2)). Die Ergebnisse finden Sie im Beispiel 1.1.5 angegeben. Wir sehen, daß mit (2) die Berechnungen bei gleicher Genauigkeitsforderung schneller zum Ziel führen. Immerhin ist dadurch der Rechenaufwand auf etwa die Hälfte reduziert worden.

(B1-13)		(B1-14)	
0.	0.	0.	0.
3.	3.	.7853981634	.7853981634
0.000001	0.000001	0.00000001	0.00000001
4.	4.	4.	4.
120.9969933	120.9969933	.6814857671	.6814857671
8.	8.	8.	8.
120.9997969	120.9997969	0.681508635	0.681508635
121.0007315	120.9999838	.6815162576	.6815101595
16.	16.	16.	16.
120.999987	120.999987	.6815101029	.6815101029
121.0000504	120.9999997	.6815105923	.6815102008
121.000005	120.9999999	.6815102146	.6815102015
32.	32.	32.	32.
120.9999992	120.9999992	.6815101953	.6815101953
121.0000032	121.	.6815102261	.6815102015
121.0000001	121.	.6815102017	.6815102015
121.	121.	.6815102015	.6815102015
64.		64.	
120.9999999		.6815102011	
121.0000002		0.681510203	
121.		.6815102015	
121.		.6815102015	
121.		.6815102015	

Beispiel 1.1.5: Tangententrapezregel (INT 1)

Ist bei einer Funktion neben $f'(a) = f'(b)$ auch noch $f'''(a) = f'''(b)$ erfüllt, so wäre in der Romberg-Formel (1.1-5) 4^j durch 4^{2+j} zu ersetzen. Wir haben diesen Fall im Programm INT 1 nicht mehr vorgesehen, da er wohl doch relativ selten auftreten wird und im allgemeinen durch Bilden der 3. Ableitung mühsam zu überprüfen ist.

Etwas ausführlicher wollen wir noch die Integration einer periodischen, beliebig oft differenzierbaren Funktion behandeln. Ist p die Periode der Funktion, so gilt

$$f(x+p) = f(x) \quad \text{für} \quad x \in \mathbb{R} \,. \tag{1.1-10}$$

Bei der numerischen Berechnung des bestimmten Integrals

$$I = \int_0^p f(x)\,dx$$

führt das Romberg-Verfahren zu schlechten Ergebnissen. Der Leser möge selbst mit dem Programm INT 1 für die folgenden Beispiele diese Aussage überprüfen.

(B1-15) $I = \int_0^1 \cos(2\sin(\pi x))\,dx\,;$ (B1-16) $I = \int_0^{2\pi} e^{\sin x}\,dx\,;$

(B1-17) $I = \int_0^{\pi} \frac{dx}{\sqrt{0{,}7 + 0{,}3\cos 2x}}\,;$ (B1-18) $I = \int_0^{\pi} \ln(1+\sin^2 x)\,dx\,.$

Die Werte T_{1k} der Tangententrapezregel werden durch die höheren Romberg-Terme $T_{j+1,k}$ nicht verbessert, sondern im allgemeinen sogar verschlechtert. Der Grund hierfür ist darin zu sehen, daß die Reihendarstellung (1.1-8) für periodische Funktionen keine Gültigkeit besitzt. Hier gilt $f^{(n)}(0) = f^{(n)}(p)$ für $n \in \mathbb{N}_0$, d.h. alle Potenzen von h hätten den Faktor 0. (Es liegt eine ähnliche Situation wie bei der Funktion $f(x) = \exp(-1/x^2)$ und $f(0) = 0$ vor, die für $x = 0$ beliebig oft differenzierbar ist, aber trotzdem an der Stelle $x = 0$ keine Potenzreihenentwicklung besitzt.) Wir schreiben daher ein Programm INT 2 für die Berechnung der

$$T_{1k} = h \sum_{i=0}^{n-1} f\left(\frac{h}{2} + i\,h\right) .$$

Wir beginnen mit $n = 4$ und erhöhen in jedem nächsten Schritt n um 4, d.h. $n = n + 4$. Die Rechnung soll abgebrochen werden, wenn $|T_{1k} - T_{1,k-1}| < \epsilon$ wird. Zum Schluß lassen wir uns n und den besten Wert T_{1k} ausdrucken.

```
000  76 LBL
001  11  A
002  47 CMS
003  99 PRT
004  42 STO
005  02  02
006  91 R/S
007  76 LBL
008  15  E
009  99 PRT
010  32 X:T
011  98 ADV
012  04  4
013  44 SUM
014  04  04
015  43 RCL
016  02  02
017  55  ÷
018  43 RCL
019  04  04
020  42 STO
021  00  00
022  95  =
023  42 STO
024  03  03
025  55  ÷
026  02  2
027  95  =
028  42 STO
029  01  01
030  00  0
031  42 STO
032  05  05
033  71 SBR
034  00  00
035  69  69
036  44 SUM
037  05  05
038  43 RCL
039  03  03
040  44 SUM
041  01  01
042  97 DSZ
043  00  00
044  00  00
045  33  33
046  49 PRD
047  05  05
048  43 RCL
049  05  05
050  48 EXC
051  06  06
052  75  -
053  43 RCL
054  06  06
055  95  =
056  50 I×I
057  77  GE
058  00  00
059  12  12
060  43 RCL
061  04  04
062  99 PRT
063  43 RCL
064  06  06
065  99 PRT
066  91 R/S
067  76 LBL
068  71 SBR
```

Programm INT 2: Tangententrapezverfahren (periodische Funktion)

Benutzeranleitung INT 2: Numerische Integration einer periodischen Funktion $f(x+p) = f(x)$ mit einer Genauigkeit ϵ.

(1) Programm INT 2 einlesen.

(2) [GTO] [SBR] [LRN]; Tastenfolge zur Berechnung der Funktion $f(x)$ mit $x = (R_1)$ eingeben und mit [INV] [SBR] [LRN] abschließen.

(3) Eingabe: p [A] ϵ [E]

(4) Ausgabe: n; T

Mit dem Programm INT 2 lassen wir die obigen Integrale (B1-15) bis (B1-18) mit der hohen Genauigkeit $\epsilon = 10^{-10}$ berechnen. Die Ergebnisse sind im Beispiel INT 2 angegeben. Die Rechenzeiten betragen etwa eine bis zwei Minuten.

1.	6.283185307	3.141592654	3.141592654
.0000000001	.0000000001	.0000000001	.0000000001
12.	16.	20.	20.
.2238907791	7.954926521	3.8991355	1.182661391
(B1-15)	(B1-16)	(B1-17)	(B1-18)

Beispiel INT 2: Numerische Integration periodischer Funktionen

Anmerkung: Die Sehnentrapezregel (s. Abschnitt 1.2) liefert etwa gleichgute Ergebnisse wie die Tangententrapezregel, während die im allgemeinen genauere Simpsonregel (s. 1.3) schlechtere Ergebnisse liefert.

1.2 Sehnentrapezregel

1.2.1 Algorithmus und Testprogramm

Zur Berechnung des bestimmten Integrals

$$I = \int_a^b f(x)\,dx$$

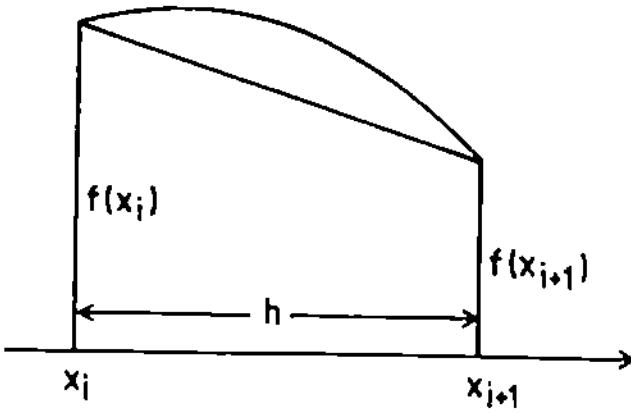

ersetzen wir die durch die Funktion $f(x)$ in [a; b] dargestellte Kurve in jedem Teilintervall $[x_i; x_{i+1}]$ durch ihre Sehne. Für den Inhalt der Fläche unter der Ersatzkurve erhalten wir

$$S(h) = \frac{h}{2}[f(x_0) + f(x_1)] + \frac{h}{2}[f(x_1) + f(x_2)] + \frac{h}{2}[f(x_2) + f(x_3)] + \ldots + \frac{h}{2}[f(x_{n-1}) + f(x_n)]$$

oder etwas anders zusammengefaßt

$$S(h) = h\left[\frac{1}{2}f(a) + \sum_{i=1}^{n-1} f(x_i) + \frac{1}{2}f(b)\right] . \qquad (1.2\text{-}1)$$

Diese Näherungsformel für I nennt man die *Sehnentrapezregel*. Wie im Abschnitt 1.1.1 schreiben wir ein Testprogramm, um die Güte dieses Integrationsverfahrens beurteilen zu können. Wir können uns hierbei kurz fassen. Die Änderung gegenüber dem Programm für die Tangententrapezregel zeigt der Ausschnitt aus dem nebenstehenden Flußdiagramm. Dabei haben wir aus programmtechnischen Gründen die Summe von i = 1 bis i = n gebildet und am Schluß $\frac{1}{2}$ f(b) wieder abgezogen. Mit dem Programm 1.2.1, für das dieselbe Eingabevorschrift wie beim Programm 1.1.1 gilt, testen wir die Sehnentrapezregel für unsere früheren Beispiele (B1-1) bis (B1-4) aus 1.1.1. Die Ergebnisse dieses Tests sind im Beispiel 1.2.1 aufgeführt. Wir erkennen, daß auch hier bei allen gewählten Beispielen $F_{k-1}/F_k \cong 4$ gilt. Der absolute Fehler der Sehnentrapezregel ist allerdings durchweg doppelt so groß wie der Fehler der Tangententrapezregel. Anschaulich ist dieses plausibel. Man muß nur einmal ein Kurvenstück groß genug herauszeichnen und durch die Tangente und die Sehne ersetzen. Theoretisch werden wir dieses Ergebnis weiter unten bestätigen.

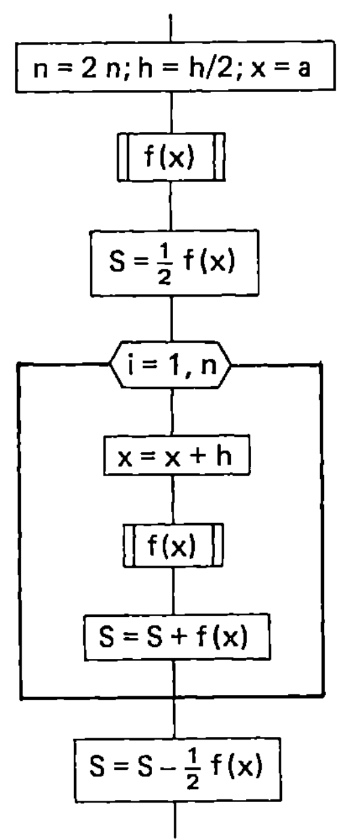


```
000  76 LBL
001  11  A
002  47 CMS
003  99 PRT
004  42 STO
005  02  02
006  94 +/-
007  42 STO
008  03  03
009  91 R/S
010  76 LBL
011  12  B
012  99 PRT
013  44 SUM
014  03  03
015  91 R/S
016  76 LBL
017  13  C
018  99 PRT
019  98 ADV
020  42 STO
021  04  04
022  91 R/S
023  76 LBL
024  15  E
025  42 STO
026  05  05
027  02  2
028  42 STO
029  06  06
030  22 INV
031  49 PRD
032  03  03
033  02  2
034  49 PRD
035  06  06
036  22 INV
037  49 PRD
038  03  03
039  43 RCL
040  02  02
041  42 STO
042  01  01
043  43 RCL
044  06  06
045  99 PRT
046  42 STO
047  00  00
048  71 SBR
049  01  01
050  02  02
051  55  ÷
052  02  2
053  95  =
054  42 STO
055  07  07
056  43 RCL
057  03  03
058  44 SUM
059  01  01
060  71 SBR
061  01  01
062  02  02
063  44 SUM
064  07  07
065  97 DSZ
066  00  00
067  00  00
068  56  56
069  55  ÷
070  02  2
071  95  =
072  22 INV
073  44 SUM
074  07  07
075  43 RCL
076  03  03
077  49 PRD
078  07  07
079  43 RCL
080  04  04
081  75  -
082  43 RCL
083  07  07
084  99 PRT
085  95  =
086  99 PRT
087  48 EXC
088  08  08
089  55  ÷
090  43 RCL
091  08  08
092  95  =
093  99 PRT
094  98 ADV
095  97 DSZ
096  05  05
097  00  00
098  33  33
099  91 R/S
100  76 LBL
101  71 SBR
```

Programm 1.2.1: Sehnentrapezregel (Test)

(B1-1)	(B1-2)	(B1-3)	(B1-4)
1.	0.	0.	3.
8.	1.570796327	3.	7.
4.5	1.90523869	12.4	.8047189562
4.	4.	4.	4.
4.571623425	1.830822494	12.47017522	.8097639721
-.0716234254	.0744161967	-.0701752213	-.0050450159
0.	0.	0.	0.
8.	8.	8.	8.
4.519242178	1.886586787	12.41756923	.8059843194
-0.019242178	.0186519036	-.0175692347	-.0012653632
3.722209899	3.98973736	3.994210483	3.987010287
16.	16.	16.	16.
4.50493485	1.900572754	12.40439397	.8050355424
-.0049348503	0.004665936	-.0043939699	-.0003165862
3.899242494	3.997462337	3.998487687	3.996899798
32.	32.	32.	32.
4.501242892	1.904072022	12.4010986	.8047981179
-.0012428918	.0011666685	-.0010985976	-.0000791616
3.970458349	3.999367329	3.999617303	3.999236499
64.	64.	64.	64.
4.500311329	1.904947012	12.40027466	.8047387476
-.0003113285	.0002916787	-.0002746559	-.0000197913
3.992219925	3.999841912	3.999905008	3.999811044

Beispiel 1.2.1: Sehnentrapezregel (Test)

1.2.2 Romberg-Verfahren für die Sehnentrapezregel

Nach den experimentellen Ergebnissen aus 1.2.1 gilt für den Verfahrensfehler des Sehnentrapezverfahrens

$$F_k = F(h) = I - S_{1k} \cong C_2 h^2 \quad \text{mit} \quad S_{1k} = S(h) \,.$$

Wie früher bei der Tangententrapezregel erhalten wir auch hier für I eine Darstellung der Art

$$I = S_{1k} + C_2 h^2 + C_4 h^4 + C_6 h^6 + \ldots \tag{1.2-2}$$

(mit natürlich anderen Konstanten als in (1.1-3)). Das Extrapolationsverfahren des Abschnitts 1.1.2 liefert ganz entsprechend

$$S_{j+1,k} = \frac{4^j S_{jk} - S_{j,k-1}}{4^j - 1} \qquad (k = 2, 3, \ldots;\ j = 1, 2, \ldots, k-1) \tag{1.2-3}$$

Nach der Sehnentrapezregel (1.2-1) berechnen wir zunächst für n, 2n, 4n usw. die S_{1k} $(k \in \mathbb{N})$. Den Rechenaufwand kann man auf etwa die Hälfte reduzieren, wenn man berücksichtigt, daß bei Halbierung der Schrittweite h nur jeder zweite Funktionswert neu berechnet zu werden braucht (diesen Vorteil hatten wir bei der Tangententrapezregel nicht!). Für die Schrittweite h sei

$$S_{1k} = h\left[\frac{1}{2} f(a) + \sum_{i=1}^{n-1} f(a + ih) + \frac{1}{2} f(b)\right]$$

und im Schritt vorher bei doppelter Schrittweite

$$S_{1,k-1} = 2h \left[\frac{1}{2} f(a) + \sum_{i=1}^{\frac{n}{2}-1} f(a + i\,2h) + \frac{1}{2} f(b)\right] .$$

Hieraus folgt

$$S_{1k} = \tfrac{1}{2} S_{1,k-1} + h\,[f(a+h) + f(a+3h) + \ldots + f(a+(n-1)\,h)]$$

oder

$$S_{1k} = \tfrac{1}{2} S_{1,k-1} + h \sum_{i=1}^{\frac{n}{2}} f(a + h + (i-1)\,2h) \qquad (k \in \mathbb{N}) . \qquad (1.2\text{-}4)$$

Diese Rekursionsformel werden wir in unserem Programm INT 3 benutzen. Zwar wird das Programm selbst dadurch etwas länger, aber die Rechenzeiten können doch ganz erheblich reduziert werden. Dabei berechnen wir S_{10} für $n = 2$:

$$S_{10} = \frac{b-a}{4} \left[f(a) + 2f\left(\frac{a+b}{2}\right) + f(b)\right] . \qquad (1.2\text{-}5)$$

Die eigentliche Romberg-Integration beginnt dann bei $n = 4$ mit S_{11}. Nach jedem Schritt wird n verdoppelt und h halbiert. Wir lassen uns n und die Werte $S_{1k}, S_{2k}, S_{3k} \ldots S_{kk}$ vom Drucker ausgeben. Wie früher fordern wir die Stoppregel

$$|S_{kk} - S_{k-1,k-1}| < \epsilon . \qquad (1.2\text{-}6)$$

Den gesamten Algorithmus stellen wir im Flußdiagramm INT 3 dar. Der Laufindex k tritt im Programm selbst nicht auf. Die berechneten Werte S_{jk} $(j = 1, 2, \ldots, k)$ speichern wir nach R_{10+j}. Für ein neues k werden die alten Speicherinhalte überschrieben. S_{jk} wird für j so lange berechnet, bis der Inhalt eines Speichers R_{10+j} den Wert Null besitzt. Dann wird $j > k$ (s. Bemerkung in 1.1.2), und das Verfahren wird auf Abbruch oder Fortsetzung mit dem nächsten k-Wert getestet. Die Potenzen $C_j = 4^j$ berechnen wir rekursiv mit $C = 1$ und danach $C = 4C$.

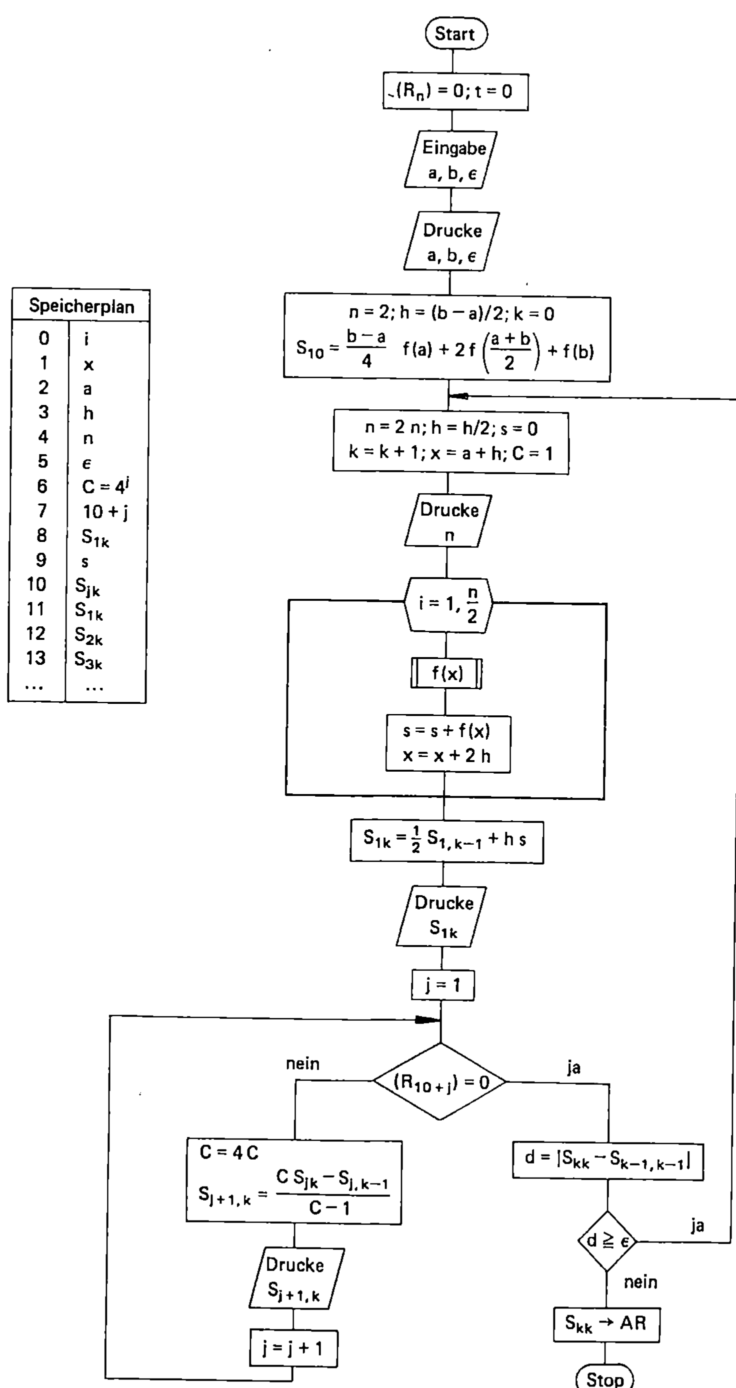

Speicherplan	
0	i
1	x
2	a
3	h
4	n
5	ϵ
6	$C = 4^j$
7	10 + j
8	S_{1k}
9	s
10	S_{jk}
11	S_{1k}
12	S_{2k}
13	S_{3k}
...	...

Flußdiagramm INT 3: Romberg-Sehnentrapezverfahren

```
000 76 LBL
001 11 A
002 47 CMS
003 29 CP
004 99 PRT
005 42 STO
006 02 02
007 42 STO
008 01 01
009 94 +/-
010 42 STO
011 03 03
012 71 SBR
013 01 01
014 81 81
015 44 SUM
016 08 08
017 91 R/S
018 76 LBL
019 12 B
020 99 PRT
021 44 SUM
022 03 03
023 42 STO
024 01 01
025 61 GTO
026 00 00
027 12 12
028 76 LBL
029 15 E
030 99 PRT
031 42 STO
032 05 05
033 43 RCL
034 02 02
035 44 SUM
036 01 01
037 02 2
038 22 INV
039 49 PRD
040 01 01
041 71 SBR
042 01 01
043 81 81
044 44 SUM
045 08 08
046 44 SUM
047 08 08
048 02 2
049 42 STO
050 04 04
051 22 INV
052 49 PRD
053 03 03
054 43 RCL
055 03 03
056 55 ÷
057 02 2
058 95 =
059 49 PRD
060 08 08
061 98 ADV
062 02 2
063 49 PRD
064 04 04
065 22 INV
066 49 PRD
067 03 03
068 22 INV
069 49 PRD
070 08 08
071 43 RCL
072 04 04
073 99 PRT
074 55 ÷
075 02 2
076 95 =
077 42 STO
078 00 00
079 00 0
080 42 STO
081 09 09
082 01 1
083 42 STO
084 06 06
085 43 RCL
086 02 02
087 85 +
088 43 RCL
089 03 03
090 95 =
091 42 STO
092 01 01
093 71 SBR
094 01 01
095 81 81
096 44 SUM
097 09 09
098 43 RCL
099 03 03
100 44 SUM
101 01 01
102 44 SUM
103 01 01
104 97 DSZ
105 00 00
106 00 00
107 93 93
108 43 RCL
109 03 03
110 49 PRD
111 09 09
112 43 RCL
113 08 08
114 44 SUM
115 09 09
116 43 RCL
117 09 09
118 42 STO
119 08 08
120 01 1
121 00 0
122 42 STO
123 07 07
124 04 4
125 49 PRD
126 06 06
127 01 1
128 44 SUM
129 07 07
130 43 RCL
131 09 09
132 99 PRT
133 63 EX*
134 07 07
135 67 EQ
136 01 01
137 61 61
138 42 STO
139 10 10
140 94 +/-
141 85 +
142 43 RCL
143 06 06
144 65 ×
145 73 RC*
146 07 07
147 95 =
148 55 ÷
149 53 (
150 43 RCL
151 06 06
152 75 -
153 01 1
154 54 )
155 95 =
156 42 STO
157 09 09
158 61 GTO
159 01 01
160 24 24
161 73 RC*
162 07 07
163 75 -
164 43 RCL
165 10 10
166 95 =
167 50 I×I
168 75 -
169 43 RCL
170 05 05
171 95 =
172 77 GE
173 00 00
174 61 61
175 73 RC*
176 07 07
177 68 NOP
178 91 R/S
179 76 LBL
180 71 SBR
```

Programm INT 3: Romberg-Sehnentrapezverfahren

Benutzeranleitung INT 3: Romberg-Sehnentrapezverfahren zur Berechnung des bestimmten Integrals $I = \int_a^b f(x)\,dx$ mit einer Genauigkeit ϵ.

(1) Programm INT 3 einlesen.

(2) Ist $f'(a) = f'(b)$, dann [GTO] 0 8 2 [LRN] 4 [LRN]

(3) [GTO] [SBR] [LRN]; Tastenfolge zur Berechnung der Funktion f(x) mit $x = (R_1)$ eingeben und mit [INV] [SBR] [LRN] abschließen.

(4) Eingabe: a [A] b [B] ϵ [E]

(5) Ausgabe: n; S_{1k}; S_{2k}; ... S_{kk} für $k \in \mathbb{N}$ bis zur Stoppbedingung $|S_{kk} - S_{k-1,k-1}| < \epsilon$. Wird nur die Ausgabe von S_{kk} gewünscht, so wird in die Programmspeicherstellen 0 6 1, 0 7 3 und 1 3 2 [*Nop] und in 1 7 7 [*Prt] gesetzt. Ohne Benutzung eines Druckers wird vom Programm INT 3 nur S_{kk} angezeigt.

Zur Bedeutung des unter (2) aufgeführten Sonderfalls s. Abschnitt 1.1.5 oder in diesem Abschnitt weiter unten.

Als Beispiele zum Romberg-Sehnentrapezverfahren wählen wir (B1-1), (B1-2), (B1-5) und (B1-6) aus dem Abschnitt 1.1.3. Die Tastenfolge zur Berechnung der Funktion $f(x) = \frac{\sin(\pi x)}{x}$ in (B1-6) sieht z.B. so aus:

[RCL] 1 [*x = t] 1 9 5 [X] [*π] [=] [*sin] [÷] [RCL] 1 [=] [INV] [SBR]
[*π] [INV] [SBR]

Im Beispiel INT 3 sind die Ergebnisse der Berechnungen aufgelistet. Die Rechenzeiten betragen etwa zwei (bei B1-2) bis vier (bei B1-5) Minuten, sie sind also kürzer als beim Tangententrapezverfahren. Der Grund liegt in der Benutzung der Rekursionsformel (1.2-4). Außerdem erkennen wir, daß der günstigere Fehler der T_{1k} gegenüber den S_{1k} beim Romberg-Verfahren immer mehr verlorengeht.

(B1-1)	(B1-2)	(B1-5)	(B1-6)
1.	0.	0.	0.
8.	1.570796327	3.	1.
0.00000001	0.00000001	0.000001	.0000000001
4.	4.	4.	4.
4.571623425	1.830822494	1.082750333	1.835508123
8.	8.	8.	8.
4.519242178	1.886586787	1.065943292	1.847842306
4.501781762	1.905174885	1.060340945	1.851953701
16.	16.	16.	16.
4.50493485	1.900572754	1.065858842	1.85091414
4.500165741	1.905234744	1.065830692	1.851938085
4.500058006	1.905238734	1.066196676	1.851937044
32.	32.	32.	32.
4.501242892	1.904072022	1.065873566	1.851681372
4.500012239	1.905238444	1.065878474	1.851937116
4.500002006	1.905238691	1.06588166	1.851937052
4.500001117	1.90523869	1.065876659	1.851937052
64.	64.	64.	64.
4.500311329	1.904947012	1.065877297	1.851873135
4.500000807	1.905238675	1.065878541	1.851937056
4.500000045	1.90523869	1.065878545	1.851937052
4.500000014	1.90523869	1.065878496	1.851937052
4.50000001	1.90523869	1.065878503	1.851937052
128.		128.	
4.500077871		1.065878231	
4.500000051		1.065878542	
4.500000001		1.065878543	
4.5		1.065878542	
4.5		1.065878543	
4.5		1.065878543	

Beispiel INT 3: Romberg-Sehnentrapezverfahren

1.2.3 Theoretische Ergänzung

Die Entwicklungen im Abschnitt 1.1.4 für die Tangententrapezregel können wir ganz entsprechend für die Sehnentrapezregel durchführen. Wir erhalten für

$$I_i = \int_{x_i}^{x_{i+1}} f(x)\,dx = \int_0^h f(x_i + t)\,dt = \int_0^h 1 \cdot g(t)\,dt$$

nach Produktintegration und mit einer passend gewählten Integrationskonstanten

$$I_i = \left(t - \frac{h}{2}\right) g(t)\Bigg|_0^h - \int_0^h \left(t - \frac{h}{2}\right) g'(t)\,dt$$

oder

$$I_i = \frac{h}{2}(f_{i+1} + f_i) - \int_0^h \left(t - \frac{h}{2}\right) g'(t)\,dt\,.$$

Bei der Fortsetzung der Produktintegration wählen wir die Integrationskonstanten so, daß alle Terme mit geraden Ableitungen von $g(t)$ verschwinden. Anschließend summieren wir über alle i und erhalten mit

$$I = S(h) - \frac{h^2}{12}[f'(b) - f'(a)] + \frac{h^4}{720}[f'''(b) - f'''(a)] + - \ldots \tag{1.2-7}$$

eine ganz ähnliche Darstellung wie in (1.1-8) für die Tangententrapezregel. Insbesondere erkennen wir das bereits früher experimentell ermittelte Ergebnis, daß der absolute Fehler bei der Tangententrapezregel etwa halb so groß wie der Fehler bei der Sehnentrapezregel ist (Faktor $\frac{1}{24}$ statt $\frac{1}{12}$ beim ersten Glied). Der Leser möge selbst die früheren Beispiele (B1-7) bis (B1-12') mit dem Testprogramm 1.2.1 bzw. dem Programm INT 3 durchrechnen und hierdurch die Voraussetzungen (genügend häufige Differenzierbarkeit der Funktion $f(x)$), die zu der Darstellung (1.2-7) führten, experimentell bestätigen.

1.2.4 Integration tabellarischer Funktionen

In der Praxis kommt es zuweilen vor, daß eine zu integrierende Funktion nicht analytisch, sondern nur an diskreten Stellen gegeben ist. Die Funktionswerte sind dabei im allgemeinen durch Messungen entstanden. Wir wollen voraussetzen, daß die Funktionswerte $f(x_i)$ für äquidistante Werte x_i $(i \in \mathbb{N}_{0,n})$ bekannt sind. Es soll zur Berechnung des Integrals

$$I = \int_{x_0}^{x_n} f(x)\,dx$$

ein Programm geschrieben werden.

Zunächst werden $h = x_{i+1} - x_i$, n und alle $f(x_i)$ eingegeben. Danach soll so oft die Romberg-Integration durchgeführt werden, wie dieses möglich ist. Für $n = 12$ z.B. können S_{11}; S_{12}, S_{22}; S_{13}, S_{23}, S_{33} berechnet werden, für $n = 7$ dagegen nur S_{11}. Für $n = 12 = 2^2 \cdot 3$ zeigt die folgende Darstellung, welche Funktionswerte zur Berechnung der S_{jk} herangezogen werden.

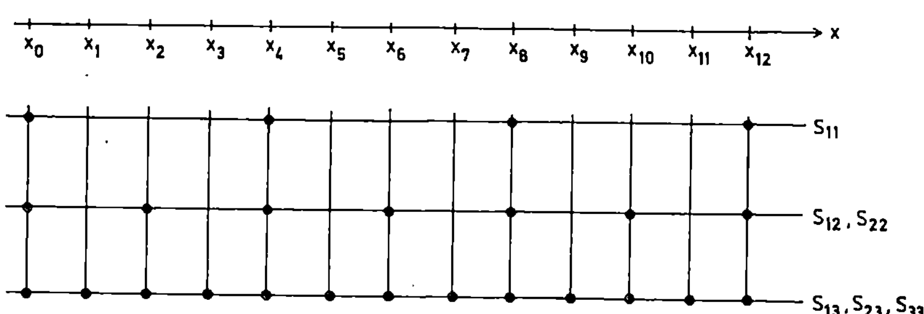

Schreiben wir allgemein

$$n = 2^p \, n_0 \qquad (1.2\text{-}8)$$

mit $n_0 \in \mathbb{N}$ und ungerade, so werden mit der Sehnentrapezregel $S_{11}, S_{12}, \ldots, S_{1,p+1}$ für die Schrittweiten

$$2^p h, 2^{p-1} h, \ldots, 2^0 h = h = x_{i+1} - x_i$$

berechnet. p und n_0 werden durch fortgesetzte Division von n durch 2 ermittelt, bis wir nach einer Division auf eine ungerade Zahl kommen. Das Flußdiagramm INT 4 zeigt den Algorithmus für die tabellarische Integration. Die jeweilige Anzahl der Intervalleinteilung wird mit n_0 bezeichnet. n_0 ist also im Flußdiagramm keine feste Größe wie in (1.2-8). Für die Potenzen $2^p, 2^{p-1}, \ldots, 2^1, 2^0$ haben wir q gesetzt. Damit beträgt die jeweilige Schrittweite q h. Für eine solche Schrittweite müssen wir zur Berechnung von S_{1k} die Funktionswerte an den Stellen $x_0, x_q, x_{2q}, \ldots, x_{n_0 q} = x_n$ heranziehen.

Speicherplan	
0	i
1	h
2	n
3	n_0
4	q
5	ind.
6	s
7	$C = 4^j$
8	S_{1k}
9	S_{2k}
...	...
13	S_{6k}
14	$f(x_0)$
15	$f(x_1)$
16	$f(x_2)$
...	...

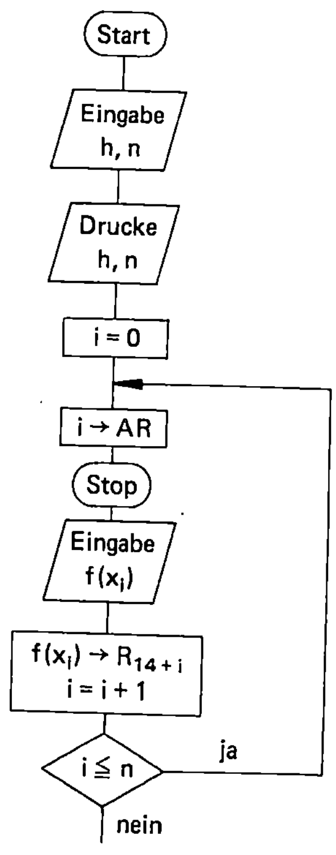

((Fortsetzung))

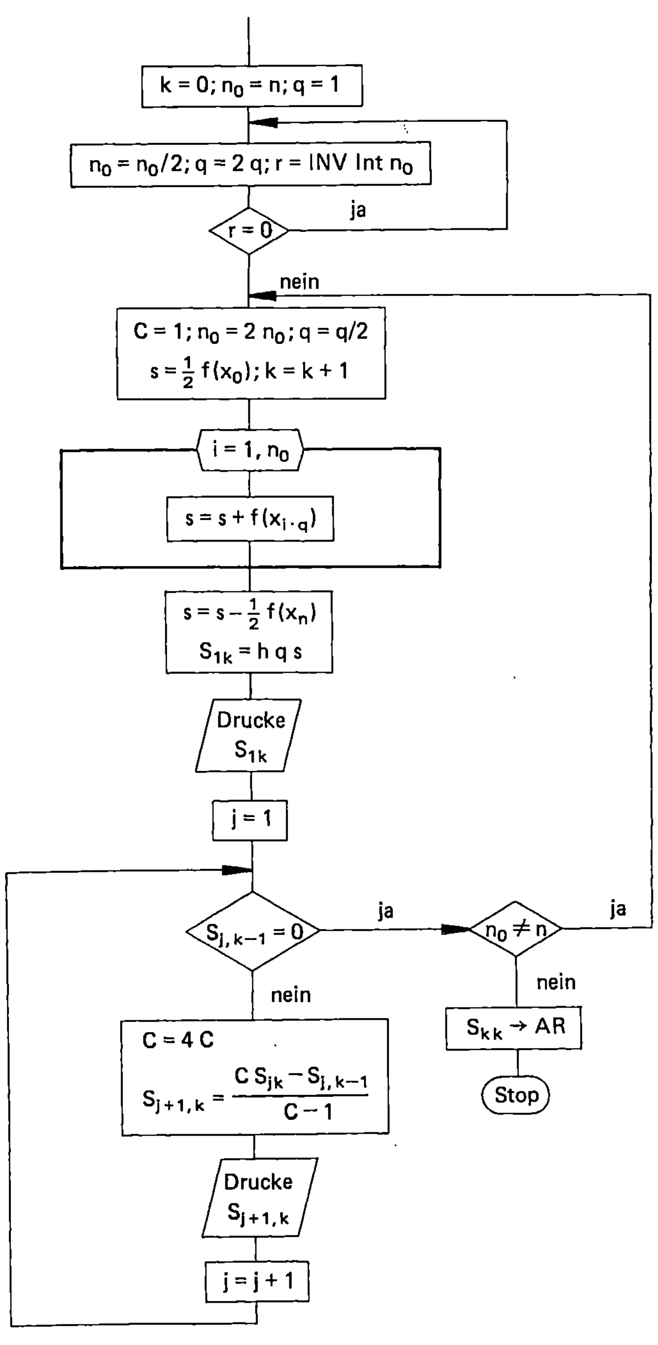

Flußdiagramm INT 4: Tabellarische Integration (Romberg-Sehnentrapezverfahren)

```
000  76  LBL
001  11  A
002  47  CMS
003  29  CP
004  99  PRT
005  42  STO
006  01  01
007  91  R/S
008  76  LBL
009  12  B
010  99  PRT
011  42  STO
012  02  02
013  01  1
014  04  4
015  42  STO
016  05  05
017  43  RCL
018  00  00
019  91  R/S
020  72  ST*
021  05  05
022  01  1
023  44  SUM
024  05  05
025  44  SUM
026  00  00
027  43  RCL
028  02  02
029  75  -
030  43  RCL
031  00  00
032  95  =
033  77  GE
034  00  00
035  17  17
036  43  RCL
037  02  02
038  42  STO
039  03  03
040  01  1
041  42  STO
042  04  04
043  02  2
044  22  INV
045  49  PRD
046  03  03
047  49  PRD
048  04  04
049  43  RCL
050  03  03
051  22  INV
052  59  INT
053  67  EQ
054  00  00
055  43  43
056  01  1
057  42  STO
058  07  07
059  98  ADV
060  02  2
061  49  PRD
062  03  03
063  22  INV
064  49  PRD
065  04  04
066  43  RCL
067  03  03
068  42  STO
069  00  00
070  01  1
071  04  4
072  42  STO
073  05  05
074  43  RCL
075  14  14
076  55  ÷
077  02  2
078  95  =
079  42  STO
080  06  06
081  43  RCL
082  04  04
083  44  SUM
084  05  05
085  73  RC*
086  05  05
087  44  SUM
088  06  06
089  97  DSZ
090  00  00
091  00  00
092  81  81
093  73  RC*
094  05  05
095  55  ÷
096  02  2
097  95  =
098  22  INV
099  44  SUM
100  06  06
101  43  RCL
102  01  01
103  65  ×
104  43  RCL
105  04  04
106  95  =
107  49  PRD
108  06  06
109  07  7
110  42  STO
111  05  05
112  04  4
113  49  PRD
114  07  07
115  01  1
116  44  SUM
117  05  05
118  43  RCL
119  06  06
120  99  PRT
121  63  EX*
122  05  05
123  67  EQ
124  01  01
125  47  47
126  94  +/-
127  85  +
128  43  RCL
129  07  07
130  65  ×
131  73  RC*
132  05  05
133  95  =
134  55  ÷
135  53  (
136  43  RCL
137  07  07
138  75  -
139  01  1
140  54  )
141  95  =
142  42  STO
143  06  06
144  61  GTO
145  01  01
146  12  12
147  43  RCL
148  03  03
149  75  -
150  43  RCL
151  02  02
152  95  =
153  22  INV
154  67  EQ
155  00  00
156  56  56
157  73  RC*
158  05  05
159  91  R/S
```

Programm INT 4: Tabellarische Integration (Romberg-Sehnentrapezverfahren)

Benutzeranleitung INT 4: Berechnung des bestimmten Integrals $I = \int_{x_0}^{x_n} f(x)\,dx$ für eine tabellarisch gegebene Funktion mit dem Romberg-Sehnentrapezverfahren.

(1) Programm INT 4 einlesen.

(2) TI-59: $n \leqq 32$; TI-58: $n \leqq 25$ (für $n \geqq 16$ Speicherbereichseinteilung 179.39).

(3) Eingabe: h [A] n [B] $f(x_0)$ [R/S] $f(x_1)$ [R/S] ... $f(x_n)$ [R/S]

(4) Ausgabe: h; n; S_{11}; S_{12}, S_{22}; S_{13}, S_{23}, S_{33}; ...

Wir testen das Programm mit den Funktionswerten $f(x_i) = x_i^4$ für $x_i = 0, 1, 2, \ldots, n$ mit $n = 6 = 2^1 \cdot 3$ und $n = 8 = 2^3$. Die Ergebnisse finden Sie in den ersten beiden Spalten im Beispiel INT 4. Die exakten Ergebnisse betragen 1555,2 bzw. 6553,6. Danach betrachten wir das folgende Beispiel. Ein Kfz wird aus dem Stillstand beschleunigt und dann durch Bremsen wieder zum Stehen gebracht. Dabei wurde alle zwei Sekunden die Geschwindigkeit gemessen:

t in s	0;	2;	4;	6;	8;	10;	12;	14;	16;	18;	20;	22;	24
v in $\frac{km}{h}$	0;	26,3;	47,5;	63,0;	55,3;	65,2;	76,8;	84,6;	82,1;	69,3;	51,4;	28,3;	0

Welcher Weg wurde vom Kfz zurückgelegt? Es gilt

$$s = \int_0^{t_{max}} v(t)\,dt \quad \text{mit} \quad t_{max} = 24\ \text{s}.$$

Mit $h = 2$, $n = 12$ und den obigen Tabellenwerten erhalten wir die Ergebnisse der rechten Spalte im Beispiel INT 4. Mit dem besten Integrationswert wird

$$s = 1316{,}12 \frac{\text{km}}{\text{h}}\,\text{s} = 1316{,}12 \frac{\text{m}}{3{,}6} = 365{,}6\ \text{m}.$$

```
 1.                     1.                  2.
 6.                     8.                 12.

1840.               16384.              1099.2

1627.                9216.              1252.4
1556.         6826.666667          1303.466667

                     7232.              1299.6
              6570.666667          1315.333333
                   6553.6          1316.124444

                     6724.
              6554.666667
                   6553.6
                   6553.6
```

Beispiel INT 4: Tabellarische Integration

1.3 Simpsonregel

1.3.1 Algorithmus und Testprogramm

Bei den Trapezregeln, die wir ausführlich in den Abschnitten 1.1 und 1.2 untersucht haben, wurde die Kurve der Funktion $f(x)$ intervallweise durch eine Gerade (Tangente oder Sehne) ersetzt. Bessere numerische Ergebnisse sind zu erwarten, wenn die Kurve in einem Doppelintervall $[x_{i-1}; x_{i+1}]$ durch eine Parabel angenähert wird, die durch die drei Punkte P_{i-1}, P_i und P_{i+1} geht. Legen wir in x_i eine t-Achse und nennen

$$g(t) = c_0 + c_1 t + c_2 t^2$$

die Funktionsgleichung der Parabel, so wird

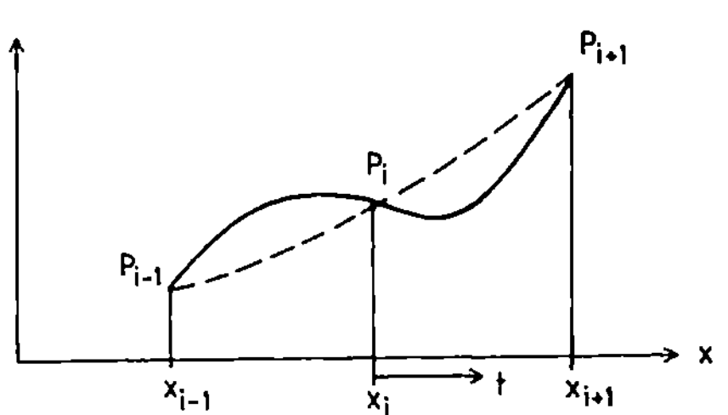

$$\int_{-h}^{h} g(t)\,dt = 2\,c_0 h + 2\,c_2 \frac{h^3}{3}.$$

Zur Bestimmung der c_1 und c_3 haben wir die Gleichungen

$$g(0) = f(x_i) = c_0\,,$$
$$g(-h) = f(x_{i-1}) = c_0 - c_1 h + c_2 h^2,$$
$$g(h) = f(x_{i+1}) = c_0 + c_1 h + c_2 h^2.$$

Hieraus erhalten wir

$$2\,c_2 h^2 = g(-h) - 2\,c_0 + g(h) = f(x_{i-1}) - 2\,f(x_i) + f(x_{i+1})\,.$$

Einsetzen in die obige Darstellung für das Integral und Ordnen liefert

$$SI_i = \int_{-h}^{h} g(t)\,dt = \frac{h}{3}\left[f(x_{i-1}) + 4\,f(x_i) + f(x_{i+1})\right]. \qquad (1.3\text{-}1)$$

Zur angenäherten Berechnung des Integrals $\int_a^b f(x)\,dx$ müssen wir das Gesamtintervall [a; b] in eine gerade Anzahl von Teilintervallen einteilen und erhalten dann mit (1.3-1) die *Simpsonregel*

$$SI(h) = \frac{h}{3} \sum_{(i)} \left[f(x_{i-1}) + 4\,f(x_i) + f(x_{i+1})\right]. \qquad (1.3\text{-}2)$$

Bei der Summation über i sind in dieser Darstellung immer zwei Teilintervalle der Breite h zusammenzufassen. Ausführlicher geschrieben sieht die Summe so aus:

$$SI(h) = \frac{h}{3}\left[f(x_0) + 4\,f(x_1) + f(x_2)\right] + \frac{h}{3}\left[f(x_2) + 4\,f(x_3) + f(x_4)\right]$$
$$+ \ldots + \frac{h}{3}\left[f(x_{n-2}) + 4\,f(x_{n-1}) + f(x_n)\right]. \qquad (1.3\text{-}2')$$

Oder wieder kürzer auch so:

$$SI(h) = \frac{h}{3} \sum_{i=0}^{n/2-1} \left[f(x_{2i}) + 4\,f(x_{2i+1}) + f(x_{2i+2})\right]. \qquad (1.3\text{-}2'')$$

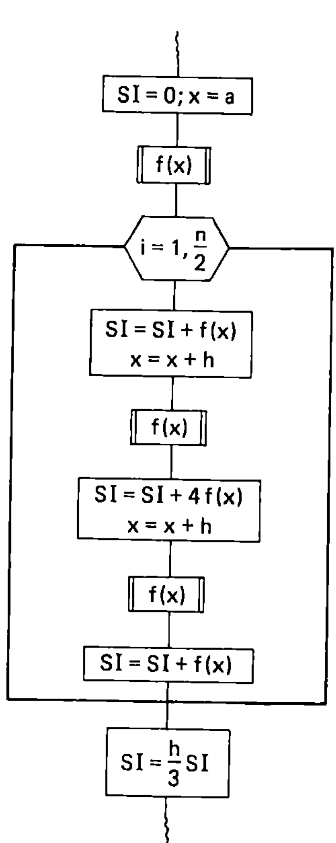

Das Testverfahren mit jeweiliger Halbierung der Schrittweite h ist ähnlich wie die Verfahren in 1.1.1 und 1.2.1 aufgebaut. Die Änderung im Programm 1.3.1 gegenüber früher wird durch den Ausschnitt des nebenstehenden Flußdiagramms angegeben. Mit dem zugehörigen Programm 1.3.1 berechnen wir die Integrale (B1-1) bis (B1-4) aus dem Abschnitt 1.1.1. Die Ergebnisse sind im Beispiel 1.3.1 zusammengestellt. Wir sehen, daß in allen vier Fällen das bestimmte Integral durch die Simpsonwerte SI(h) besser angenähert wird als früher durch die Trapezwerte T(h) und S(h). Auch das Fehlerverhältnis F_{k-1}/F_k ist hier günstiger. Man kann vermuten, daß der Fehler bei Halbierung der Schrittweite auf etwa $1/16 = 1/2^4$ zurückgeht.

```
000  76 LBL
001  11  A
002  47 CMS
003  99 PRT
004  42 STO
005  02  02
006  94 +/-
007  42 STO
008  03  03
009  91 R/S
010  76 LBL
011  12  B
012  99 PRT
013  44 SUM
014  03  03
015  91 R/S
016  76 LBL
017  13  C
018  99 PRT
019  98 ADV
020  42 STO
021  04  04
022  91 R/S
023  76 LBL
024  15  E
025  42 STO
026  05  05
027  02  2
028  42 STO
029  06  06
030  22 INV
031  49 PRD
032  03  03
033  00  0
034  42 STO
035  07  07
036  02  2
037  49 PRD
038  06  06
039  22 INV
040  49 PRD
041  03  03
042  43 RCL
043  02  02
044  42 STO
045  01  01
046  43 RCL
047  06  06
048  99 PRT
049  55  ÷
050  02  2
051  95  =
052  42 STO
053  00  00
054  71 SBR
055  01  01
056  14  14
057  44 SUM
058  07  07
059  43 RCL
060  03  03
061  44 SUM
062  01  01
063  71 SBR
064  01  01
065  14  14
066  65  ×
067  04  4
068  95  =
069  44 SUM
070  07  07
071  43 RCL
072  03  03
073  44 SUM
074  01  01
075  71 SBR
076  01  01
077  14  14
078  44 SUM
079  07  07
080  97 DSZ
081  00  00
082  00  00
083  57  57
084  43 RCL
085  03  03
086  55  ÷
087  03  3
088  95  =
089  49 PRD
090  07  07
091  43 RCL
092  04  04
093  75  -
094  43 RCL
095  07  07
096  99 PRT
097  95  =
098  99 PRT
099  48 EXC
100  08  08
101  55  ÷
102  43 RCL
103  08  08
104  95  =
105  99 PRT
106  98 ADV
107  97 DSZ
108  05  05
109  00  00
110  33  33
111  91 R/S
112  76 LBL
113  71 SBR
```

Programm 1.3.1: Simpsonregel (Test)

```
           1.              0.              0.             3.
           8.     1.570796327              3.             7.
          4.5      1.90523869            12.4    .8047189562

           4.              4.              4.             4.
  4.513839892     1.904176693     12.40047676    .8048135013
 -.0138398922     .0010619975   -.0004767574   -.0000945451
           0.              0.              0.             0.

           8.              8.              8.             8.
  4.501781762     1.905174885     12.40003391    .8047244351
 -.0017817622     .0000638059   -.0000339058   -.0000054789
  7.767530606     16.64418213     14.06123466    17.25621963

          16.             16.             16.            16.
  4.500165741     1.905234744     12.40000222    .8047192834
 -.0001657411     .0000039469    -0.000002215   -.0000003272
  10.75027674      16.1662468     15.30728981    16.74679409

          32.             32.             32.            32.
  4.500012239     1.905238444     12.40000014    .8047189764
 -0.000012239     0.000000246   -.0000001402   -.0000000201
  13.54200548     16.04121604     15.80456654     16.2433718

          64.             64.             64.            64.
  4.500000807     1.905238675     12.40000001    .8047189575
 -.0000008074     .0000000154   -.0000000087   -.0000000012
  15.15926913     15.99148577     16.07224771    16.18026992

     (B1-1)          (B1-2)          (B1-3)         (B1-4)
```

Beispiel 1.3.1: Simpsonregel (Test)

1.3.2 Romberg-Verfahren für die Simpsonregel

Aufgrund unserer Testergebnisse können wir schließen

$$F_k = I - SI_{1k} \cong C_4 h^4 \quad \text{mit} \quad SI_{1k} = SI(h)\,.$$

Die Potenzreihendarstellung für I beginnt hier mit h^4:

$$I = SI_{1k} + C_4 h^4 + C_6 h^6 + C_8 h^8 + \ldots \qquad (1.3\text{-}3)$$

Ganz entsprechend wie in 1.1.2 erhalten wir bei Halbierung der Schrittweite h für das Extrapolationsverfahren

$$SI_{j+1,k} = \frac{4^{j+1}\, SI_{jk} - SI_{j,k-1}}{4^{j+1} - 1} \qquad (k = 2, 3, \ldots;\ j = 1, 2, \ldots, k-1) \qquad (1.3\text{-}4)$$

Die SI_{1k} werden nach der Simpsonregel (1.3-2) berechnet. Dabei können wir ähnlich wie bei der Sehnentrapezregel die Berechnung einiger Funktionswerte beim Übergang von $SI_{1,k-1}$ auf SI_{1k} sparen. Allerdings sind die Verhältnisse hier nicht mehr so günstig wie früher. Es gilt

$$SI_{1k} = \frac{h}{3}[(f_0 + 4f_1 + f_2) + (f_2 + 4f_3 + f_4) + (f_4 + 4f_5 + f_6) + \ldots$$
$$\ldots + (f_{n-4} + 4f_{n-3} + f_{n-2}) + (f_{n-2} + 4f_{n-1} + f_n)]$$

und für die doppelte Schrittweite

$$SI_{1,k-1} = \frac{2h}{3}[(f_0 + 4f_2 + f_4) + (f_4 + 4f_6 + f_8) + \ldots + (f_{n-4} + 4f_{n-2} + f_n)]\,.$$

Hieraus folgt

$$SI_{1k} - \frac{1}{2} SI_{1,k-1} = \frac{h}{3}[(4f_1 - 2f_2 + 4f_3) + (4f_5 - 2f_6 + 4f_7) + \ldots$$
$$+ (4f_{n-3} - 2f_{n-2} + 4f_{n-1})]$$

oder

$$SI_{1k} = \frac{1}{2} SI_{1,k-1} + \frac{4h}{3}[(f_1 - \tfrac{1}{2}f_2 + f_3) + (f_5 - \tfrac{1}{2}f_6 + f_7) + \ldots$$
$$\ldots + (f_{n-3} - \tfrac{1}{2}f_{n-2} + f_n)]\,. \qquad (1.3\text{-}5)$$

In den eckigen Klammern stehen insgesamt $\frac{n}{4}$ runde Klammern, daher weiter unten die Laufanweisung $i = 1, \frac{n}{4}$. SI_{10} berechnen wir für $n = 2$ mit $h = (b-a)/2$:

$$SI_{10} = \frac{b-a}{6}\left[f(a) + 4f\left(\frac{a+b}{2}\right) + f(b)\right]. \qquad (1.3\text{-}6)$$

Die Berechnung der SI_{jk} verläuft ganz ähnlich wie beim Romberg-Sehnentrapezverfahren. Die wesentliche Änderung aufgrund der Rekursionsformel (1.3-5) ist im Flußdiagramm INT 5 angegeben.

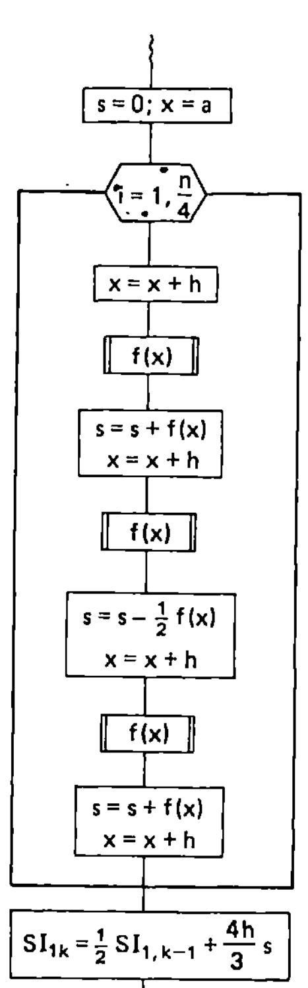

Flußdiagramm INT 5: Romberg-Simpsonverfahren

```
000  76  LBL
001  11  A
002  47  CMS
003  29  CP
004  99  PRT
005  42  STO
006  02  02
007  42  STO
008  01  01
009  22  INV
010  44  SUM
011  03  03
012  71  SBR
013  02  02
014  06  06
015  44  SUM
016  08  08
017  91  R/S
018  76  LBL
019  12  B
020  99  PRT
021  44  SUM
022  03  03
023  42  STO
024  01  01
025  61  GTO
026  00  00
027  12  12
028  76  LBL
029  15  E
030  99  PRT
031  42  STO
032  05  05
033  43  RCL
034  02  02
035  44  SUM
036  01  01
037  02  2
038  22  INV
039  49  PRD
040  01  01
041  42  STO
042  04  04
043  22  INV
044  49  PRD
045  03  03
046  71  SBR
047  02  02
048  06  06
049  65  ×
050  04  4
051  95  =
052  44  SUM
053  08  08
054  43  RCL
055  03  03
056  55  ÷
057  03  3
058  95  =
059  49  PRD
060  08  08
061  98  ADV
062  02  2
063  49  PRD
064  04  04
065  22  INV
066  49  PRD
067  03  03
068  22  INV
069  49  PRD
070  08  08
071  43  RCL
072  04  04
073  99  PRT
074  55  ÷
075  04  4
076  95  =
077  42  STO
078  00  00
079  00  0
080  42  STO
081  09  09
082  04  4
083  42  STO
084  06  06
085  43  RCL
086  02  02
087  42  STO
088  01  01
089  43  RCL
090  03  03
091  44  SUM
092  01  01
093  71  SBR
094  02  02
095  06  06
096  44  SUM
097  09  09
098  43  RCL
099  03  03
100  44  SUM
101  01  01
102  71  SBR
103  02  02
104  06  06
105  55  ÷
106  02  2
107  95  =
108  94  +/-
109  44  SUM
110  09  09
111  43  RCL
112  03  03
113  44  SUM
114  01  01
115  71  SBR
116  02  02
117  06  06
118  44  SUM
119  09  09
120  43  RCL
121  03  03
122  44  SUM
123  01  01
124  97  DSZ
125  00  00
126  00  00
127  89  89
128  04  4
129  65  ×
130  43  RCL
131  03  03
132  55  ÷
133  03  3
134  95  =
135  49  PRD
136  09  09
137  43  RCL
138  08  08
139  44  SUM
140  09  09
141  43  RCL
142  09  09
143  42  STO
144  08  08
145  01  1
146  00  0
147  42  STO
148  07  07
149  04  4
150  49  PRD
151  06  06
152  01  1
153  44  SUM
154  07  07
155  43  RCL
156  09  09
157  99  PRT
158  63  EX*
159  07  07
160  67  EQ
161  01  01
162  86  86
163  42  STO
164  10  10
165  94  +/-
166  85  +
167  43  RCL
168  06  06
169  65  ×
170  73  RC*
171  07  07
172  95  =
173  55  ÷
174  53  (
175  43  RCL
176  06  06
177  75  -
178  01  1
179  54  )
180  95  =
181  42  STO
182  09  09
183  61  GTO
184  01  01
185  49  49
186  73  RC*
187  07  07
188  75  -
189  43  RCL
190  10  10
191  95  =
192  50  I×I
193  75  -
194  43  RCL
195  05  05
196  95  =
197  77  GE
198  00  00
199  61  61
200  73  RC*
201  07  07
202  68  NOP
203  91  R/S
204  76  LBL
205  71  SBR
```

Programm INT 5: Romberg-Simpsonverfahren

Benutzeranleitung INT 5: Romberg-Simpsonverfahren zur Berechnung des bestimmten Integrals

$$I = \int_a^b f(x)\,dx$$ mit einer Genauigkeit ϵ.

(1) Programm INT 5 einlesen.

(2) [GTO] [SBR] [LRN]; Tastenfolge zur Berechnung der Funktion $f(x)$ mit $x = (R_1)$ eingeben und mit [INV] [SBR] [LRN] abschließen.

(3) Eingabe: a [A] b [B] ϵ [E]

(4) Ausgabe: n; S_{1k}; S_{2k}; ... S_{kk} für $k \in \mathbb{N}$ bis zur Stoppbedingung $|S_{kk} - S_{k-1,k-1}| < \epsilon$. Wird nur die Ausgabe von S_{kk} gewünscht, so wird in die Programmspeicherstellen 0 6 1, 0 7 3 und 1 5 7 [*Nop] und in 2 0 2 [*Prt] gesetzt. Ohne Benutzung eines Druckers wird vom Programm INT 5 nur S_{kk} angezeigt.

Mit dem Programm INT 5 berechnen wir die Integrale (B1-1), (B1-2), (B1-5) und (B1-6) aus dem Abschnitt 1.1.3 bzw. 1.2.2. Die Ergebnisse sind im Beispiel INT 5 zusammengestellt. Nur für (B1-2) kommen wir mit einer kleineren Intervalleinteilung als beim Sehnentrapezverfahren aus. Bei anderer Genauigkeit ϵ kann dieses natürlich günstiger sein. Die Rechenzeiten für diese Beispiele betragen beim Simpsonverfahren etwa zwei bis viereinhalb Minuten, sie sind also etwas länger als beim Sehnentrapezverfahren. Dieses liegt an der günstigeren Rekursionsformel (1.2-4) gegenüber (1.3-5).

(B1-1)	(B1-2)	(B1-5)	(B1-6)
1.	0.	0.	0.
8.	1.570796327	3.	1.
0.00000001	0.00000001	0.000001	.0000000001
4.	4.	4.	4.
4.513839892	1.904176693	1.134460702	1.852211443
8.	8.	8.	8.
4.501781762	1.905174885	1.060340945	1.851953701
4.500977887	1.905241431	1.055399628	1.851936518
16.	16.	16.	16.
4.500165741	1.905234744	1.065830692	1.851938085
4.500058006	1.905238734	1.066196676	1.851937044
4.500043405	1.905238691	1.066368057	1.851937052
32.	32.	32.	32.
4.500012239	1.905238444	1.065878474	1.851937116
4.500002006	1.905238691	1.06588166	1.851937052
4.500001117	1.90523869	1.065876659	1.851937052
4.500000951	1.90523869	1.065874732	1.851937052
64.		64.	64.
4.500000807		1.065878541	1.851937056
4.500000045		1.065878545	1.851937052
4.500000014		1.065878496	1.851937052
4.50000001		1.065878503	1.851937052
4.500000009		1.065878507	1.851937052
128.		128.	
4.500000051		1.065878542	
4.500000001		1.065878543	
4.5		1.065878542	
4.5		1.065878543	
4.5		1.065878543	
4.5		1.065878543	

Beispiel INT 5: Romberg-Simpsonverfahren

Anmerkungen

1. Die in (1.3-3) experimentell gefundene Darstellung läßt sich ähnlich wie bei den Trapezregeln theoretisch bestätigen. Aus der Integraldarstellung

$$I_i = \int_{x_{i-1}}^{x_{i+1}} f(x)\,dx = \int_{-h}^{0} g(t)\,dt + \int_{0}^{h} g(t)\,dt$$

mit $g(t) = f(x_i + t)$ gewinnt man durch Produktintegration, passende Wahl der Integrationskonstanten und nach einer etwas längeren Rechnung

$$I = SI(h) - \frac{h^4}{180}[f'''(b) - f'''(a)] + \frac{h^6}{1512}[f^{(5)}(b) - f^{(5)}(a)] + - \dots \qquad (1.3\text{-}7)$$

Einfacher erhält man diese Beziehung aus (1.1-8) und (1.2-7), wenn man

$$SI(h) = \frac{2\,T(2h) + S(2h)}{3}$$

heranzieht (s. Skizze).

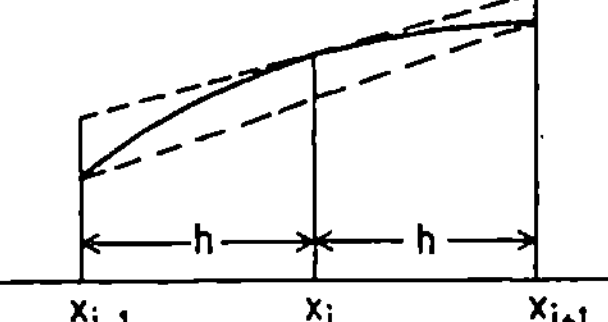

Aus (1.3-7) erkennen wir, daß der für die Trapezregeln erwähnte Sonderfall $f'(b) = f'(a)$ bei der Simpsonregel keine Bedeutung besitzt. In diesem Fall liefern die Trapezregeln im allgemeinen bessere Resultate als die Simpsonregel, weil die Faktoren $\frac{7}{8 \cdot 720}$ und $\frac{1}{720}$ bei h^4 in den Reihendarstellungen kleiner als $\frac{1}{180}$ sind. Der Leser möge selbst die Beispiele (B1-13) und (B1-14) mit dem Programm INT 5 durchrechnen und die Ergebnisse mit denen im Beispiel 1.1.5 vergleichen. – Auch bei der Integration periodischer Funktionen werden mit der Simpsonregel keine besseren, sondern im allgemeinen sogar schlechtere Resultate als mit den Trapezregeln erzielt (wie bereits in 1.1.5 erwähnt). In diesem Fall ist das Programm INT 2 mit Vorteil zu benutzen.

2. Sehen wir uns die numerischen Ergebnisse der Sehnentrapezregel (Beispiel INT 3) und der Simpsonregel (Beispiel INT 5) noch einmal etwas genauer an. Dann fällt uns auf, daß der mit der Simpsonregel berechnete Wert SI_{1k} mit dem 1. Wert S_{2k} $(k = 2, 3, \dots)$ bei der Extrapolation nach der Sehnentrapezregel übereinstimmt. Man kann allgemein die Gültigkeit der folgenden Relation nachweisen:

$$SI_{jk} = S_{j+1,k} \qquad (k = 2, 3, 4, \dots;\ j = 1, 2, \dots, k-1)\,. \qquad (1.3\text{-}8)$$

1.3.3 Die Integralfunktion

Die Anfangswertaufgabe

$$y' = f(x), \qquad y(x_0) = y_0$$

besitzt die Lösungsfunktion

$$y(x) = y_0 + \int_{x_0}^{x} f(t)\,dt\,. \qquad (1.3\text{-}9)$$

Die Funktionswerte y sollen für die N äquidistanten Werte $x_0, x_1, x_2, \dots, x_N = b$ berechnet und in Form einer Tabelle vom Drucker ausgegeben werden (bzw. vom Rechner angezeigt werden). Für das Intervall $[x_\nu; x_{\nu+1}]$ der Breite $\Delta x = (x_N - x_0)/N$ gilt

$$y(x_{\nu+1}) = y(x_\nu) + \int_{x_\nu}^{x_\nu + \Delta x} f(x)\,dx\,. \qquad (1.3\text{-}10)$$

Das Integral berechnen wir mit dem Romberg-Simpsonverfahren mit den *Rechen*schrittweiten $h = \Delta x/n$ für $n = 2, 4, 8, \ldots$ Im Gegensatz zu h wollen wir Δx die *Ausgabe-* oder *Druck*schrittweite nennen. Die Näherungswerte der exakten Funktionswerte $y(x_\nu)$ werden wir im folgenden stets mit y_ν bezeichnen. Der gesamte Algorithmus zur Berechnung der y_ν ist im Flußdiagramm INT 6 zusammengestellt. Dabei haben wir im Programm INT 6 bei der Berechnung der SI_{1k} auf die Anwendung der Rekursionsformel (1.3-5) verzichtet und dafür etwas längere Rechenzeiten hingenommen.

```
000  76 LBL
001  11  A
002  47 CMS
003  29 CP
004  42 STO
005  02  02
006  99 PRT
007  22 INV
008  44 SUM
009  04  04
010  91 R/S
011  76 LBL
012  12  B
013  44 SUM
014  04  04
015  91 R/S
016  76 LBL
017  13  C
018  42 STO
019  03  03
020  99 PRT
021  91 R/S
022  76 LBL
023  14  D
024  42 STO
025  05  05
026  22 INV
027  49 PRD
028  04  04
029  91 R/S
030  76 LBL
031  15  E
032  42 STO
033  06  06
034  98 ADV
035  93  .
036  05  5
037  42 STO
038  08  08
039  43 RCL
040  04  04
041  42 STO
042  07  07
043  02  2
044  49 PRD
045  08  08
046  22 INV
047  49 PRD
048  07  07
049  43 RCL
050  08  08
051  42 STO
052  00  00
053  43 RCL
054  02  02
055  42 STO
056  01  01
057  00  0
058  42 STO
059  11  11
060  04  4
061  42 STO
062  09  09
063  71 SBR
064  01  01
065  86  86
066  44 SUM
067  11  11
068  43 RCL
069  07  07
070  44 SUM
071  01  01
072  71 SBR
073  01  01
074  86  86
075  65  ×
076  04  4
077  95  =
078  44 SUM
079  11  11
080  43 RCL
081  07  07
082  44 SUM
083  01  01
084  71 SBR
085  01  01
086  86  86
087  44 SUM
088  11  11
089  97 DSZ
090  00  00
091  00  00
092  66  66
093  43 RCL
094  07  07
095  55  ÷
096  03  3
097  95  =
098  49 PRD
099  11  11
100  01  1
101  02  2
102  42 STO
103  10  10
104  04  4
105  49 PRD
106  09  09
107  01  1
108  44 SUM
109  10  10
110  44 SUM
111  00  00
112  43 RCL
113  11  11
114  63 EX*
115  10  10
116  67  EQ
117  01  01
118  42  42
119  42 STO
120  12  12
121  94 +/-
122  85  +
123  43 RCL
124  09  09
125  65  ×
126  73 RC*
127  10  10
128  95  =
129  55  ÷
130  53  (
131  43 RCL
132  09  09
133  75  -
134  01  1
135  54  )
136  95  =
137  42 STO
138  11  11
139  61 GTO
140  01  01
141  04  04
142  73 RC*
143  10  10
144  75  -
145  43 RCL
146  12  12
147  95  =
148  50 I×I
149  75  -
150  43 RCL
151  06  06
152  95  =
153  77  GE
154  00  00
155  43  43
156  43 RCL
157  01  01
158  99 PRT
159  42 STO
160  02  02
161  73 RC*
162  10  10
163  44 SUM
164  03  03
165  43 RCL
166  03  03
167  99 PRT
168  00  0
169  72 ST*
170  10  10
171  01  1
172  22 INV
173  44 SUM
174  10  10
175  97 DSZ
176  00  00
177  01  01
178  68  68
179  97 DSZ
180  05  05
181  00  00
182  34  34
183  91 R/S
184  76 LBL
185  71 SBR
```

Programm INT 6: Integralfunktion (Romberg-Simpson)

Benutzeranleitung INT 6: Berechnung der Funktionswerte $y(x) = y_0 + \int_{x_0}^{x} f(t)\,dt$ für äquidistante Werte $x_0, x_1, \ldots, x_N = b$ mit einer Genauigkeit ϵ.

(1) Programm INT 6 einlesen.

(2) [GTO] [SBR] [LRN]; Tastenfolge zur Berechnung der Funktion $f(x)$ mit $x = (R_1)$ eingeben und mit [INV] [SBR] [LRN] abschließen.

(3) Eingabe: x_0 [A] b [B] y_0 [C] N [D] ϵ [E]

(4) Ausgabe: x_ν; y_ν für $\nu \in \mathbb{N}_{0,N}$.

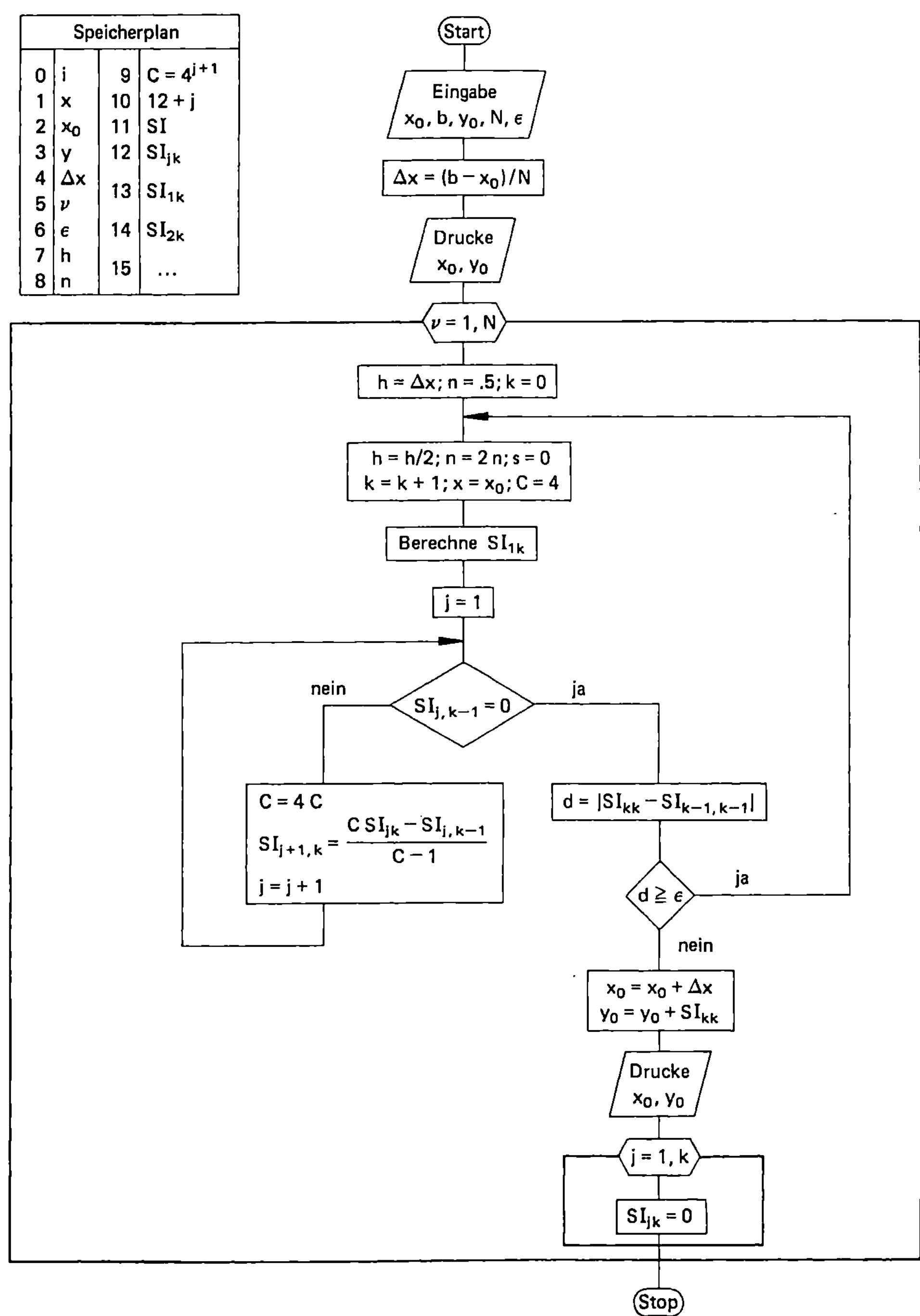

Speicherplan			
0	i	9	$C = 4^{j+1}$
1	x	10	12 + j
2	x_0	11	SI
3	y	12	SI_{jk}
4	Δx	13	SI_{1k}
5	ν		
6	ϵ	14	SI_{2k}
7	h	15	...
8	n		

Flußdiagramm INT 6: Integralfunktion

Mit dem Programm INT 6 berechnen wir die Werte der Logarithmusfunktion

(B1-19) $\ln x = \int\limits_1^x \frac{dt}{t}$ für $1 \leqq x \leqq 2$ mit $\Delta x = 0{,}1$ (N = 10) und $\epsilon = 10^{-10}$

und der Normalverteilungsfunktion

(B1-20) $\phi(x) = 0{,}5 + \frac{1}{\sqrt{2\pi}} \int\limits_0^x e^{-t^2/2} dt$ für $0 \leqq x \leqq 2$ mit $\Delta x = 0{,}1$ (N = 20) und $\epsilon = 10^{-8}$.

Die Funktionswerte $\phi(x)$ lassen wir uns auf sechs Nachkommastellen ausdrucken: [*Fix] 6.

Als angewandtes Beispiel betrachten wir den mit einer Anfangsgeschwindigkeit senkrecht nach oben geschlagenen Tennisball. Den Luftwiderstand wollen wir proportional zum Quadrat der Geschwindigkeit annehmen:

$$F_W = \frac{1}{2} c_W \rho_L A v^2.$$

Es sind gegeben:

$c_W = 0{,}58$	(Widerstandsbeiwert),
$\rho_L = 1{,}25$ kg/m^3	(Dichte der Luft),
$d = 65$ mm	(Durchmesser des Tennisballs),
$A = \frac{\pi}{4} d^2$	(Schattenfläche des Balls),
$m = 57$ g	(Masse des Balls),
$v_0 = 32$ m/s	(Anfangsgeschwindigkeit),
$g = 9{,}807$ m/s^2	(Erdbeschleunigung).

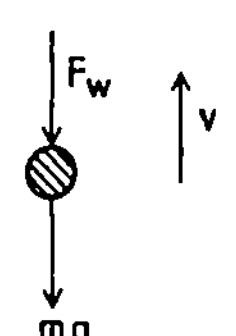

Aus dem Grundgesetz der Dynamik erhalten wir für die Aufwärtsbewegung des Tennisballs

$$m \frac{dv}{dt} = - mg - \frac{1}{2} c_W \rho_L A v^2$$

oder

$$\frac{dv}{dt} = -(g + b v^2)$$

mit

$$b = \frac{c_W \rho_L A}{2 m} = \frac{0{,}58 \cdot 1{,}25 \text{ kg/m}^3 \cdot \pi/4 \cdot 6{,}5^2 \cdot 10^{-4} \text{ m}^2}{2 \cdot 0{,}057 \text{ kg}} = 0{,}0211 \text{ m}^{-1}.$$

Trennen wir in der Differentialgleichung die Veränderlichen t und v, so erhalten wir durch Integration

(B1-21) $t = -\int\limits_{v_0}^{v} \frac{du}{g + b u^2}.$

Hieraus ermitteln wir die Zeit, nach der der Tennisball die Geschwindigkeit 28, 24, 20 ..., 8, 4, 0 $\frac{m}{s}$ besitzt.

Nach der Eingabe der Funktion

$$f(u) = -1/(9{,}807 + 0{,}0211\,u^2)$$

starten wir das Programm INT 6 mit

32 [A] 0 [B] 0 [C] 8 [D] 0,000 001 [E]

und erhalten auf vier Nachkommastellen die Ergebnisse im Beispiel INT 6. – Das Integral (B1-21) läßt sich auch exakt lösen. Für die Steigzeit T erhält man dann

$$T = \frac{1}{\sqrt{g\,b}} \arctan\left(\sqrt{\frac{b}{g}}\, v_0\right) = 2{,}1498\,\mathrm{s}\,,$$

also denselben Wert wie bei der numerischen Integration. (Mit $\epsilon = 10^{-6}$ erreichen wir sogar eine Übereinstimmung bis zur 8. Nachkommastelle einschließlich.)

(B1-19)	(B1-20)	(B1-20)	(B1-21)
1. 0.	0.000000 0.500000	1.100000 0.864334	32.0000 0.0000
1.1 .0953101798	0.100000 0.539828	1.200000 0.884930	28.0000 0.1391
1.2 .1823215568	0.200000 0.579260	1.300000 0.903200	24.0000 0.3056
1.3 .2623642645	0.300000 0.617911	1.400000 0.919243	20.0000 0.5057
1.4 .3364722366	0.400000 0.655422	1.500000 0.933193	16.0000 0.7463
1.5 .4054651081	0.500000 0.691462	1.600000 0.945201	12.0000 1.0333
1.6 .4700036292	0.600000 0.725747	1.700000 0.955435	8.0000 1.3687
1.7 .5306282511	0.700000 0.758036	1.800000 0.964070	4.0000 1.7465
1.8 .5877866649	0.800000 0.788145	1.900000 0.971283	0.0000 2.1498
1.9 .6418538862	0.900000 0.815940	2.000000 0.977250	
2. .6931471806	1.000000 0.841345		

Beispiel INT 6: Integralfunktion

2 Anfangswertaufgaben

2.1 Differentialgleichungen erster Ordnung

In diesem Abschnitt wird das folgende Problem behandelt. Zu bestimmen ist eine Funktion $y(x)$, die den Bedingungen

$$y' = f(x, y) \quad \text{für} \quad x \in [x_0; x_e] \quad \text{und} \quad y(x_0) = y_0 \tag{2.1-1}$$

genügt. $f(x, y)$ ist eine gegebene Funktion und x_0, y_0 sind gegebene Zahlenwerte. Die Funktion $f(x, y)$ soll so beschaffen sein, daß das Problem (2.1-1) eine eindeutige Lösung $y(x)$ besitzt. Bei der numerischen Lösung der Aufgabe (2.1-1) sind an n äquidistanten Stellen x_i Näherungswerte y_i für die exakten Funktionswerte $y(x_i)$ gesucht. Wir werden im folgenden die sogenannten *Einschrittverfahren* besprechen, d.h. ausgehend von x_i, y_i wird für $x_{i+1} = x_i + h$ nach einem bestimmten Algorithmus y_{i+1} berechnet.

Formal können wir (2.1-1) durch Integration über das Intervall $[x_i; x_{i+1}]$ so schreiben:

$$y(x_{i+1}) = y(x_i) + \int_{x_i}^{x_{i+1}} f(x, y(x))\,dx, \qquad y(x_0) = y_0 \qquad (i \in \mathbb{N}_{0,n-1}). \tag{2.1-2}$$

Durch Anwendung eines numerischen Integrationsverfahrens können wir dann eine Vorschrift zur Berechnung der y_{i+1} erhalten. Das Verfahren testen wir ähnlich wie im Abschnitt 1 auf die folgende Weise. Wir berechnen für $n = 2, 4, 8, \ldots, 2^p$ mit der jeweiligen Schrittweite $h = (x_e - x_0)/n$ die Näherungswerte y_n. Wir halbieren also in jedem nächsten Schritt die Rechenschrittweite h. Die mit

$$h = (x_e - x_0)/2,\ h/2,\ h/4, \ldots, h/2^p$$

an der Stelle x_e berechneten Näherungswerte $y_n = y_n(h)$ bezeichnen wir mit

$$y_{11}, y_{12}, y_{13}, \ldots, y_{1p}\ .$$

Der von h abhängige *Verfahrensfehler* an der Stelle x_e beträgt dann

$$F_k = y(x_e) - y_{1k} \qquad (k \in \mathbb{N}_p). \tag{2.1-3}$$

Mit einem Testprogramm werden wir die y_{1k} berechnen und mit dem bekannten Funktionswert $y(x_e)$ vergleichen. Wir lassen uns jeweils n, y_{1k}, F_k und das Verhältnis F_{k-1}/F_k zweier aufeinanderfolgender Fehler ausdrucken (für $k \in \mathbb{N}_p$ und $F_0 = 0$). Aus diesen Ergebnissen versuchen wir über den Fehler $F_k = F(h)$ Gesetzmäßigkeiten zu erkennen, die wir dann nach der im Abschnitt 1 bewährten Extrapolationsmethode zu besseren Verfahren heranziehen werden.

Das Testverfahren sieht für alle Verfahren, die in diesem Abschnitt 2.1 besprochen werden, im Prinzip gleich aus. Wir haben den Ablauf im Flußdiagramm 2.1 dargestellt. Lediglich die Anweisung "Berechne y_{1k}" ist durch den Algorithmus des jeweiligen Verfahrens zu ersetzen.

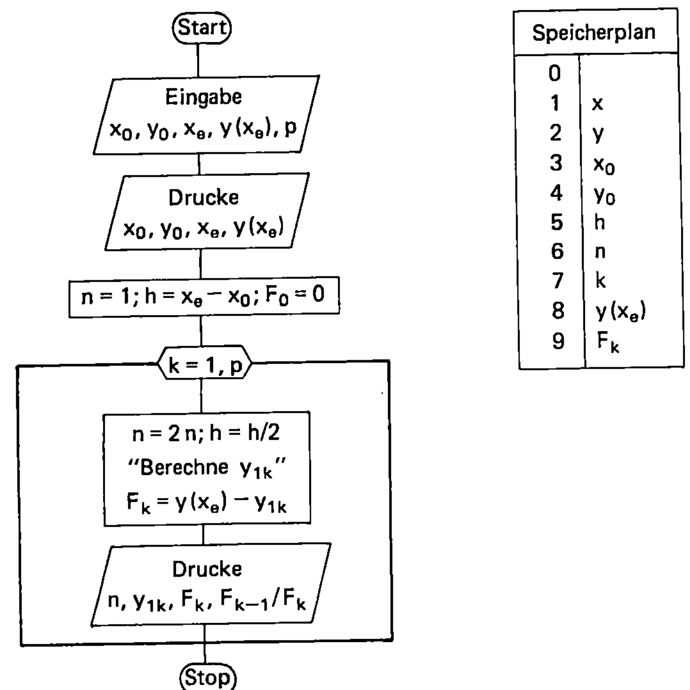

Speicherplan	
0	
1	x
2	y
3	x_0
4	y_0
5	h
6	n
7	k
8	$y(x_e)$
9	F_k

Flußdiagramm 2.1: Testprogramm AWA (Differentialgleichung erster Ordnung)

Als Testbeispiele wählen wir

(B2-1) $y' = \frac{y}{x} - y^2, \; y(1) = 2$ (Kamke [16], 1.101);

Lösung: $y(x) = \frac{2}{x}$ und $y(2) = 1$;

(B2-2) $y' = y - \frac{2x}{y}, \; y(0) = 1$ (Collatz [6]);

Lösung: $y(x) = \sqrt{2x+1}$ und $y(1) = \sqrt{3} = 1{,}732\,050\,808$;

(B2-3) $y' = (2y \ln x - 1)\frac{y}{x}, \; y(1) = 0{,}5$ (Kamke [16], 1.108);

Lösung: $y(x) = \frac{1}{2(1+\ln x)}$ und $y(2) = \frac{1}{2(1+\ln 2)} = 0{,}295\,308\,054\,6$;

(B2-4) $y' = y + \cos x, \; y(0) = 0$;

Lösung: $y(x) = \frac{1}{2}(e^x + \sin x - \cos x)$ und $y(\frac{\pi}{2}) = \frac{1}{2}(e^{\pi/2} + 1) = 2{,}905\,238\,690$.

Natürlich sind diese Beispiele nicht ganz willkürlich gewählt. Von der numerischen Integration wissen wir bereits, daß gewisse Anforderungen an die Differenzierbarkeit der Funktion zu stellen sind. Das wird bei der Anfangswertaufgabe (2.1-1) natürlich ganz entsprechend sein. Je nach Verfahren wird die Funktion $f(x, y)$ ebenfalls genügend oft differenzierbar sein müssen, damit gewisse Fehlergesetze Gültigkeit besitzen (s. z.B. Stoer/Bulirsch [21]). Der Leser möge dieses mit den folgenden Programmen selbst an dem Beispiel

$$y' = \sqrt{x+y}, \quad y(0) = 0$$

mit der nur in impliziter Form darstellbaren Lösung

$$\sqrt{x+y} = \frac{x}{2} + \ln(1 + \sqrt{x+y}) \quad \text{und} \quad y(1) = 0{,}843\,285\,950\,9$$

überprüfen. Hier ist die Differenzierbarkeit der Funktion $f(x, y) = \sqrt{x+y}$ in $[0; 1]$ nicht erfüllt. Oder testen Sie die späteren Fehlergesetze mit den entsprechenden Programmen 2.1.1 und 2.1.2 für das ganz harmlos aussehende Beispiel

$$y' = -2xy, \quad y(0) = 1$$

mit der Lösungsfunktion $y = e^{-x^2}$. Wählen Sie $x_e = \sqrt{1{,}5}$, so tritt eine ähnliche Wirkung wie früher bei der numerischen Integration (s. Abschnitt 1.1.5) ein. Für $x_e < \sqrt{1{,}5}$ bleiben die üblichen Fehlergesetze gültig.

Das Hinzutreten der Veränderlichen y in der Funktion f(x, y) gegenüber der Integration mit nur einer Veränderlichen x ruft einen weiteren Effekt hervor, auf den weiter unten (Abschnitt 2.1.6) eingegangen werden soll.

2.1.1 Eulersches Polygonzugverfahren

In diesem einfachen Verfahren wird das Integral in (2.1-2) durch $hf(x_i, y_i) = hf_i$ ersetzt. Anschaulich bedeutet dieses, daß in jedem Punkt mit den Koordinaten (x_i, y_i) die Lösungskurve durch die Tangente mit dem Anstieg $y_i' = f(x_i, y_i)$ ersetzt wird. Statt der durch die Funktion y(x) dargestellten Kurve erhalten wir einen Polygonzug.

Die Rechenvorschrift lautet somit

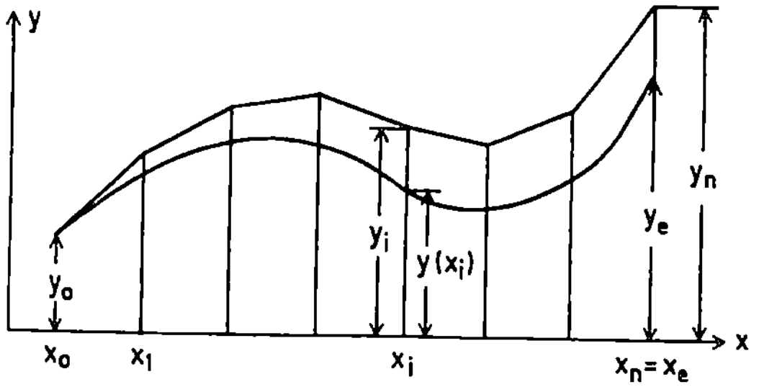

$$y_{i+1} = y_i + hf_i \quad \text{für} \quad i \in \mathbb{N}_{0,n-1}. \tag{2.1-4}$$

Die Anweisung "Berechne y_{1k}" sieht hier sehr einfach aus und ist im folgenden Flußdiagrammausschnitt dargestellt.

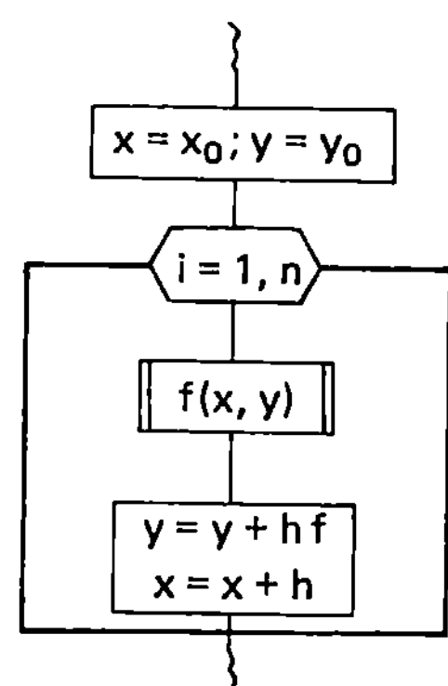

```
000  76 LBL      019  44 SUM      038  06  06      057  93  93      076  95  =
001  11  A       020  05  05      039  22 INV      058  65  ×       077  94 +/-
002  47 CMS      021  91 R/S      040  49 PRD      059  43 RCL      078  99 PRT
003  99 PRT      022  76 LBL      041  05  05      060  05  05      079  48 EXC
004  42 STO      023  14  D       042  43 RCL      061  44 SUM      080  09  09
005  03  03      024  99 PRT      043  03  03      062  01  01      081  55  ÷
006  22 INV      025  42 STO      044  42 STO      063  95  =       082  43 RCL
007  44 SUM      026  08  08      045  01  01      064  44 SUM      083  09  09
008  05  05      027  91 R/S      046  43 RCL      065  02  02      084  95  =
009  91 R/S      028  76 LBL      047  04  04      066  97 DSZ      085  99 PRT
010  76 LBL      029  15  E       048  42 STO      067  00  00      086  97 DSZ
011  12  B       030  42 STO      049  02  02      068  00  00      087  07  07
012  99 PRT      031  07  07      050  43 RCL      069  55  55      088  00  00
013  42 STO      032  01  1       051  06  06      070  43 RCL      089  35  35
014  04  04      033  42 STO      052  99 PRT      071  02  02      090  91 R/S
015  91 R/S      034  06  06      053  42 STO      072  99 PRT      091  76 LBL
016  76 LBL      035  98 ADV      054  00  00      073  75  -       092  71 SBR
017  13  C       036  02  2       055  71 SBR      074  43 RCL
018  99 PRT      037  49 PRD      056  00  00      075  08  08
```

Programm 2.1.1: Eulersches Polygonzugverfahren (Test)

Benutzeranleitung: Testprogramm Eulersches Polygonzugverfahren

(1) Programm 2.1.1 einlesen.

(2) [GTO] [SBR] [LRN]; Tastenfolge zur Berechnung der Funktion $f(x, y)$ mit $x = (R_1)$ und $y = (R_2)$ eingeben und mit [INV] [SBR] [LRN] abschließen.

(3) Eingabe: x_0 [A] y_0 [B] x_e [C] $y(x_e)$ [D] p [E]

(4) Ausgabe: n; y_{1k}; F_k; F_{k-1}/F_k $(k \in \mathbb{N}_p;\ F_0 = 0)$.

(B2-1)	(B2-2)	(B2-3)	(B2-4)
1.	0.	1.	0.
2.	1.	0.5	0.
2.	1.	2.	1.570796327
1.	1.732050808	.2953080546	2.90523869
2.	2.	2.	2.
.8333333333	1.916666667	.1835610462	1.957608806
.1666666667	-.1846158591	.1117470084	.9476298847
0.	0.	0.	0.
4.	4.	4.	4.
.9310789835	1.845193664	.2465426625	2.301503736
.0689210165	-.1131428567	.0487653921	0.603734954
2.418227053	1.631705832	2.291522811	1.569612424
8.	8.	8.	8.
.9672507715	1.796135074	.2725265502	2.554384736
.0327492285	-.0640842669	.0227815044	.3508539546
2.104508095	1.765532511	2.14056944	1.720758584
16.	16.	16.	16.
.9840103983	1.76649567	.2842873413	2.714140274
.0159896017	-.0344448625	.0110207133	.1910984168
2.048157862	1.860488396	2.067153344	1.835985669
32.	32.	32.	32.
.9920975459	1.749968635	.2898861491	2.805195401
.0079024541	-.0179178272	.0054219055	.1000432894
2.023371676	1.922379427	2.03262734	1.910157272

Beispiel 2.1.1: Eulersches Polygonzugverfahren (Test)

Mit dem Programm 2.1.1 berechnen wir die Werte y_{1k} der Anfangswertaufgaben (B2-1) bis (B2-4). Die im Beispiel 2.1.1 zusammengestellten Resultate lassen mit einigem guten Willen das Fehlergesetz $F_{k-1}/F_k \cong 2$ vermuten, d.h. bei Halbierung der Schrittweite geht der Verfahrensfehler ebenfalls auf etwa die Hälfte zurück. Es gilt somit

$$F_k = F(h) = y(x_e) - y_{1k} \cong C_1 h$$

oder mit einiger Wahrscheinlichkeit die Reihendarstellung

$$y(x_e) = y_{1k} + C_1 h + C_2 h^2 + C_3 h^3 + C_4 h^4 + \dots \tag{2.1-5}$$

Unter gewissen Voraussetzungen über die Funktion läßt sich diese Darstellung auch theoretisch beweisen (s. [21]). Aus (2.1-5) können wir nach dem Extrapolationsverfahren bessere Näherungswerte $y_{j+1,k}$ für $y(x_e)$ gewinnen. Schreiben wir (2.1-5) für die doppelte Schrittweite, so wird mit $y_{1,k-1} = y_n(2h)$

$$y(x_e) = y_{1,k-1} + 2C_1 h + 2^2 C_2 h^2 + 2^3 C_3 h^3 + 2^4 C_4 h^4 + \dots \tag{2.1-5'}$$

Eliminieren wir aus den beiden Reihendarstellungen die Terme mit h, so erhalten wir mit

$$y_{2k} = 2y_{1k} - y_{1,k-1}$$
$$y(x_e) = y_{2k} + C_{2,1} h^2 + C_{3,1} h^3 + C_{4,1} h^4 + \dots$$

Schreiben wir die letzte Reihenentwicklung wieder für 2h, so können wir entsprechend die Glieder mit h^2 eliminieren usw. Auf diese Art erhalten wir die Extrapolationsformel

$$y_{j+1,k} = \frac{2^j y_{jk} - y_{j,k-1}}{2^j - 1} \qquad (k = 2, 3, \dots;\ j = 1, 2, \dots, k-1), \tag{2.1-6}$$

die wir noch mit

$$y_{00} = 0,\ y_{10} = 0 \text{ und } y_{jk} = 0 \text{ für } j > k = 1, 2, \dots \tag{2.1-6'}$$

ergänzen.

Wir entwickeln jetzt ein Programm für die folgende Aufgabe. Im Intervall $[x_0; x_e]$ (bzw. $[x_e; x_0]$ für $x_e < x_0$) sollen an N äquidistanten Abszissenwerten $x_0 + \nu \Delta x$ mit $\Delta x = (x_e - x_0)/N$ Näherungswerte y_ν für die Lösung $y(x_\nu)$ der Anfangswertaufgabe (2.1-1) berechnet und ausgedruckt werden. In jedem Teilintervall der *Druckschrittweite* Δx ermitteln wir aus dem jeweiligen Anfangswert y_0 den Endwert $y_{kk} \cong y(x_0 + \Delta x)$ nach dem Eulerschen Polygonzugverfahren (2.1-4) mit anschließender Extrapolation (2.1-6). Wir beginnen mit n = 2, d.h. $h = \Delta x/2$, und halbieren im nächsten Rechengang die *Rechenschrittweite* h, bis wir eine vorgegebene Genauigkeit ϵ erreicht haben. Wie bei der numerischen Integration benutzen wir auch hier die Stoppbedingung

$$|y_{kk} - y_{k-1,k-1}| < \epsilon \tag{2.1-7}$$

und hoffen, daß dann auch $|y(x_0 + \Delta x) - y_{kk}| < \epsilon$ erfüllt sein wird. Den gesamten Algorithmus haben wir im Flußdiagramm AWA 1 dargestellt. Bei der Berechnung der y_{jk} $(j = 1, 2, \dots, k)$ nach (2.1-4) und (2.1-6) befinden sich die $y_{j,k-1}$ in den Speichern R_{12+j}. Sorgen wir dafür, daß jeweils bei Beginn der Berechnung in einem neuen Intervall der Breite Δx die Inhalte der Speicher R_{12+j} gelöscht werden (zu Beginn wird dieses durch *CM_s und später im Programm durch die Anweisungen in den Programmspeicherstellen 145 bis 155 erreicht), dann ist die Abfrage $y_{j,k-1} = 0$ (d.h. $j > k-1$) gleichbedeutend mit $(R_{12+j}) = 0$.

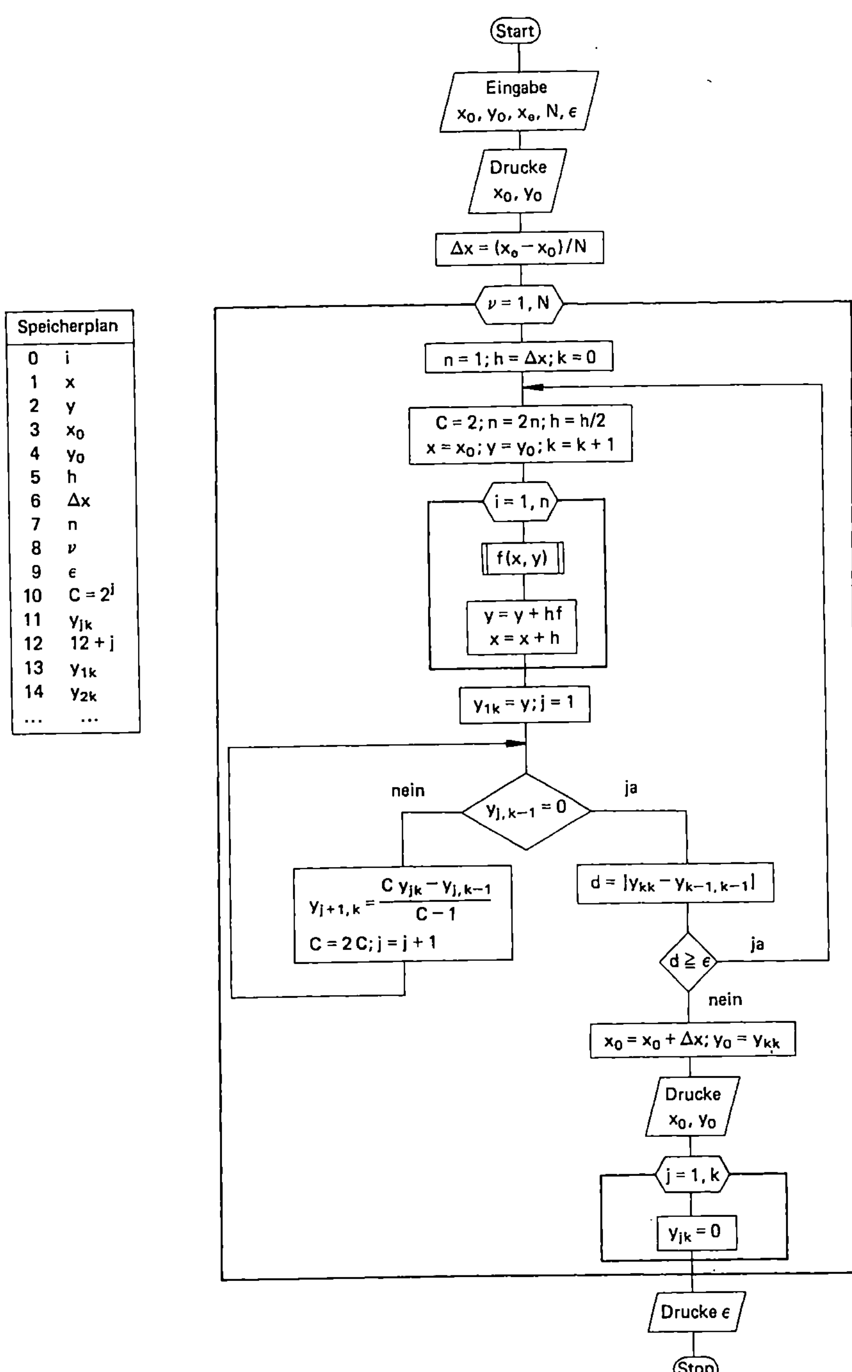

Speicherplan	
0	i
1	x
2	y
3	x_0
4	y_0
5	h
6	Δx
7	n
8	ν
9	ϵ
10	$C = 2^j$
11	y_{jk}
12	12 + j
13	y_{1k}
14	y_{2k}
...	...

Flußdiagramm AWA 1: Eulersches Polygonzugverfahren

```
000  76 LBL
001  11  A
002  47 CMS
003  29 CP
004  99 PRT
005  42 STO
006  03  03
007  22 INV
008  44 SUM
009  06  06
010  91 R/S
011  76 LBL
012  12  B
013  99 PRT
014  42 STO
015  04  04
016  91 R/S
017  76 LBL
018  13  C
019  44 SUM
020  06  06
021  91 R/S
022  76 LBL
023  14  D
024  42 STO
025  08  08
026  22 INV
027  49 PRD
028  06  06
029  91 R/S
030  76 LBL
031  15  E
032  42 STO
033  09  09
034  98 ADV
035  01  1
036  42 STO
037  07  07
038  43 RCL
039  06  06
040  42 STO
041  05  05
042  02  2
043  42 STO
044  10  10
045  49 PRD
046  07  07
047  22 INV
048  49 PRD
049  05  05
050  43 RCL
051  03  03
052  42 STO
053  01  01
054  43 RCL
055  04  04
056  42 STO
057  02  02
058  43 RCL
059  07  07
060  42 STO
061  00  00
062  71 SBR
063  01  01
064  67  67
065  65  ×
066  43 RCL
067  05  05
068  44 SUM
069  01  01
070  95  =
071  44 SUM
072  02  02
073  97 DSZ
074  00  00
075  00  00
076  62  62
077  01  1
078  02  2
079  42 STO
080  12  12
081  01  1
082  44 SUM
083  12  12
084  44 SUM
085  00  00
086  43 RCL
087  02  02
088  63 EX*
089  12  12
090  67  EQ
091  01  01
092  19  19
093  42 STO
094  11  11
095  94 +/-
096  85  +
097  43 RCL
098  10  10
099  65  ×
100  73 RC*
101  12  12
102  95  =
103  55  ÷
104  53  (
105  43 RCL
106  10  10
107  75  -
108  01  1
109  54  )
110  95  =
111  42 STO
112  02  02
113  02  2
114  49 PRD
115  10  10
116  61 GTO
117  00  00
118  81  81
119  73 RC*
120  12  12
121  75  -
122  43 RCL
123  11  11
124  95  =
125  50 I×I
126  75  -
127  43 RCL
128  09  09
129  95  =
130  77  GE
131  00  00
132  42  42
133  43 RCL
134  06  06
135  44 SUM
136  03  03
137  43 RCL
138  03  03
139  99 PRT
140  73 RC*
141  12  12
142  99 PRT
143  42 STO
144  04  04
145  00  0
146  72 ST*
147  12  12
148  01  1
149  22 INV
150  44 SUM
151  12  12
152  97 DSZ
153  00  00
154  01  01
155  45  45
156  97 DSZ
157  08  08
158  00  00
159  34  34
160  98 ADV
161  43 RCL
162  09  09
163  99 PRT
164  91 R/S
165  76 LBL
166  71 SBR
```

Programm AWA 1: Eulersches Polygonzugverfahren

Benutzeranleitung AWA 1: $y' = f(x, y)$, $y(x_0) = y_0$.

Die Funktionswerte y_ν $(\nu = 1, 2, 3, \ldots, N)$ werden im Intervall $[x_0; x_e]$ für äquidistante Abszissenwerte $x_\nu = x_0 + \nu\Delta x$ mit einer Genauigkeit ϵ nach dem Eulerschen Polygonzugverfahren berechnet.

(1) Programm AWA 1 einlesen. Ohne Drucker: [R/S] in PSS 1 3 9 und 1 4 2.

(2) [GTO] [SBR] [LRN]; Tastenfolge zur Berechnung der Funktion $f(x, y)$ mit $x = (R_1)$ und $y = (R_2)$ eingeben und mit [INV] [SBR] [LRN] abschließen.

(3) Eingabe: x_0 [A] y_0 [B] x_e [C] N [D] ϵ [E]

(4) Ausgabe: x_ν, y_ν für $\nu \in \mathbb{N}_{0,N}$; ϵ.

Mit dem Programm AWA 1 berechnen wir Näherungswerte y_ν der Anfangswertaufgabe (B2-2) mit $x_e = 2$, $N = 5$, (B2-3) mit $x_e = 3$, $N = 5$,

(B2-5) $y' = \sin 2x - y - 2y^3$, $y(0) = 0$, $x_e = 0{,}6$, $N = 6$ (Collatz [6]),

(B2-6) $y' = \sqrt{1 + x + y}$, $y(0) = 0$, $x_e = 1$, $N = 5$.

Wir lassen die Rechnung mit $\epsilon = 10^{-6}$ durchführen und uns die Ergebnisse, die im Beispiel AWA 1 zusammengestellt sind, auf acht Nachkommastellen ausdrucken. Wir haben außerdem die Rechenzeit (TI-59 mit Drucker) gestoppt, um später im Abschnitt 2.1.6 Vergleiche mit anderen numerischen Verfahren durchführen zu können.

0.00000000 1.00000000	1.00000000 0.50000000	0.00000000 0.00000000	0.00000000 0.00000000
0.40000000 1.34164079	1.40000000 0.37411927	0.10000000 0.00964218	0.20000000 0.21940516
0.80000000 1.61245155	1.80000000 0.31490378	0.20000000 0.03694867	0.40000000 0.47568087
1.20000000 1.84390889	2.20000000 0.27957056	0.30000000 0.07907829	0.60000000 0.76660746
1.60000000 2.04939016	2.60000000 0.25568759	0.40000000 0.13263940	0.80000000 1.09056483
2.00000000 2.23606799	3.00000000 0.23825268	0.50000000 0.19367810	1.00000000 1.44630615
0.00000100	0.00000100	0.60000000 0.25774069	0.00000100
		0.00000100	
(B2-2)	(B2-3)	(B2-5)	(B2-6)

Beispiel AWA 1: Eulersches Polygonzugverfahren

2.1.2 Verbessertes Polygonzugverfahren

Ersetzen wir in (2.1-2) das Integral durch die Tangententrapezregel, so erhalten wir zur Berechnung der Näherungswerte der Funktion

$$y_{i+1} = y_i + h\,f(x_{i+1/2}, y_{i+1/2}) .$$

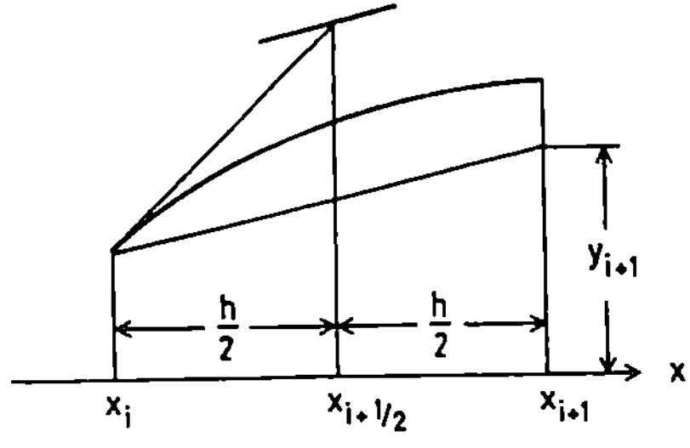

Auf der rechten Seite tritt der unbekannte Funktionswert $y_{i+1/2}$ auf, den wir näherungsweise nach dem Eulerschen Polygonzugverfahren mit halber Schrittweite berechnen. Anschaulich wird diese Methode durch die nebenstehende Abbildung dargestellt. Insgesamt erhalten wir für das verbesserte Polygonzugverfahren (auch Mittelpunktverfahren genannt) die folgende Rechenvorschrift:

$$y_{i+1/2} = y_i + \frac{h}{2} f_i, \quad x_{i+1/2} = x_i + \frac{h}{2},$$
$$y_{i+1} = y_i + h\,f_{i+1/2}, \quad x_{i+1} = x_{i+1/2} + \frac{h}{2}. \qquad (2.1\text{-}8)$$

Wir erstellen ein Testprogramm nach dem Flußdiagramm 2.1 und dessen Ergänzung für "Berechne y_{1k}":

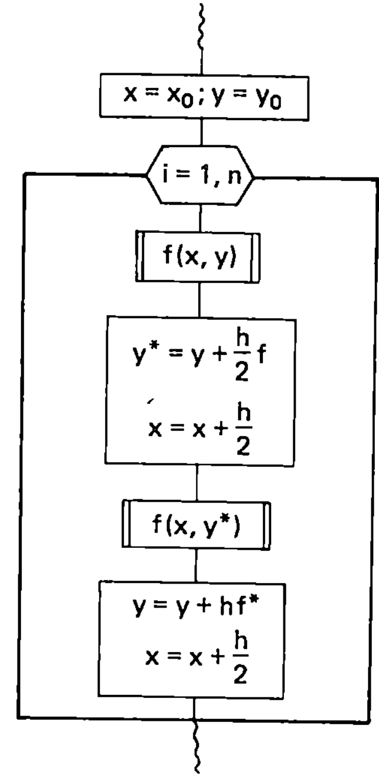


```
000  76 LBL    024  99 PRT    048  42 STO    072  71 SBR    096  75  -
001  11  A     025  42 STO    049  01  01    073  01  01    097  43 RCL
002  47 CMS    026  08  08    050  43 RCL    074  16  16    098  08  08
003  99 PRT    027  91 R/S    051  04  04    075  65  ×     099  95  =
004  42 STO    028  76 LBL    052  42 STO    076  43 RCL    100  94 +/-
005  03  03    029  15  E     053  02  02    077  05  05    101  99 PRT
006  22 INV    030  42 STO    054  42 STO    078  44 SUM    102  48 EXC
007  44 SUM    031  07  07    055  10  10    079  01  01    103  09  09
008  05  05    032  01  1     056  43 RCL    080  65  ×     104  55  ÷
009  91 R/S    033  42 STO    057  06  06    081  02  2     105  43 RCL
010  76 LBL    034  06  06    058  99 PRT    082  95  =     106  09  09
011  12  B     035  02  2     059  42 STO    083  44 SUM    107  95  =
012  99 PRT    036  22 INV    060  00  00    084  10  10    108  99 PRT
013  42 STO    037  49 PRD    061  71 SBR    085  43 RCL    109  97 DSZ
014  04  04    038  05  05    062  01  01    086  10  10    110  07  07
015  91 R/S    039  98 ADV    063  16  16    087  42 STO    111  00  00
016  76 LBL    040  02  2     064  65  ×     088  02  02    112  39  39
017  13  C     041  49 PRD    065  43 RCL    089  97 DSZ    113  91 R/S
018  99 PRT    042  06  06    066  05  05    090  00  00    114  76 LBL
019  44 SUM    043  22 INV    067  44 SUM    091  00  00    115  71 SBR
020  05  05    044  49 PRD    068  01  01    092  61  61
021  91 R/S    045  05  05    069  95  =     093  43 RCL
022  76 LBL    046  43 RCL    070  44 SUM    094  10  10
023  14  D     047  03  03    071  02  02    095  99 PRT
```

Programm 2.1.2: Verbessertes Polygonzugverfahren (Test)

Im Programm 2.1.2 haben wir h/2 in den Speicher R_5 gebracht. Für die Anfangswertaufgaben (B2-1) bis (B2-4) aus 2.1 erhalten wir die Ergebnisse im Beispiel 2.1.2. Wir erkennen, daß das Verfahren (2.1-8) bessere Resultate liefert als das einfache Polygonzugverfahren. Weiterhin gilt hier offensichtlich (wie früher bei der Tangententrapezregel) $F_{k-1}/F_k \cong 4$, d.h. der Verfahrensfehler

```
          1.              0.              1.              0.
          2.              1.             0.5              0.
          2.              1.              2.     1.570796327
          1.     1.732050808    .2953080546       2.90523869

          2.              2.              2.              2.
 1.118686201       1.7608521    .3155231649     2.683742121
-.1186862012    -.0288012923   -.0202151103     .2214965698
          0.              0.              0.              0.

          4.              4.              4.              4.
 1.017297912     1.738706474    .3002657896     2.834001834
-.0172979116    -.0066556661   -0.004957735     .0712368569
 6.861302329     4.327334322    4.077489048     3.109297344

          8.              8.              8.              8.
 1.003369178     1.733581748    .2964877697     2.885029033
-.0033691777    -.0015309402   -.0011797151     .0202096573
 5.134164237     4.347437136    4.202485058     3.524891869

         16.             16.             16.             16.
 1.000752078      1.73241569    .2955926865      2.89986444
-.0007520775    -.0003648827   -.0002846319     .0053742502
 4.479827548     4.195705273    4.144704367     3.760460803

         32.             32.             32.             32.
 1.000178201     1.732139837     0.29537779     2.903853923
-.0001782005    -0.000089029   -.0000697354     .0013847677
 4.220400118     4.098469858    4.081597536     3.880976023
```

(B2-1) (B2-2) (B2-3) (B2-4)

Beispiel 2.1.2: Verbessertes Polygonzugverfahren (Test)

ist näherungsweise proportional zu h^2. Aus den Näherungswerten y_{1k} können wir somit nach der Extrapolationsmethode die im allgemeinen besseren Näherungen

$$y_{2k} = (4\,y_{1k} - y_{1,k-1})/3$$

berechnen. Der Fehler der y_{2k} kann die Größenordnung h^3 oder auch h^4 besitzen. Wir überprüfen dieses mit den Ergebnissen der Anfangswertaufgaben (B2-1) und (B2-2). Wir berechnen die y_{2k} $(k = 2, 3, 4, 5)$ und deren Fehler $F_k^* = y(x_e) - y_{2k}$. Die Resultate sind in der Tabelle 2.1.2 zusammengestellt. Mit wachsender Intervallunterteilung gilt offensichtlich $F_{k-1}^*/F_k^* \cong 8 = 2^3$, d.h. der Fehler.der y_{2k} ist ungefähr proportional zur dritten Potenz von h (und nicht zur vierten, wie nach der Tangententrapezregel vermutet werden könnte).

Tabelle 2.1.2: Fehlerverhalten beim verbesserten Polygonzugverfahren

y_{2k}	F_k^*	F_{k-1}^*/F_k^*	y_{2k}	F_k^*	F_{k-1}^*/F_k^*
0,9835018157	0,0164981843	–	1,731324599	0,0007262089	–
0,9987262667	0,0012737333	12,95	1,731873506	0,0001773016	4,10
0,9998797113	0,0001202887	10,59	1,732027004	0,0000238036	7,45
0,9999869087	0,0000130913	9,19	1,732047886	0,0000029216	8,15

Für die nach (2.1-8) ermittelten Näherungswerte $y_{1k} = y_n(h)$ gilt somit die Reihendarstellung

$$y(x_e) = y_{1k} + C_2 h^2 + C_3 h^3 + C_4 h^4 + \dots \qquad (2.1\text{-}9)$$

Ähnlich wie früher erhalten wir hieraus die Extrapolationsformel

$$y_{j+1,k} = \frac{2^{j+1} y_{jk} - y_{j,k-1}}{2^{j+1} - 1} \qquad (k = 2, 3, \dots;\ j = 1, 2, \dots, k-1). \qquad (2.1\text{-}10)$$

Das Programm AWA 2 für das verbesserte Polygonzugverfahren (2.1-8) mit anschließender Extrapolation (2.1-10) ist entsprechend dem Flußdiagramm AWA 1 aufgebaut. Es gilt dieselbe Benutzeranleitung wie für das Programm AWA 1 im Abschnitt 2.1.1 (ohne Drucker: [R/S] in PSS 1 6 2 und 1 6 5). Mit dem Programm AWA 2 berechnen wir die Näherungswerte y_ν für die Anfangswertaufgaben (B2-2), (B2-3), (B2-5) und (B2-6) mit $\epsilon = 10^{-6}$. Die Resultate im Beispiel AWA 2 stimmen natürlich weitgehend mit denen in AWA 1 überein. Über die Rechenzeiten s. Abschnitt 2.1.6.

```
000  76 LBL
001  11  A
002  47 CMS
003  29 CP
004  99 PRT
005  42 STO
006  03  03
007  22 INV
008  44 SUM
009  06  06
010  91 R/S
011  76 LBL
012  12  B
013  99 PRT
014  42 STO
015  04  04
016  91 R/S
017  76 LBL
018  13  C
019  44 SUM
020  06  06
021  91 R/S
022  76 LBL
023  14  D
024  42 STO
025  08  08
026  22 INV
027  49 PRD
028  06  06
029  91 R/S
030  76 LBL
031  15  E
032  42 STO
033  09  09
034  98 ADV
035  01  1
036  42 STO
037  07  07
038  43 RCL
039  06  06
040  55  ÷
041  02  2
042  95  =
043  42 STO
044  05  05
045  04  4
046  42 STO
047  10  10
048  02  2
049  49 PRD
050  07  07
051  22 INV
052  49 PRD
053  05  05
054  43 RCL
055  03  03
056  42 STO
057  01  01
058  43 RCL
059  04  04
060  42 STO
061  02  02
062  42 STO
063  12  12
064  43 RCL
065  07  07
066  42 STO
067  00  00
068  71 SBR
069  01  01
070  90  90
071  65  ×
072  43 RCL
073  05  05
074  44 SUM
075  01  01
076  95  =
077  44 SUM
078  02  02
079  71 SBR
080  01  01
081  90  90
082  65  ×
083  43 RCL
084  05  05
085  44 SUM
086  01  01
087  65  ×
088  02  2
089  95  =
090  44 SUM
091  12  12
092  43 RCL
093  12  12
094  42 STO
095  02  02
096  97 DSZ
097  00  00
098  00  00
099  68  68
100  01  1
101  03  3
102  42 STO
103  13  13
104  01  1
105  44 SUM
106  13  13
107  44 SUM
108  00  00
109  43 RCL
110  02  02
111  63 EX*
112  13  13
113  67  EQ
114  01  01
115  42  42
116  42 STO
117  11  11
118  94 +/-
119  85  +
120  43 RCL
121  10  10
122  65  ×
123  73 RC*
124  13  13
125  95  =
126  55  ÷
127  53  (
128  43 RCL
129  10  10
130  75  -
131  01  1
132  54  )
133  95  =
134  42 STO
135  02  02
136  02  2
137  49 PRD
138  10  10
139  61 GTO
140  01  01
141  04  04
142  73 RC*
143  13  13
144  75  -
145  43 RCL
146  11  11
147  95  =
148  50 I×I
149  75  -
150  43 RCL
151  09  09
152  95  =
153  77  GE
154  00  00
155  45  45
156  43 RCL
157  06  06
158  44 SUM
159  03  03
160  43 RCL
161  03  03
162  99 PRT
163  73 RC*
164  13  13
165  99 PRT
166  42 STO
167  04  04
168  00  0
169  72 ST*
170  13  13
171  01  1
172  22 INV
173  44 SUM
174  13  13
175  97 DSZ
176  00  00
177  01  01
178  68  68
179  97 DSZ
180  08  08
181  00  00
182  34  34
183  98 ADV
184  43 RCL
185  09  09
186  99 PRT
187  91 R/S
188  76 LBL
189  71 SBR
```

Programm AWA 2: Verbessertes Polygonzugverfahren

(B2-2)	(B2-3)	(B2-5)	(B2-6)
0.00000000	1.00000000	0.00000000	0.00000000
1.00000000	0.50000000	0.00000000	0.00000000
0.40000000	1.40000000	0.10000000	0.20000000
1.34164081	0.37411926	0.00964218	0.21940516
0.80000000	1.80000000	0.20000000	0.40000000
1.61245159	0.31490377	0.03694867	0.47568087
1.20000000	2.20000000	0.30000000	0.60000000
1.84390897	0.27957052	0.07907828	0.76660745
1.60000000	2.60000000	0.40000000	0.80000000
2.04939031	0.25568756	0.13263939	1.09056482
2.00000000	3.00000000	0.50000000	1.00000000
2.23606830	0.23825265	0.19367810	1.44630614
0.00000100	0.00000100	0.60000000	0.00000100
		0.25774068	
		0.00000100	

Beispiel AWA 2: Verbessertes Polygonzugverfahren

2.1.3 Verfahren von Heun

Wir lösen das Integral (2.1-2) mit der Sehnentrapezregel:

$$y_{i+1} = y_i + \frac{h}{2}\left[f(x_i, y_i) + f(x_{i+1}, y_{i+1})\right]. \qquad (2.1\text{-}11)$$

Dieses ist eine Gleichung zur Bestimmung des unbekannten Näherungswerts y_{i+1}. Mit der Lösung dieser Gleichung werden wir uns im Abschnitt 2.1.4 beschäftigen. Hier ersetzen wir y_{i+1} auf der rechten Seite durch den nach dem Eulerschen Polygonzugverfahren berechneten Näherungswert y^*_{i+1}. Damit erhalten wir für das nach Heun benannte Verfahren (die Bezeichnung ist in der Literatur nicht einheitlich, es wird auch verbessertes Eulersches Polygonzugverfahren genannt) die Rechenvorschrift

$$y^*_{i+1} = y_i + h f_i, \quad x_{i+1} = x_i + h, \quad y_{i+1} = y_i + \frac{h}{2}(f_i + f^*_{i+1}). \qquad (2.1\text{-}12)$$

Die erste Formel zur Berechnung von y^*_{i+1} wird als *Prädiktor* und die zweite zur Bestimmung von y_{i+1} als *Korrektor* bezeichnet. Die Änderungen in unserem Testprogramm 2.1.3 gegenüber dem Programm 2.1.2 sind gering. Sie sind im wesentlichen nach dem Flußdiagrammausschnitt "Berechne y_{1k}" vorzunehmen.

Der Leser möge selbst für die Differentialgleichungen (B2-1) bis (B2-4) den üblichen Test durchführen. Er wird dann das Fehlergesetz $F_{k-1}/F_k \cong 4$ bestätigen, d.h. das Verfahren von Heun ist von zweiter Ordnung. Damit gelten dieselben Extrapolationsformeln (2.1-10) wie beim verbesserten Polygonzugverfahren. Das Programm AWA 3 für den Algorithmus (2.1-12) in Verbindung mit (2.1-10) ist ganz entsprechend den Programmen AWA 1 und AWA 2 aufgebaut. Auch die Benutzeranleitung aus dem Abschnitt 2.1.1 bleibt gültig (ohne Drucker: [R/S] in PSS 1 6 2 und 1 6 5).

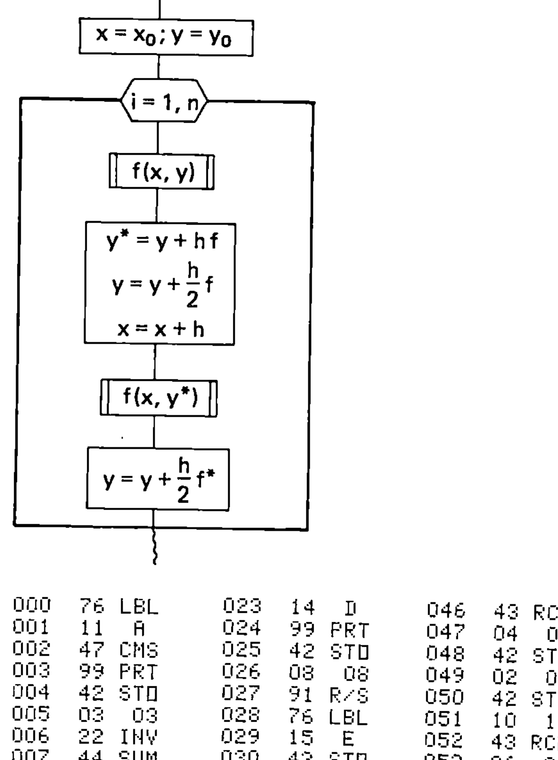

000	76	LBL	023	14	D	046	43	RCL	069	02	2	092	43	RCL
001	11	A	024	99	PRT	047	04	04	070	95	=	093	10	10
002	47	CMS	025	42	STO	048	42	STO	071	44	SUM	094	99	PRT
003	99	PRT	026	08	08	049	02	02	072	10	10	095	75	-
004	42	STO	027	91	R/S	050	42	STO	073	71	SBR	096	43	RCL
005	03	03	028	76	LBL	051	10	10	074	01	01	097	08	08
006	22	INV	029	15	E	052	43	RCL	075	15	15	098	95	=
007	44	SUM	030	42	STO	053	06	06	076	65	×	099	94	+/-
008	05	05	031	07	07	054	99	PRT	077	43	RCL	100	99	PRT
009	91	R/S	032	01	1	055	42	STO	078	05	05	101	48	EXC
010	76	LBL	033	42	STO	056	00	00	079	55	÷	102	09	09
011	12	B	034	06	06	057	71	SBR	080	02	2	103	55	÷
012	99	PRT	035	98	ADV	058	01	01	081	95	=	104	43	RCL
013	42	STO	036	02	2	059	15	15	082	44	SUM	105	09	09
014	04	04	037	49	PRD	060	65	×	083	10	10	106	95	=
015	91	R/S	038	06	06	061	43	RCL	084	43	RCL	107	99	PRT
016	76	LBL	039	22	INV	062	05	05	085	10	10	108	97	DSZ
017	13	C	040	49	PRD	063	44	SUM	086	42	STO	109	07	07
018	99	PRT	041	05	05	064	01	01	087	02	02	110	00	00
019	44	SUM	042	43	RCL	065	95	=	088	97	DSZ	111	35	35
020	05	05	043	03	03	066	44	SUM	089	00	00	112	91	R/S
021	91	R/S	044	42	STO	067	02	02	090	00	00	113	76	LBL
022	76	LBL	045	01	01	068	55	÷	091	57	57	114	71	SBR

Programm 2.1.3: Verfahren von Heun (Test)

Beispiel AWA 3 zeigt die Ergebnisse für die Anfangswertaufgaben (B2-2), (B2-3), (B2-5) und (B2-6) nach dem Verfahren von Heun mit $\epsilon = 10^{-6}$. Die numerischen Abweichungen gegenüber den Resultaten mit AWA 1 und AWA 2 sind gering. Insbesondere haben wir volle Übereinstimmung in den ersten sechs Nachkommastellen.

```
000  76 LBL
001  11  A
002  47 CMS
003  29 CP
004  99 PRT
005  42 STO
006  03  03
007  22 INV
008  44 SUM
009  06  06
010  91 R/S
011  76 LBL
012  12  B
013  99 PRT
014  42 STO
015  04  04
016  91 R/S
017  76 LBL
018  13  C
019  44 SUM
020  06  06
021  91 R/S
022  76 LBL
023  14  D
024  42 STO
025  08  08
026  22 INV
027  49 PRD
028  06  06
029  91 R/S
030  76 LBL
031  15  E
032  42 STO
033  09  09
034  98 ADV
035  01  1
036  42 STO
037  07  07
038  43 RCL
039  06  06
040  42 STO
041  05  05
042  04  4
043  42 STO
044  10  10
045  02  2
046  49 PRD
047  07  07
048  22 INV
049  49 PRD
050  05  05
051  43 RCL
052  03  03
053  42 STO
054  01  01
055  43 RCL
056  04  04
057  42 STO
058  02  02
059  42 STO
060  12  12
061  43 RCL
062  07  07
063  42 STO
064  00  00
065  71 SBR
066  01  01
067  90  90
068  65  ×
069  43 RCL
070  05  05
071  44 SUM
072  01  01
073  95  =
074  44 SUM
075  02  02
076  55  ÷
077  02  2
078  95  =
079  44 SUM
080  12  12
081  71 SBR
082  01  01
083  90  90
084  65  ×
085  43 RCL
086  05  05
087  55  ÷
088  02  2
089  95  =
090  44 SUM
091  12  12
092  43 RCL
093  12  12
094  42 STO
095  02  02
096  97 DSZ
097  00  00
098  00  00
099  65  65
100  01  1
101  03  3
102  42 STO
103  13  13
104  01  1
105  44 SUM
106  13  13
107  44 SUM
108  00  00
109  43 RCL
110  02  02
111  63 EX*
112  13  13
113  67  EQ
114  01  01
115  42  42
116  42 STO
117  11  11
118  94 +/-
119  85  +
120  43 RCL
121  10  10
122  65  ×
123  73 RC*
124  13  13
125  95  =
126  55  ÷
127  53  (
128  43 RCL
129  10  10
130  75  -
131  01  1
132  54  )
133  95  =
134  42 STO
135  02  02
136  02  2
137  49 PRD
138  10  10
139  61 GTO
140  01  01
141  04  04
142  73 RC*
143  13  13
144  75  -
145  43 RCL
146  11  11
147  95  =
148  50 I×I
149  75  -
150  43 RCL
151  09  09
152  95  =
153  77  GE
154  00  00
155  42  42
156  43 RCL
157  06  06
158  44 SUM
159  03  03
160  43 RCL
161  03  03
162  99 PRT
163  73 RC*
164  13  13
165  99 PRT
166  42 STO
167  04  04
168  00  0
169  72 ST*
170  13  13
171  01  1
172  22 INV
173  44 SUM
174  13  13
175  97 DSZ
176  00  00
177  01  01
178  68  68
179  97 DSZ
180  08  08
181  00  00
182  34  34
183  98 ADV
184  43 RCL
185  09  09
186  99 PRT
187  91 R/S
188  76 LBL
189  71 SBR
```

Programm AWA 3: Verfahren von Heun

(B2-2)

```
0.00000000
1.00000000

0.40000000
1.34164079

0.80000000
1.61245153

1.20000000
1.84390885

1.60000000
2.04939006

2.00000000
2.23606777

0.00000100
```

(B2-3)

```
1.00000000
0.50000000

1.40000000
0.37411923

1.80000000
0.31490374

2.20000000
0.27957052

2.60000000
0.25568757

3.00000000
0.23825267

0.00000100
```

(B2-5)

```
0.00000000
0.00000000

0.10000000
0.00964218

0.20000000
0.03694867

0.30000000
0.07907829

0.40000000
0.13263940

0.50000000
0.19367811

0.60000000
0.25774069

0.00000100
```

(B2-6)

```
0.00000000
0.00000000

0.20000000
0.21940516

0.40000000
0.47568087

0.60000000
0.76660745

0.80000000
1.09056481

1.00000000
1.44630613

0.00000100
```

Beispiel AWA 3: Verfahren von Heun

2.1.4 Implizites Sehnentrapezverfahren

Der Ausgangspunkt dieses Verfahrens ist die Gleichung (2.1-11)

$$y_{i+1} = y_i + \frac{h}{2}[f(x_i, y_i) + f(x_{i+1}, y_{i+1})]$$

für den unbekannten Funktionswert y_{i+1}. Diese Gleichung können wir nicht (oder nur in Sonderfällen) *explizit* nach y_{i+1} auflösen. Wir haben es also hier mit einem *impliziten* Verfahren zu tun. Wir lösen die obige Gleichung iterativ auf eine vorgegebene Genauigkeit ϵ. Die einfachste Iteration zur Berechnung eines Näherungswerts $y_{i+1,r+1}$ aus einer vorhergehenden Näherung $y_{i+1,r}$ wäre

$$y_{i+1,r+1} = y_i + \frac{h}{2}[f(x_i, y_i) + f(x_{i+1}, y_{i+1,r})] .$$

Hierfür ist aber die Konvergenzbedingung $|\frac{h}{2}\frac{\partial f}{\partial y}| < 1$ oftmals erst für hinreichend kleine Schrittweiten h erfüllt. Wir wählen daher das etwas aufwendigere, aber besser konvergierende *Newton-Raphson*-Verfahren. Mit

$$y_i^* = y_i + \frac{h}{2} f(x_i, y_i)$$

lautet die Gleichung zur Bestimmung von y_{i+1}

$$g(y_{i+1}) = y_i^* + \frac{h}{2} f(x_{i+1}, y_{i+1}) - y_{i+1} = 0$$

und die Iterationsvorschrift

$$y_{i+1,r+1} = y_{i+1,r} - \frac{g(y_{i+1,r})}{g'(y_{i+1,r})} \qquad \text{für } r \in \mathbb{N}.$$

Als erste Näherung $y_{i+1,1}$ benutzen wir den mit dem Eulerschen Polygonzugverfahren ermittelten Wert für y_{i+1}. Den gesamten Algorithmus können wir folgendermaßen zusammenstellen:

$$y_i^* = y_i + \frac{h}{2} f_i, \quad y_{i+1,1} = y_i + h f_i, \qquad (2.1\text{-}13)$$

$$y_{i+1,r+1} = y_{i+1,r} - \frac{y_i^* + \frac{h}{2} f_{i+1,r} - y_{i+1,r}}{\frac{h}{2}\left(\frac{\partial f}{\partial y}\right)_{i+1,r} - 1} \qquad (r \in \mathbb{N}).$$

Die Iteration brechen wir ab, sobald $|y_{i+1,r+1} - y_{i+1,r}| < \epsilon$ wird. Die Anweisung "Berechne y_{1k}" im Flußdiagramm 2.1 für unser Testprogramm nehmen wir folgendermaßen vor:

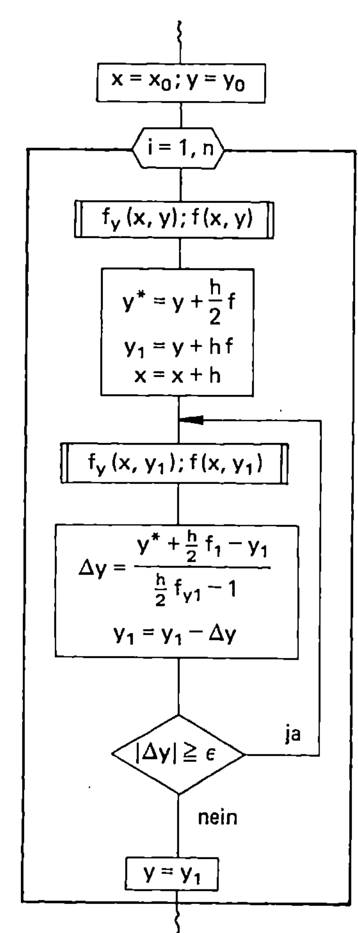

```
000  76 LBL    028  76 LBL    056  43 RCL    084  85  +     112  10  10
001  11  A     029  15  E     057  06  06    085  43 RCL    113  97 DSZ
002  47 CMS    030  42 STO    058  99 PRT    086  10  10    114  00  00
003  99 PRT    031  07  07    059  42 STO    087  75  -     115  00  00
004  42 STO    032  01  1     060  00  00    088  43 RCL    116  61  61
005  03  03    033  42 STO    061  71 SBR    089  02  02    117  43 RCL
006  22 INV    034  06  06    062  01  01    090  95  =     118  10  10
007  44 SUM    035  02  2     063  40  40    091  55  ÷     119  99 PRT
008  05  05    036  22 INV    064  65  ×     092  53  (     120  75  -
009  91 R/S    037  49 PRD    065  43 RCL    093  43 RCL    121  43 RCL
010  76 LBL    038  05  05    066  05  05    094  11  11    122  08  08
011  12  B     039  98 ADV    067  44 SUM    095  65  ×     123  95  =
012  99 PRT    040  02  2     068  01  01    096  43 RCL    124  94 +/-
013  42 STO    041  49 PRD    069  44 SUM    097  05  05    125  99 PRT
014  04  04    042  06  06    070  01  01    098  75  -     126  48 EXC
015  91 R/S    043  22 INV    071  95  =     099  01  1     127  09  09
016  76 LBL    044  49 PRD    072  44 SUM    100  54  )     128  55  ÷
017  13  C     045  05  05    073  10  10    101  95  =     129  43 RCL
018  99 PRT    046  43 RCL    074  44 SUM    102  22 INV    130  09  09
019  44 SUM    047  03  03    075  02  02    103  44 SUM    131  95  =
020  05  05    048  42 STO    076  44 SUM    104  02  02    132  99 PRT
021  91 R/S    049  01  01    077  02  02    105  50 I×I    133  97 DSZ
022  76 LBL    050  43 RCL    078  71 SBR    106  67  EQ    134  07  07
023  14  D     051  04  04    079  01  01    107  00  00    135  00  00
024  99 PRT    052  42 STO    080  40  40    108  78  78    136  39  39
025  42 STO    053  02  02    081  65  ×     109  43 RCL    137  91 R/S
026  08  08    054  42 STO    082  43 RCL    110  02  02    138  76 LBL
027  91 R/S    055  10  10    083  05  05    111  42 STO    139  71 SBR
```

Programm 2.1.4: Implizites Sehnentrapezverfahren (Test)

Für das Testverfahren 2.1.4 werden im Unterprogramm die Funktionswerte $\frac{\partial f}{\partial y} = f_y(x, y)$ und $f(x, y)$ berechnet. $f_y(x, y)$ wird nach R_{11} gespeichert, während $f(x, y)$ im Anzeigeregister zur Weiterverarbeitung stehen bleibt. Für die Anfangswertaufgabe

(B2-1) $\quad f(x, y) = \frac{y}{x} - y^2 \quad$ mit $\quad f_y(x, y) = \frac{1}{x} - 2y$

lautet z.B. die vollständige Tastenfolge für das Unterprogramm:

[GTO] [SBR] [LRN] [RCL] 1 [1/x] [−] 2 [×] [RCL] 2 [=] [STO] 1 1 [RCL] 2 [÷] [RCL] 1 [−] [RCL] 2 [x^2] [=] [INV] [SBR] [LRN]

Weiterhin beachten wir für den Start des Programms die

Eingabe: ϵ [x⇄t] x_0 [A] y_0 [B] x_e [C] $y(x_e)$ [D] p [E]

Mit $\epsilon = 10^{-9}$ erhalten wir für die Anfangswertaufgaben (B2-1) bis (B2-4) die Resultate im Beispiel 2.1.4. Auch hier gilt offensichtlich wie bei den beiden vorhergehenden Verfahren $F_{k-1}/F_k \cong 4$, d.h.

$$F_k = F(h) = y(x_e) - y_{1k} \cong C_2 h^2.$$

Aus den Näherungswerten y_{1k} können wir somit nach dem Extrapolationsverfahren die besseren Näherungen

$$y_{2k} = (4\,y_{1k} - y_{1,k-1})/3$$

1.	0.	1.	0.
2.	1.	0.5	0.
2.	1.	2.	1.570796327
1.	1.732050808	.2953080546	2.90523869
2.	2.	2.	2.
.9838437095	1.785677274	.2717188903	2.988690251
.0161562905	-.0536264669	.0235891643	-.0834515604
0.	0.	0.	0.
4.	4.	4.	4.
.9948425042	1.745199055	.2894185983	2.923581448
.0051574958	-.0131482474	.0058894562	-.0183427575
3.132584321	4.078601912	4.005321261	4.549564619
8.	8.	8.	8.
.9986614935	1.735332973	.2938341938	2.909691813
.0013385065	-.0032821656	.0014738608	-.0044531223
3.853171933	4.005967052	3.995937977	4.11907788
16.	16.	16.	16.
.9996624956	1.732871443	.2949393876	2.906344015
.0003375044	-.0008206354	0.000368667	-0.001105325
3.965893412	3.999542012	3.997810328	4.028790067
32.	32.	32.	32.
.9999154463	1.732255984	.2952158713	2.905514529
.0000845537	-.0002051769	.0000921833	-.0002758389
3.991600057	3.999648284	3.999283073	4.00713925
(B2-1)	(B2-2)	(B2-3)	(B2-4)

Beispiel 2.1.4: Implizites Sehnentrapezverfahren (Test)

ermitteln. Für die Beispiele (B2-1) und (B2-4) berechnen wir die y_{2k} $(k = 2, 3, 4, 5)$ und erhalten mit $F_k^* = y(x_e) - y_{2k}$ die Ergebnisse der Tabelle 2.1.4. Hiernach lautet das Fehlergesetz $F_{k-1}^*/F_k^* \cong 16$, d.h.

$$F_k^* = y(x_e) - y_{2k} \cong C_4 h^4.$$

In der Potenzreihenentwicklung für $y(x_e)$ sind nur Potenzen von h mit geraden Exponenten zu erwarten. Diese Aussage können wir uns leicht plausibel machen, wenn wir von y_{i+1} ausgehend mit negativer Schrittweite y_i berechnen:

$$y_i = y_{i+1} - \frac{h}{2}(f_{i+1} + f_i).$$

Tabelle 2.1.4: Fehlerverhalten beim impliziten Sehnentrapezverfahren

y_{2k}	F_k^*	F_{k-1}^*/F_k^*	y_{2k}	F_k^*	F_{k-1}^*/F_k^*
0,9985087691	0,0014912309	–	2,901878514	0,0033601768	–
0,9999344899	0,0000655101	22,76	2,905061935	0,0001767558	19,01
0,9999961630	0,0000038370	17,07	2,905228082	0,0000106082	16,66
0,9999997632	0,0000002368	16,20	2,905238034	0,0000006568	16,15

Aus der Darstellung

$$y(x_e) = y_{1k} + C_2 h^2 + C_4 h^4 + C_6 h^6 + \ldots \qquad (2.1\text{-}14)$$

erhalten wir durch Extrapolation wie früher (s. Tangenten- oder Sehnentrapezregel im Abschnitt 1):

$$y_{j+1,k} = \frac{4^j\, y_{jk} - y_{j,k-1}}{4^j - 1} \qquad (k = 2, 3, \ldots;\ j = 1, 2, \ldots, k-1). \qquad (2.1\text{-}15)$$

Für das implizite Sehnentrapezverfahren (2.1-13) mit anschließender Extrapolation (2.1-15) entwickeln wir das Programm AWA 4. Für die Iteration und die Genauigkeit des Verfahrens benutzen wir dieselbe Stoppbedingung mit der Vorgabe von ϵ. Die Ergebnisse der Anfangswertaufgaben (B2-2), (B2-3), (B2-5) und (B2-6) mit $\epsilon = 10^{-6}$ sind im Beispiel AWA 4 zusammengestellt. Die gestoppten Rechenzeiten finden Sie im Abschnitt 2.1.6.

```
000  76 LBL
001  11  A
002  47 CMS
003  29 CP
004  99 PRT
005  42 STO
006  03  03
007  22 INV
008  44 SUM
009  06  06
010  91 R/S
011  76 LBL
012  12  B
013  99 PRT
014  42 STO
015  04  04
016  91 R/S
017  76 LBL
018  13  C
019  44 SUM
020  06  06
021  91 R/S
022  76 LBL
023  14  D
024  42 STO
025  08  08
026  22 INV
027  49 PRD
028  06  06
029  91 R/S
030  76 LBL
031  15  E
032  42 STO
033  09  09
034  98 ADV
035  01  1
036  42 STO
037  07  07
038  43 RCL
039  06  06
040  55  ÷
041  02  2
042  95  =
043  42 STO
044  05  05
045  01  1
046  42 STO
047  10  10
048  02  2
049  49 PRD
050  07  07
051  22 INV
052  49 PRD
053  05  05
054  43 RCL
055  03  03
056  42 STO
057  01  01
058  43 RCL
059  04  04
060  42 STO
061  02  02
062  42 STO
063  12  12
064  43 RCL
065  07  07
066  42 STO
067  00  00
068  71 SBR
069  02  02
070  18  18
071  65  ×
072  43 RCL
073  05  05
074  44 SUM
075  01  01
076  44 SUM
077  01  01
078  95  =
079  44 SUM
080  12  12
081  44 SUM
082  02  02
083  44 SUM
084  02  02
085  71 SBR
086  02  02
087  18  18
088  65  ×
089  43 RCL
090  05  05
091  85  +
092  43 RCL
093  12  12
094  75  -
095  43 RCL
096  02  02
097  95  =
098  55  ÷
099  53  (
100  43 RCL
101  11  11
102  65  ×
103  43 RCL
104  05  05
105  75  -
106  01  1
107  54  )
108  95  =
109  22 INV
110  44 SUM
111  02  02
112  50 I×I
113  75  -
114  43 RCL
115  09  09
116  95  =
117  77  GE
118  00  00
119  85  85
120  43 RCL
121  02  02
122  42 STO
123  12  12
124  97 DSZ
125  00  00
126  00  00
127  68  68
128  01  1
129  03  3
130  42 STO
131  13  13
132  04  4
133  49 PRD
134  10  10
135  01  1
136  44 SUM
137  13  13
138  44 SUM
139  00  00
140  43 RCL
141  02  02
142  63 EX*
143  13  13
144  67  EQ
145  01  01
146  70  70
147  42 STO
148  11  11
149  94 +/-
150  85  +
151  43 RCL
152  10  10
153  65  ×
154  73 RC*
155  13  13
156  95  =
157  55  ÷
158  53  (
159  43 RCL
160  10  10
161  75  -
162  01  1
163  54  )
164  95  =
165  42 STO
166  02  02
167  61 GTO
168  01  01
169  32  32
170  73 RC*
171  13  13
172  75  -
173  43 RCL
174  11  11
175  95  =
176  50 I×I
177  75  -
178  43 RCL
179  09  09
180  95  =
181  77  GE
182  00  00
183  45  45
184  43 RCL
185  06  06
186  44 SUM
187  03  03
188  43 RCL
189  03  03
190  99 PRT
191  73 RC*
192  13  13
193  99 PRT
194  42 STO
195  04  04
196  00  0
197  72 ST*
198  13  13
199  01  1
200  22 INV
201  44 SUM
202  13  13
203  97 DSZ
204  00  00
205  01  01
206  96  96
207  97 DSZ
208  08  08
209  00  00
210  34  34
211  98 ADV
212  43 RCL
213  09  09
214  99 PRT
215  91 R/S
216  76 LBL
217  71 SBR
```

Programm AWA 4: Implizites Sehnentrapezverfahren

Benutzeranleitung AWA 4: $y' = f(x, y)$, $y(x_0) = y_0$.

Die Funktionswerte y_ν ($\nu = 1, 2, 3, \ldots, N$) werden im Intervall $[x_0; x_e]$ für äquidistante Abszissenwerte $x_\nu = x_0 + \nu \Delta x$ mit einer Genauigkeit ϵ nach dem impliziten Sehnentrapezverfahren berechnet.

(1) Programm AWA 4 einlesen. Ohne Drucker: [R/S] in PSS 1 9 0 und 1 9 3.

(2) [GTO] [SBR] [LRN]; Tastenfolge zur Berechnung der Funktion $\frac{\partial f}{\partial y} = f_y(x, y)$ mit $x = (R_1)$ und $y = (R_2)$ eingeben; [STO] 1 1; Tastenfolge zur Berechnung der Funktion $f(x, y)$ eingeben und mit [INV] [SBR] [LRN] abschließen.

(3) Eingabe: ϵ [x⇄t] x_0 [A] y_0 [B] x_e [C] N [D] ϵ [E]

(4) Ausgabe: x_ν, y_ν für $\nu \in \mathbb{N}_{0,N}$; ϵ.

```
0.00000000
1.00000000

0.40000000
1.34164079

0.80000000
1.61245155

1.20000000
1.84390890

1.60000000
2.04939018

2.00000000
2.23606803

0.00000100
```

(B2-2)

```
1.00000000
0.50000000

1.40000000
0.37411926

1.80000000
0.31490377

2.20000000
0.27957055

2.60000000
0.25568759

3.00000000
0.23825268

0.00000100
```

(B2-3)

```
0.00000000
0.00000000

0.10000000
0.00964218

0.20000000
0.03694866

0.30000000
0.07907828

0.40000000
0.13263939

0.50000000
0.19367809

0.60000000
0.25774067

0.00000100
```

(B2-5)

```
0.00000000
0.00000000

0.20000000
0.21940516

0.40000000
0.47568087

0.60000000
0.76660745

0.80000000
1.09056482

1.00000000
1.44630614

0.00000100
```

(B2-6)

Beispiel AWA 4: Implizites Sehnentrapezverfahren

2.1.5 Runge-Kutta-Verfahren

Berechnen wir das Integral (2.1-2) näherungsweise nach der Simpsonregel mit halber Schrittweite, so erhalten wir

$$y_{i+1} = y_i + \frac{h}{6}(f_i + 4 f_{i+1/2} + f_{i+1}) . \tag{2.1-16}$$

Auf der rechten Seite sind $y_{i+1/2}$ und y_{i+1} unbekannt. Wie beim Verfahren von Heun werden zunächst Näherungswerte $y^*_{i+1/2}$ und y^*_{i+1} bestimmt und danach die endgültigen Werte. Die genauere Herleitung ist von Runge und Kutta durch eine Reihenentwicklung mit einem möglichst hohen Fehlerabgleich vorgenommen worden (die Rechnung ist sehr langwierig). Der gesamte Algorithmus lautet:

$$y^*_{i+1/2} = y_i + \frac{h}{2} f_i, \; x_{i+1/2} = x_i + \frac{h}{2}, \; y_{i+1/2} = y_i + \frac{h}{2} f^*_{i+1/2}, \; y^*_{i+1} = y_i + h\, f_{i+1/2},$$

$$x_{i+1} = x_{i+1/2} + \frac{h}{2}, \; y_{i+1} = y_i + \frac{h}{6}(f_i + 2\, f^*_{i+1/2} + 2\, f_{i+1/2} + f^*_{i+1}) \,. \tag{2.1-17}$$

In unserem Testprogramm 2.1.5 wird die Anweisung "Berechne y_{1k}" nach dem folgenden Flußdiagramm durchgeführt:

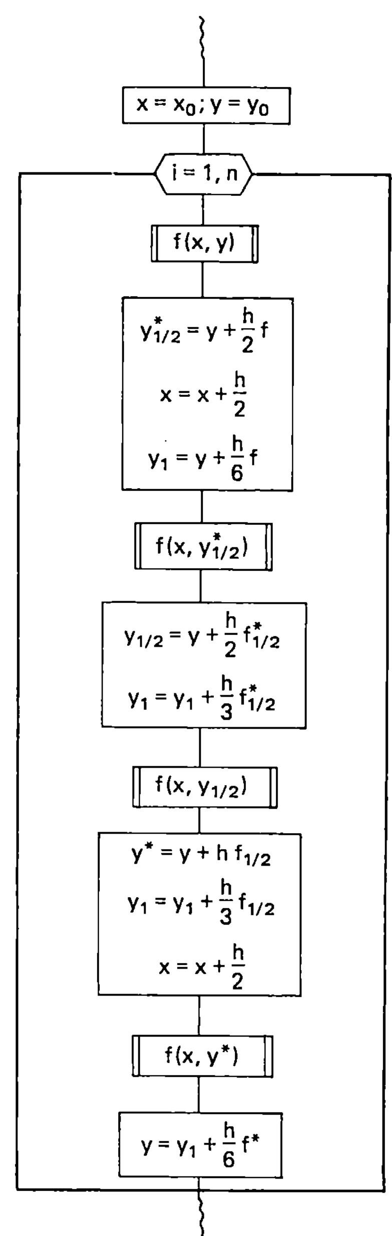

000	76	LBL	033	42	STO	066	65	×	099	71	SBR	132	43	RCL
001	11	A	034	06	06	067	43	RCL	100	01	01	133	10	10
002	47	CMS	035	02	2	068	05	05	101	65	65	134	42	STO
003	99	PRT	036	22	INV	069	44	SUM	102	65	×	135	02	02
004	42	STO	037	49	PRD	070	01	01	103	43	RCL	136	42	STO
005	03	03	038	05	05	071	95	=	104	05	05	137	11	11
006	22	INV	039	98	ADV	072	44	SUM	105	44	SUM	138	97	DSZ
007	44	SUM	040	02	2	073	02	02	106	01	01	139	00	00
008	05	05	041	49	PRD	074	55	÷	107	65	×	140	00	00
009	91	R/S	042	06	06	075	03	3	108	02	2	141	63	63
010	76	LBL	043	22	INV	076	95	=	109	95	=	142	43	RCL
011	12	B	044	49	PRD	077	44	SUM	110	42	STO	143	10	10
012	99	PRT	045	05	05	078	10	10	111	02	02	144	99	PRT
013	42	STO	046	43	RCL	079	71	SBR	112	55	÷	145	75	-
014	04	04	047	03	03	080	01	01	113	03	3	146	43	RCL
015	91	R/S	048	42	STO	081	65	65	114	95	=	147	08	08
016	76	LBL	049	01	01	082	65	×	115	44	SUM	148	95	=
017	13	C	050	43	RCL	083	43	RCL	116	10	10	149	94	+/-
018	99	PRT	051	04	04	084	05	05	117	43	RCL	150	99	PRT
019	44	SUM	052	42	STO	085	95	=	118	11	11	151	48	EXC
020	05	05	053	02	02	086	42	STO	119	44	SUM	152	09	09
021	91	R/S	054	42	STO	087	02	02	120	02	02	153	55	÷
022	76	LBL	055	10	10	088	65	×	121	71	SBR	154	43	RCL
023	14	D	056	42	STO	089	02	2	122	01	01	155	09	09
024	99	PRT	057	11	11	090	55	÷	123	65	65	156	95	=
025	42	STO	058	43	RCL	091	03	3	124	65	×	157	99	PRT
026	08	08	059	06	06	092	95	=	125	43	RCL	158	97	DSZ
027	91	R/S	060	99	PRT	093	44	SUM	126	05	05	159	07	07
028	76	LBL	061	42	STO	094	10	10	127	55	÷	160	00	00
029	15	E	062	00	00	095	43	RCL	128	03	3	161	39	39
030	42	STO	063	71	SBR	096	11	11	129	95	=	162	91	R/S
031	07	07	064	01	01	097	44	SUM	130	44	SUM	163	76	LBL
032	01	1	065	65	65	098	02	02	131	10	10	164	71	SBR

Programm 2.1.5: Runge-Kutta-Verfahren (Test)

Mit dem Programm 2.1.5 (Benutzeranleitung s. Testprogramm Abschnitt 2.1.1) berechnen wir die Anfangswertaufgaben (B2-1) bis (B2-4). Aus den Ergebnissen im Beispiel 2.1.5 erkennen wir das Fehlerverhalten $F_{k-1}/F_k \cong 16$, d.h. das Runge-Kutta-Verfahren ist von vierter Ordnung:

$$F_k = y(x_e) - y_{1k} \cong C_4 h^4.$$

Aus der (angenommenen) Reihendarstellung

$$y(x_e) = y_{1k} + C_4 h^4 + C_5 h^5 + C_6 h^6 + \dots \qquad (2.1\text{-}18)$$

erhalten wir durch Extrapolation

$$y_{j+1,k} = \frac{2^{j+3}\, y_{jk} - y_{j,k-1}}{2^{j+3} - 1} \qquad (k = 2, 3, \dots;\ j = 1, 2, \dots, k-1). \qquad (2.1\text{-}19)$$

Für das Runge-Kutta-Verfahren (2.1-17) mit anschließender Extrapolation (2.1-19) schreiben wir das Programm AWA 5 in ähnlicher Weise wie die vorhergehenden Programme (mit $\frac{h}{2} = (R_5)$). Im Beispiel AWA 5 geben wir die Ergebnisse für die Anfangswertaufgaben (B2-2), (B2-3), (B2-5) und (B2-6) an.

(B2-1)	(B2-2)	(B2-3)	(B2-4)
1.	0.	1.	0.
2.	1.	0.5	0.
2.	1.	2.	1.570796327
1.	1.732050808	.2953080546	2.90523869
2.	2.	2.	2.
1.001427139	1.735482899	.2951647733	2.894756147
-.0014271391	-.0034320911	.0001432813	.0104825431
0.	0.	0.	0.
4.	4.	4.	4.
1.000113553	1.732274191	.2952958312	2.904415441
-.0001135527	-.0002233829	.0000122234	.0008232494
12.56807217	15.36415911	11.72191552	12.73313192
8.	8.	8.	8.
1.000006524	1.732064483	0.295307277	2.905181097
-.0000065245	-.0000136758	.0000007776	.0000575933
17.4041605	16.33413214	15.7200959	14.2941978
16.	16.	16.	16.
1.000000383	1.732051643	.2953080074	2.905234883
-.0000003835	-.0000008359	.0000000472	.0000038072
17.01488567	16.36039961	16.48923568	15.12726276
32.	32.	32.	32.
1.000000023	1.732050859	.2953080517	2.905238446
-.0000000232	-.0000000514	.0000000029	.0000002448
16.52970084	16.27267418	16.42715809	15.55401265

Beispiel 2.1.5: Runge-Kutta-Verfahren (Test)

```
000 76 LBL
001 11 A
002 47 CMS
003 29 CP
004 99 PRT
005 42 STO
006 03 03
007 22 INV
008 44 SUM
009 06 06
010 91 R/S
011 76 LBL
012 12 B
013 99 PRT
014 42 STO
015 04 04
016 91 R/S
017 76 LBL
018 13 C
019 44 SUM
020 06 06
021 91 R/S
022 76 LBL
023 14 D
024 42 STO
025 08 08
026 22 INV
027 49 PRD
028 06 06
029 91 R/S
030 76 LBL
031 15 E
032 42 STO
033 09 09
034 98 ADV
035 01 1
036 42 STO
037 07 07
038 43 RCL
039 06 06
040 55 ÷
041 02 2
042 95 =
043 42 STO
044 05 05
045 08 8
046 42 STO
047 10 10
048 02 2
049 49 PRD
050 07 07
051 22 INV
052 49 PRD
053 05 05
054 43 RCL
055 03 03
056 42 STO
057 01 01
058 43 RCL
059 04 04
060 42 STO
061 02 02
062 42 STO
063 12 12
064 42 STO
065 13 13
066 43 RCL
067 07 07
068 42 STO
069 00 00
070 71 SBR
071 02 02
072 39 39
073 65 ×
074 43 RCL
075 05 05
076 44 SUM
077 01 01
078 95 =
079 44 SUM
080 02 02
081 55 ÷
082 03 3
083 95 =
084 44 SUM
085 12 12
086 71 SBR
087 02 02
088 39 39
089 65 ×
090 43 RCL
091 05 05
092 95 =
093 42 STO
094 02 02
095 65 ×
096 02 2
097 55 ÷
098 03 3
099 95 =
100 44 SUM
101 12 12
102 43 RCL
103 13 13
104 44 SUM
105 02 02
106 71 SBR
107 02 02
108 39 39
109 65 ×
110 43 RCL
111 05 05
112 44 SUM
113 01 01
114 65 ×
115 02 2
116 95 =
117 42 STO
118 02 02
119 55 ÷
120 03 3
121 95 =
122 44 SUM
123 12 12
124 43 RCL
125 13 13
126 44 SUM
127 02 02
128 71 SBR
129 02 02
130 39 39
131 65 ×
132 43 RCL
133 05 05
134 55 ÷
135 03 3
136 95 =
137 44 SUM
138 12 12
139 43 RCL
140 12 12
141 42 STO
142 02 02
143 42 STO
144 13 13
145 97 DSZ
146 00 00
147 00 00
148 70 70
149 01 1
150 04 4
151 42 STO
152 14 14
153 02 2
154 49 PRD
155 10 10
156 01 1
157 44 SUM
158 14 14
159 44 SUM
160 00 00
161 43 RCL
162 02 02
163 63 EX*
164 14 14
165 67 EQ
166 01 01
167 91 91
168 42 STO
169 11 11
170 94 +/-
171 85 +
172 43 RCL
173 10 10
174 65 ×
175 73 RC*
176 14 14
177 95 =
178 55 ÷
179 53 (
180 43 RCL
181 10 10
182 75 -
183 01 1
184 54 )
185 95 =
186 42 STO
187 02 02
188 61 GTO
189 01 01
190 53 53
191 73 RC*
192 14 14
193 75 -
194 43 RCL
195 11 11
196 95 =
197 50 I×I
198 75 -
199 43 RCL
200 09 09
201 95 =
202 77 GE
203 00 00
204 45 45
205 43 RCL
206 06 06
207 44 SUM
208 03 03
209 43 RCL
210 03 03
211 99 PRT
212 73 RC*
213 14 14
214 99 PRT
215 42 STO
216 04 04
217 00 0
218 72 ST*
219 14 14
220 01 1
221 22 INV
222 44 SUM
223 14 14
224 97 DSZ
225 00 00
226 02 02
227 17 17
228 97 DSZ
229 08 08
230 00 00
231 34 34
232 98 ADV
233 43 RCL
234 09 09
235 99 PRT
236 91 R/S
237 76 LBL
238 71 SBR
```

Programm AWA 5: Runge-Kutta-Verfahren

Benutzeranleitung AWA 5: $y' = f(x, y)$, $y(x_0) = y_0$.

Die Funktionswerte y_ν ($\nu = 1, 2, 3, \ldots, N$) werden im Intervall $[x_0; x_e]$ für äquidistante Abszissenwerte $x_\nu = x_0 + \nu \Delta x$ mit einer Genauigkeit ϵ nach dem Runge-Kutta-Verfahren berechnet.

(1) Programm AWA 5 einlesen oder eintasten (beim TI-58 mit 2 [*Op] 1 7 Speicherbereichseinteilung 319.19 wählen). Ohne Drucker: [R/S] in PSS 2 1 1 und 2 1 4.

```
0.00000000
1.00000000

0.40000000
1.34164079

0.80000000
1.61245155

1.20000000
1.84390889

1.60000000
2.04939014

2.00000000
2.23606796

0.00000100
```

(B2-2)

```
1.00000000
0.50000000

1.40000000
0.37411926

1.80000000
0.31490377

2.20000000
0.27957055

2.60000000
0.25568759

3.00000000
0.23825268

0.00000100
```

(B2-3)

```
0.00000000
0.00000000

0.10000000
0.00964218

0.20000000
0.03694866

0.30000000
0.07907828

0.40000000
0.13263939

0.50000000
0.19367809

0.60000000
0.25774067

0.00000100
```

(B2-5)

```
0.00000000
0.00000000

0.20000000
0.21940516

0.40000000
0.47568087

0.60000000
0.76660745

0.80000000
1.09056482

1.00000000
1.44630614

0.00000100
```

(B2-6)

Beispiel AWA 5: Runge-Kutta-Verfahren

(2) [GTO] [SBR] [LRN] ; Tastenfolge zur Berechnung der Funktion f(x, y) mit $x = (R_1)$ und $y = (R_2)$ eingeben und mit [INV] [SBR] [LRN] abschließen.

(3) Eingabe: x_0 [A] y_0 [B] x_e [C] N [D] ϵ [E]

(4) Ausgabe: x_ν, y_ν für $\nu \in \mathbb{N}_{0,N}$; ϵ.

2.1.6 Bemerkungen zu den Verfahren

In den vorangegangenen Abschnitten haben wir fünf Verfahren AWA 1 bis AWA 5 zur Lösung der Anfangswertaufgabe (2.1) vorgestellt, mit denen wir die Beispiele (B2-2), (B2-3), (B2-5) und (B2-6) näherungsweise gelöst haben. Um einen Vergleich dieser Methoden vorzunehmen, könnten wir die folgenden Kriterien untersuchen:

Genauigkeit, Länge des Programms, Rechenzeit.

Die vorgegebene Genauigkeit $\epsilon = 10^{-6}$ wird in unseren Beispielen von allen Methoden erreicht. Hinsichtlich der Länge des Programms schneidet natürlich das sehr einfache Eulersche Polygonzugverfahren am besten und das aufwendige Runge-Kutta-Verfahren am schlechtesten ab. Die Rechenzeiten für die einzelnen Algorithmen sind in der Tabelle 2.1.6 zusammengestellt. Wir sehen, daß hier Runge-Kutta am günstigsten und das implizite Sehnentrapezverfahren am ungünstigsten liegt, während die anderen Verfahren etwa gleiche Rechenzeiten benötigen (abgesehen vom Beispiel (B2-2) bei AWA 1). Bei der Wahl eines Verfahrens wird der TI-59-Besitzer, der seine Programme auf Magnetkarten aufzeichnet, am besten auf das Runge-Kutta-Verfahren zurückgreifen.

Der TI-58-Besitzer dagegen, der seine Programme manuell eintasten muß, wird wahrscheinlich lieber das kürzere Programm AWA 1 des Eulerschen Polygonzugverfahrens wählen und eine etwas längere Rechenzeit in Kauf nehmen.

Tabelle 2.1.6: Vergleich der Rechenzeiten (TI-59 mit Drucker)

	AWA 1	AWA 2	AWA 3	AWA 4	AWA 5
B2-2	18,1 min	9,0 min	11,1 min	13,7 min	8,8 min
B2-3	9,9 min	10,1 min	9,3 min	17,0 min	6,1 min
B2-5	8,6 min	7,6 min	7,7 min	15,9 min	6,6 min
B2-6	5,1 min	4,3 min	7,1 min	10,3 min	3,8 min

Nun dürfen allerdings die an unseren ausgewählten Beispielen bisherigen sehr positiven Ergebnisse unserer Verfahren nicht zum Schluß verleiten, wir könnten immer den gesuchten Funktionswert $y(x_e)$ mit beliebiger Genauigkeit approximieren. Wir betrachten dazu die beiden folgenden Anfangswertaufgaben:

$$\text{(B2-7)} \quad y' = -20\,y + \frac{19+20\,x}{(1+x)^2}, \qquad y(0) = 1 \qquad \text{und}$$

$$\text{(B2-8)} \quad y' = 20\,y - \frac{21+20\,x}{(1+x)^2}, \qquad y(0) = 1\,.$$

Beide Aufgaben besitzen die Lösungsfunktion $y(x) = \frac{1}{1+x}$ und insbesondere $y(1) = 0{,}5$.

Mit unseren Testprogrammen 2.1.1 (Eulersches Polygonzugverfahren) und 2.1.4 (implizites Sehnentrapezverfahren) erhalten wir die Ergebnisse im Beispiel 2.1.6 (die beiden linken Spalten für das Programm 2.1.1 und die beiden rechten für 2.1.5). Für die Aufgabe (B2-7) liefern beide Verfahren (das Eulersche Polygonzugverfahren nach anfänglichen Schwierigkeiten) den erwarteten Näherungswert $y(x_e) = 0{,}5$. Für (B2-8) dagegen werden von beiden Verfahren zum Teil vollkommen falsche Funktionswerte ausgerechnet. Ähnliche Ergebnisse wie mit dem Programm 2.1.1 erhalten wir mit den Programmen 2.1.2, 2.1.3 und 2.1.5.

Wie ist nun das Verhalten der Verfahren bei den beiden verschiedenen Anfangswertaufgaben (B2-7) und (B2-8) zu erklären? Die allgemeine Lösung der Differentialgleichungen lautet

$$\text{(B2-7*)} \quad y = C\,e^{-20x} + \frac{1}{1+x} \qquad \text{und}$$

$$\text{(B2-8*)} \quad y = C\,e^{20x} + \frac{1}{1+x}\,.$$

Aufgrund der Anfangsbedingung ist $C = 0$, so daß in beiden Fällen der homogene Lösungsanteil fortfällt. Wäre C nicht exakt Null, sondern z.B. $C = 0{,}000\,000\,1$, so würde im ersten Fall $C\,e^{-20x}$ mit wachsendem x abklingen. Im zweiten Fall aber macht sich der Anteil $C\,e^{20x}$ immer stärker bemerkbar und überwiegt schließlich den inhomogenen Lösungsanteil $\frac{1}{1+x}$. Mit unseren numerischen Methoden wird nun $y(x_0 + h)$ näherungsweise mit einem Fehler berechnet, der im nächsten Schritt nicht mehr exakt zu $C = 0$ führt und daher die weiteren Ergebnisse verfälscht. Man spricht in diesem Fall von einer *numerischen Instabilität.* Sie wird durch das Vorzeichen und den Betrag von $\frac{\partial f}{\partial y}$ bedingt. Genauere Einzelheiten dieses sehr wichtigen Problems möge der Leser in den Lehrbüchern über numerische Mathematik nachlesen.

0.	0.	0.	0.
1.	1.	1.	1.
1.	1.	1.	1.
0.5	0.5	0.5	0.5
2.	2.	2.	2.
1.944444444	-1.388888889	.5019290123	.4913194444
-1.444444444	1.888888889	-.0019290123	.0086805556
0.	0.	0.	0.
4.	4.	4.	4.
3.326621315	-11.36544218	.4999524504	.4643816662
-2.826621315	11.86544218	.0000475496	.0356183338
.5110144881	.1591924566	-40.56839695	.2437103211
8.	8.	8.	8.
.6608141088	-111.8988004	.4999730392	-13784.48967
-.1608141088	112.3988004	.0000269608	13784.98967
17.57694855	.1055655588	1.763655867	.0000025838
16.	16.	16.	16.
.4995920448	-1125.563265	.4999932121	-1258805.433
.0004079552	1126.063265	.0000067879	1258805.933
-394.1955568	.0998157065	3.971906378	.0109508458
32.	32.	32.	32.
.4997922752	-7460.333372	0.4999983	-19819.44927
.0002077248	7460.833372	0.0000017	19819.94927
1.963921611	.1509299577	3.992842406	63.51206637
64.	64.	64.	64.
.4998951693	-24420.77679	.4999995748	-2928.373835
.0001048307	24421.27679	.0000004252	2928.873835
1.981526817	.3055054589	3.998202704	6.76708878
(B2-7)	(B2-8)	(B2-7)	(B2-8)

Beispiel 2.1.6: Fehlerverhalten bei Anfangswertaufgaben

2.1.7 Zwei Anwendungsbeispiele

Beispiel 1: Wir betrachten die senkrechte Bewegung einer Rakete nach oben mit Berücksichtigung des Luftwiderstandes. Es gilt (s. Lehrbücher über Technische Mechanik)

$$m(t)\,\frac{dv}{dt} = F_S - F_w - m(t)\,g$$

mit

$$m(t) = m_0 - \dot{m}\,t,\; F_S = \dot{m}\,v_r,\; F_W = \tfrac{1}{2}\,c_w\,\rho_L\,A v^2$$

und

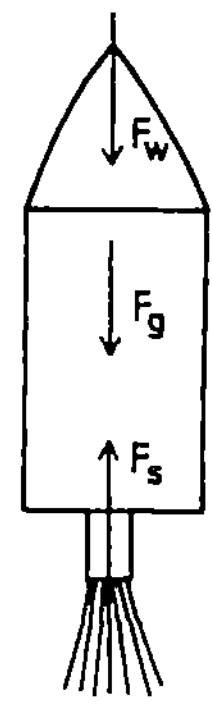

$m_0 = 450$ kg	(Masse der Rakete und des Treibstoffs),
$\dot{m} = 5$ kg/s	(pro Zeiteinheit ausgestoßene Masse),
$t_e = 30$ s	(Brenndauer der Rakete),
$v_r = 1600$ m/s	(relative Ausströmgeschwindigkeit des Treibstoffs),
$c_w = 0{,}22$	(Widerstandsbeiwert der Rakete),
$\rho_L = 1{,}225$ kg/m^3	(konstante Dichte der Luft),
$A = 1{,}75$ m^2	(Schattenfläche der Rakete),
$g = 9{,}807$ m/s^2	(konstante Erdbeschleunigung).

Nach Einsetzen aller Größen in die Differentialgleichung und einigen Umformungen erhalten wir die Anfangswertaufgabe

$$\text{(B2-9)} \quad \frac{dv}{dt} = \frac{v_r - b\,v^2}{m_0/\dot{m} - t} - g, \qquad v(0) = 0$$

mit

$$b = \frac{c_W\,\rho_L\,A}{2\,\dot{m}} = \frac{0{,}22 \cdot 1{,}225 \cdot 1{,}75\ \text{kg/m}}{2 \cdot 5\ \text{kg/s}} = 0{,}0471625\,\frac{s}{m}.$$

Mit dem Eulerschen Polygonzugverfahren (Programm AWA 1) berechnen wir die Geschwindigkeit v nach 2, 4, 6, ..., 30 s mit $\epsilon = 10^{-3}$ und lassen uns die Werte t, v auf zwei Nachkommastellen ausdrucken. Die Ergebnisse sind im Beispiel 2.1.7-1 angegeben (die Rechenzeit beträgt etwa 30 min). Nach $t_e = 30$ s besitzt die Rakete demnach die Geschwindigkeit $v_e = 141{,}39$ m/s. Die Steighöhe nach dieser Zeit wird ungefähr

$$h_e \cong v_m\,t_e \cong 80\ \text{m/s} \cdot 30\ \text{s} \cong 2{,}5\ \text{km}$$

betragen. Während sich die Erdbeschleunigung von der Erdoberfläche bis zu dieser Höhe kaum ändert, so ist die Annahme einer konstanten Luftdichte sicherlich nicht mehr zulässig. Im Abschnitt 2.2.4 werden wir die Veränderlichkeit der Luftdichte ρ_L mit der Höhe h berücksichtigen.

```
 0.00          8.00          16.00          24.00
 0.00         63.92         108.79         130.33

 2.00         10.00         18.00          26.00
16.25         77.67         115.92         133.53

 4.00         12.00         20.00          28.00
32.71         89.77         121.74         136.23

 6.00         14.00         22.00          30.00
48.78        100.12         126.47         138.56
```

Beispiel 2.1.7-1: Geschwindigkeit einer Rakete

Beispiel 2 behandelt eine belastete RC-Schaltung. Über die angelegte Spannung wollen wir die folgende Annahme machen:

$$u(t) = u_0\,(1 - e^{-t/T}), \quad \text{also} \quad u(0) = 0 \quad \text{und} \quad u(\infty) = u_0.$$

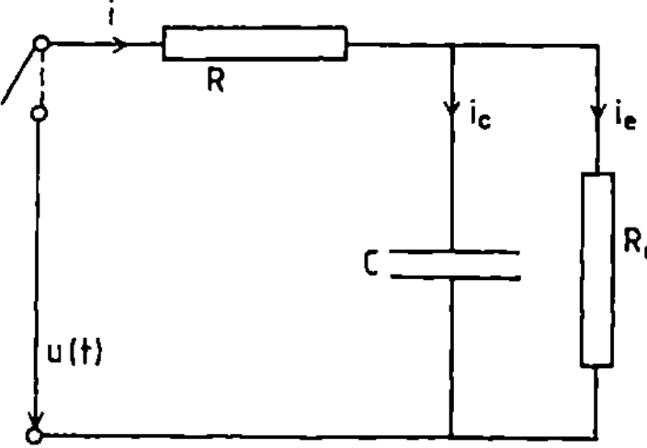

Für den Stromkreis gelten die Gleichungen (s. z.B. [14]):

$$i = i_e + i_c, \quad u_c = R_e\,i_e,$$

$$i_c = C\,\frac{du_c}{dt}, \quad R\,i + u_c = u(t).$$

Hieraus erhalten wir für die Spannung am Kondensator die Differentialgleichung

$$\text{(B2-10)} \quad \frac{du_c}{dt} = [u_0\,(1 - e^{-t/T}) - (R/R_e + 1)\,u_c]\,/\,(RC), \quad u_c(0) = 0.$$

Für die gegebenen physikalischen Größen

$$R = 400\ \text{k}\Omega, \quad R_e = 100\ \text{k}\Omega, \quad C = 2\,\mu\text{F}, \quad u_0 = 20\ \text{V}, \quad T = 2\ \text{s}$$

lautet die Anfangswertaufgabe für t in Sekunden und u_c in Volt:

$$\text{(B2-10*)} \quad \frac{du_c}{dt} = (20\,(1 - e^{-t/2}) - 5\,u_c)\,/\,0{,}8, \quad u_c(0) = 0.$$

Wir berechnen u_c mit dem Runge-Kutta-Verfahren (Programm AWA 5) mit $\Delta t = 0{,}5$ s von 0 bis 15 Sekunden auf eine Genauigkeit $\epsilon = 10^{-4}$. Die Ergebnisse lassen wir auf drei Nachkommastellen ausdrucken (Beispiel 2.1.7-2). Wir sehen, daß nach 15 s die Grenzspannung $u_c(\infty) = u_0/(R/R_e + 1) = 4$ V nahezu erreicht wird.

```
0.000     2.500     5.000     7.500     10.000    12.500
0.000     2.754     3.643     3.898      3.971     3.992

0.500     3.000     5.500     8.000     10.500    13.000
0.629     3.030     3.722     3.920      3.977     3.993

1.000     3.500     6.000     8.500     11.000    13.500
1.364     3.244     3.784     3.938      3.982     3.995

1.500     4.000     6.500     9.000     11.500    14.000
1.946     3.412     3.831     3.952      3.986     3.996

2.000     4.500     7.000     9.500     12.000    14.500
2.401     3.542     3.869     3.962      3.989     3.997

                                                  15.000
                                                   3.998
```

Beispiel 2.1.7-2: Belastete RC-Schaltung

2.2 Differentialgleichungen zweiter Ordnung

Bei der Anfangswertaufgabe mit einer Differentialgleichung zweiter Ordnung ist eine Funktion $y(x)$ zu bestimmen, die den folgenden Bedingungen genügt:

$$y'' = f(x, y, y'), \quad y(x_0) = y_0, \quad y'(x_0) = y_0'. \tag{2.2-1}$$

Wir setzen voraus, daß dieses Problem eine eindeutige Lösung besitzt. Kriterien hierfür findet der Leser in den Lehrbüchern über Differentialgleichungen.

Wie in den vorhergehenden Abschnitten werden wir die auf den folgenden Seiten beschriebenen numerischen Verfahren testen und nach der Extrapolationsmethode einen effizienten Algorithmus entwickeln. Als Testbeispiele wählen wir in diesem Abschnitt:

(B2-11) $y'' = \dfrac{x-y}{4}, \quad y(0) = 1, \quad y'(0) = 1;$

Lösung: $y(x) = x + \cos\frac{x}{2}$ und $y\left(\frac{\pi}{2}\right) = \frac{\pi}{2} + \cos\frac{\pi}{4}, \quad y'\left(\frac{\pi}{2}\right) = 1 - \frac{1}{2}\sin\frac{\pi}{4};$

(B2-12) $y'' = \dfrac{3\cos^2 x}{4\sqrt[3]{y}} - \dfrac{3}{2}\sin x\sqrt[3]{y}, \quad y(0) = 1, \quad y'(0) = 1{,}5;$

Lösung: $y(x) = (1 + \sin x)^{3/2}$ und $y\left(\frac{\pi}{2}\right) = 2\sqrt{2}, \quad y'\left(\frac{\pi}{2}\right) = 0;$

(B2-13) $y'' = \dfrac{1-y'^2}{y}, \quad y(0) = 1, \quad y'(0) = 0$ (Kamke [16] 6.107);

Lösung: $y(x) = \sqrt{1+x^2}$ und $y(2) = \sqrt{5}, \quad y'(2) = \dfrac{2}{\sqrt{5}};$

(B2-14) $y'' = -(4x^2 + 2)\,y - 4xy', \quad y(0) = 0, \quad y'(0) = 1;$

Lösung: $y(x) = x e^{-x^2}$ und $y(1) = e^{-1}, \quad y'(1) = -e^{-1}.$

Diese Beispiele sind selbstverständlich so ausgewählt worden, daß die zu entdeckenden Gesetzmäßigkeiten durch die numerischen Ergebnisse bestätigt werden. Dazu müssen an die Funktion $f(x, y, y')$, die Anfangsbedingungen und den Endwert x_e bestimmte Forderungen gestellt werden, die jedoch selten so einfach zu formulieren und zu überprüfen sind wie bei der numerischen Integration. Neben Differenzierbarkeitsbedingungen für die Funktion $f(x, y, y')$ ist auch der Endwert x_e von wesentlicher Bedeutung. Testen Sie selbst mit einem der Programme 2.2.1 oder 2.2.2 das Beispiel (B2-11) mit $x_e = 2\pi$ oder

$$y'' = 2y - y', \quad y(0) = 0, \quad y'(0) = 1$$

mit der Lösung $y = \frac{1}{3}(e^x - e^{-2x})$ und $x_e = \frac{1}{3}\ln 4$ für 2.2.1 oder $x_e = \frac{2}{3}\ln 4$ für 2.2.2. In allen Fällen gelten die sonst üblichen Fehlergesetze nicht mehr.

Die Testprogramme entwickeln wir ähnlich wie im Abschnitt 2.1 nach dem Flußdiagramm 2.2. Lediglich die Anweisungen "Berechne y_{1k} und y'_{1k}" müssen nach dem Algorithmus des jeweiligen Verfahrens programmiert werden. Von den im Abschnitt 2.1 vorgestellten Verfahren werden wir das Eulersche Polygonzugverfahren (wegen der Einfachheit) und das implizite Sehnentrapezverfahren (wegen der günstigeren numerischen Stabilität) wählen. Außerdem beschreiben wir in 2.2.3 ein einfaches Differenzenverfahren.

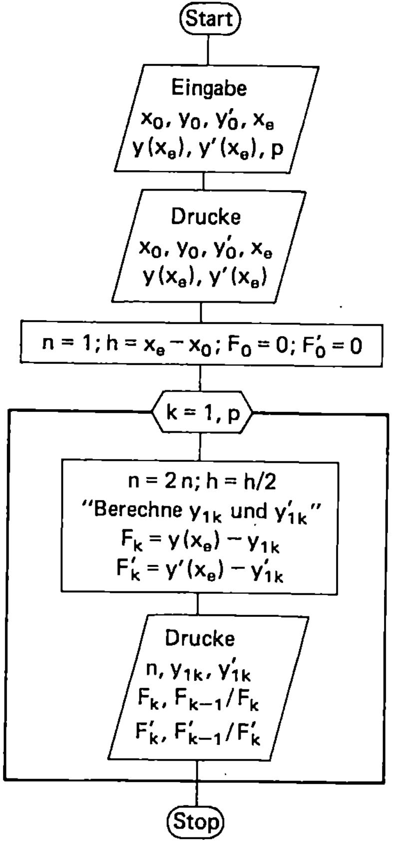

Speicherplan	
0	
1	x
2	y
3	y'
4	x_0
5	y_0
6	y'_0
7	h
8	n
9	k
10	$y(x_e)$
11	$y'(x_e)$
12	F_k
13	F'_k

Flußdiagramm 2.2: Testprogramm AWA (Differentialgleichung zweiter Ordnung)

2.2.1 Eulersches Polygonzugverfahren

Aus $(y')' = f(x, y, y')$ bestimmen wir zunächst nach dem Eulerschen Polygonzugverfahren y'_{i+1} und danach y_{i+1} durch Integration von y' mit der Sehnentrapezregel. So erhalten wir den Algorithmus

$$y'_{i+1} = y'_i + h f_i, \quad y_{i+1} = y_i + \frac{h}{2}(y'_i + y'_{i+1}), \tag{2.2-2}$$

für den wir nach dem Flußdiagramm 2.2 das Programm 2.2.1 schreiben.

```
000 76 LBL
001 11 A
002 47 CMS
003 99 PRT
004 42 STO
005 04 04
006 22 INV
007 44 SUM
008 07 07
009 91 R/S
010 76 LBL
011 12 B
012 99 PRT
013 42 STO
014 05 05
015 91 R/S
016 76 LBL
017 17 B'
018 99 PRT
019 42 STO
020 06 06
021 91 R/S
022 76 LBL
023 13 C
024 99 PRT
025 44 SUM
026 07 07
027 91 R/S
028 76 LBL
029 14 D
030 99 PRT
031 42 STO
032 10 10
033 91 R/S
034 76 LBL
035 19 D'
036 99 PRT
037 42 STO
038 11 11
039 91 R/S
040 76 LBL
041 15 E
042 42 STO
043 09 09
044 01 1
045 42 STO
046 08 08
047 98 ADV
048 02 2
049 49 PRD
050 08 08
051 22 INV
052 49 PRD
053 07 07
054 43 RCL
055 04 04
056 42 STO
057 01 01
058 43 RCL
059 05 05
060 42 STO
061 02 02
062 43 RCL
063 06 06
064 42 STO
065 03 03
066 43 RCL
067 08 08
068 99 PRT
069 42 STO
070 00 00
071 71 SBR
072 01 01
073 39 39
074 65 ×
075 43 RCL
076 07 07
077 44 SUM
078 01 01
079 95 =
080 48 EXC
081 03 03
082 44 SUM
083 03 03
084 85 +
085 43 RCL
086 03 03
087 95 =
088 55 ÷
089 02 2
090 65 ×
091 43 RCL
092 07 07
093 95 =
094 44 SUM
095 02 02
096 97 DSZ
097 00 00
098 00 00
099 71 71
100 43 RCL
101 02 02
102 99 PRT
103 75 -
104 43 RCL
105 10 10
106 95 =
107 94 +/-
108 99 PRT
109 48 EXC
110 12 12
111 55 ÷
112 43 RCL
113 12 12
114 95 =
115 99 PRT
116 43 RCL
117 03 03
118 99 PRT
119 75 -
120 43 RCL
121 11 11
122 95 =
123 94 +/-
124 99 PRT
125 48 EXC
126 13 13
127 55 ÷
128 43 RCL
129 13 13
130 95 =
131 99 PRT
132 97 DSZ
133 09 09
134 00 00
135 47 47
136 91 R/S
137 76 LBL
138 71 SBR
```

Programm 2.2.1: Eulersches Polygonzugverfahren für Differentialgleichungen zweiter Ordnung (Test)

Benutzeranleitung: Testprogramm Eulersches Polygonzugverfahren für Differentialgleichungen zweiter Ordnung

(1) Programm 2.2.1 einlesen.

(2) [GTO] [SBR] [LRN]; Tastenfolge zur Berechnung der Funktion $f(x, y, y')$ mit $x = (R_1)$, $y = (R_2)$ und $y' = (R_3)$ eingeben und mit [INV] [SBR] [LRN] abschließen.

(3) Eingabe: x_0 [A] y_0 [B] y'_0 [B'] x_e [C] $y(x_e)$ [D] $y'(x_e)$ [D'] p [E]

(4) Ausgabe: n; y_{1k}; F_k; F_{k-1}/F_k; y'_{1k}; F'_k; F'_{k-1}/F'_k $(k \in \mathbb{N}_p)$.

0.	0.	0.	0.
1.	1.	1.	0.
1.	1.5	0.	1.
1.570796327	1.570796327	2.	1.
2.277903108	2.828427125	2.236067977	.3678794412
.6464466094	0.	0.894427191	-.3678794412
2.	2.	2.	2.
2.268316568	3.697863531	2.5	0.5625
.0095865396	-.8694364064	-.2639320225	-.1946205588
0.	0.	0.	0.
.6224407018	1.191955823	1.	-0.75
.0240059076	-1.191955823	-0.105572809	.3821205588
0.	0.	0.	0.
4.	4.	4.	4.
2.271960939	3.301066247	2.378126398	.4483895302
.0059421687	-.4726391221	-.1420584202	-0.080510089
1.61330654	1.839535421	1.857911851	2.417343729
.6335043996	.5497061592	0.969648448	-0.564250946
.0129422098	-.5497061592	-0.075221257	.1963715049
1.85485384	2.16835086	1.403497007	1.945906353
8.	8.	8.	8.
2.274573662	3.072205189	2.309151263	.4023622817
0.003329446	-.2437780647	-.0730832858	-.0344828405
1.784731966	1.938809067	1.943788087	2.334787037
.6397852027	.2616147505	.9322011334	-.4490531599
.0066614067	-.2616147505	-.0377739424	.0811737187
1.942864386	2.101204761	1.99135309	2.419151272
16.	16.	16.	16.
2.276141641	2.951805366	2.273078814	0.383751801
.0017614665	-.1233782409	-.0370108368	-.0158723599
1.890155746	1.975859461	1.97464559	2.172508739
.6430750392	.1272942689	.9131873051	-.4048269945
.0033715702	-.1272942689	-.0187601141	.0369475534
1.975757979	2.055196615	2.013524132	2.196998483
32.	32.	32.	32.
2.27699742	2.890434793	2.254682352	0.375484519
.0009056876	-.0620076685	-.0186143743	-.0076050778
1.944894042	1.989725529	1.988293361	2.087073958
.6447514995	.0627448126	.9037624717	-.3855230846
0.00169511	-.0627448126	-.0093352807	.0176436434
1.988997928	2.02876164	2.009592925	2.094099981
(B2-11)	(B2-12)	(B2-13)	(B2-14)

Beispiel 2.2.1: Eulersches Polygonzugverfahren für Differentialgleichungen zweiter Ordnung (Test)

Die mit dem Testprogramm 2.2.1 berechneten Anfangswertaufgaben (B2-11) bis (B2-14) liefern die Ergebnisse im Beispiel 2.2.1. Wie bei der Differentialgleichung erster Ordnung gilt auch hier offensichtlich

$$F_k = F(h) = y(x_e) - y_{1k} \cong C_1 h \quad \text{und} \quad F'_k = F'(h) = y'(x_e) - y'_{1k} \cong C'_1 h.$$

Aus der zu erwartenden Reihendarstellung

$$\begin{aligned} y(x_e) &= y_{1k} + C_1 h + C_2 h^2 + C_3 h^3 + \ldots \\ y'(x_e) &= y'_{1k} + C'_1 h + C'_2 h^2 + C'_3 h^3 + \ldots \end{aligned} \tag{2.2-3}$$

entwickeln wir wie früher nach dem Extrapolationsverfahren (s. Abschnitt 2.1.1) die Formeln

$$\begin{aligned} y_{j+1,k} &= \frac{2^j y_{jk} - y_{j,k-1}}{2^j - 1}, \\ y'_{j+1,k} &= \frac{2^j y'_{jk} - y'_{j,k-1}}{2^j - 1} \end{aligned} \qquad (k = 2, 3, \ldots;\ j = 1, 2, \ldots, k-1). \tag{2.2-4}$$

Zum Verständnis der späteren Programmentwicklung setzen wir noch

$$y_{jk} = 0 \quad \text{und} \quad y'_{jk} = 0 \quad \text{für} \quad j > k = 0, 1, 2, \ldots \tag{2.2-4'}$$

Mit (2.2-2) und (2.2-4) liegt der Algorithmus fest, mit dem wir im Intervall $[x_0; x_e]$ an den N äquidistanten Abszissenwerten $x_\nu = x_0 + \nu\,\Delta x$ mit $\Delta x = (x_e - x_0)/N$ die Näherungswerte y_ν für $y(x_\nu)$ und y'_ν für $y'(x_\nu)$ berechnen. In jedem Teilintervall der Breite Δx werden die y_{jk} und y'_{jk} nach der Halbierungsmethode mit anschließender Extrapolation so lange berechnet, bis die Stoppbedingung

$$|y_{kk} - y_{k-1,k-1}| < \epsilon \quad \text{und} \quad |y'_{kk} - y'_{k-1,k-1}| < \epsilon' \tag{2.2-5}$$

erfüllt ist. Auch hier hoffen wir, daß dann wie bisher

$$|y(x_\nu) - y_{kk}| < \epsilon \quad \text{und} \quad |y'(x_\nu) - y'_{kk}| < \epsilon'$$

gilt (was natürlich mathematisch keineswegs gesichert ist).

Der gesamte Algorithmus ist im Flußdiagramm AWA 6 zusammengestellt. Hiernach wurde das Programm AWA 6 für den TI-59 geschrieben. Für den TI-58 geben wir weiter unten ein einfacheres Programm ohne Extrapolation an.

Speicherplan					
0	i	9	ϵ'	18	...
1	x	10	$C = 2^j$	19	...
2	y	11	Δx	20	y_{1k}
3	y'	12	h	21	y_{2k}
4	x_0	13	n	22	...
5	y_0	14	y_{jk}	...	...
6	y_0'	15	y_{jk}'	30	y_{1k}'
7	ν	16	19 + j	31	y_{2k}'
8	ϵ	17	29 + j	32	...

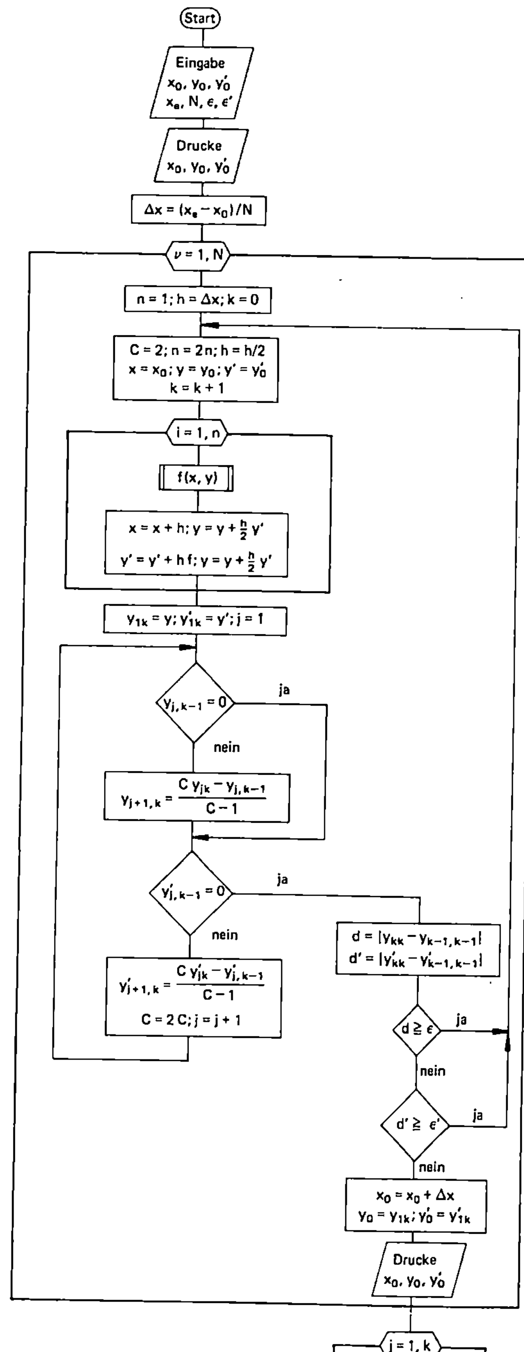

Flußdiagramm AWA 6:

Eulersches Polygonzugverfahren für Differentialgleichungen zweiter Ordnung

```
000 76 LBL
001 11 A
002 47 CMS
003 29 CP
004 99 PRT
005 42 STO
006 04 04
007 22 INV
008 44 SUM
009 11 11
010 91 R/S
011 76 LBL
012 12 B
013 99 PRT
014 42 STO
015 05 05
016 91 R/S
017 76 LBL
018 17 B'
019 99 PRT
020 42 STO
021 06 06
022 91 R/S
023 76 LBL
024 13 C
025 44 SUM
026 11 11
027 91 R/S
028 76 LBL
029 14 D
030 42 STO
031 07 07
032 22 INV
033 49 PRD
034 11 11
035 91 R/S
036 76 LBL
037 15 E
038 42 STO
039 08 08
040 91 R/S
041 76 LBL
042 10 E'
043 42 STO
044 09 09
045 98 ADV
046 01 1
047 42 STO
048 13 13
049 43 RCL
050 11 11
051 42 STO
052 12 12
053 02 2
054 42 STO
055 10 10
056 49 PRD
057 13 13
058 22 INV
059 49 PRD
060 12 12
061 43 RCL
062 04 04
063 42 STO
064 01 01
065 43 RCL
066 05 05
067 42 STO
068 02 02
069 43 RCL
070 06 06
071 42 STO
072 03 03
073 43 RCL
074 13 13
075 42 STO
076 00 00
077 71 SBR
078 02 02
079 55 55
080 65 ×
081 43 RCL
082 12 12
083 44 SUM
084 01 01
085 95 =
086 48 EXC
087 03 03
088 44 SUM
089 03 03
090 85 +
091 43 RCL
092 03 03
093 95 =
094 55 ÷
095 02 2
096 65 ×
097 43 RCL
098 12 12
099 95 =
100 44 SUM
101 02 02
102 97 DSZ
103 00 00
104 00 00
105 77 77
106 01 1
107 09 9
108 42 STO
109 16 16
110 02 2
111 09 9
112 42 STO
113 17 17
114 01 1
115 44 SUM
116 16 16
117 44 SUM
118 17 17
119 44 SUM
120 00 00
121 43 RCL
122 02 02
123 63 EX*
124 16 16
125 67 EQ
126 01 01
127 48 48
128 42 STO
129 14 14
130 94 +/-
131 85 +
132 43 RCL
133 10 10
134 65 ×
135 73 RC*
136 16 16
137 95 =
138 55 ÷
139 53 (
140 43 RCL
141 10 10
142 75 -
143 01 1
144 54 )
145 95 =
146 42 STO
147 02 02
148 43 RCL
149 03 03
150 63 EX*
151 17 17
152 67 EQ
153 01 01
154 81 81
155 42 STO
156 15 15
157 94 +/-
158 85 +
159 73 RC*
160 17 17
161 65 ×
162 43 RCL
163 10 10
164 95 =
165 55 ÷
166 53 (
167 43 RCL
168 10 10
169 75 -
170 01 1
171 54 )
172 95 =
173 42 STO
174 03 03
175 02 2
176 49 PRD
177 10 10
178 61 GTO
179 01 01
180 14 14
181 73 RC*
182 16 16
183 75 -
184 43 RCL
185 14 14
186 95 =
187 50 I×I
188 75 -
189 43 RCL
190 08 08
191 95 =
192 77 GE
193 00 00
194 53 53
195 73 RC*
196 17 17
197 75 -
198 43 RCL
199 15 15
200 95 =
201 50 I×I
202 75 -
203 43 RCL
204 09 09
205 95 =
206 77 GE
207 00 00
208 53 53
209 43 RCL
210 11 11
211 44 SUM
212 04 04
213 43 RCL
214 04 04
215 99 PRT
216 73 RC*
217 16 16
218 42 STO
219 05 05
220 99 PRT
221 73 RC*
222 17 17
223 42 STO
224 06 06
225 99 PRT
226 00 0
227 72 ST*
228 16 16
229 72 ST*
230 17 17
231 01 1
232 94 +/-
233 44 SUM
234 16 16
235 44 SUM
236 17 17
237 97 DSZ
238 00 00
239 02 02
240 26 26
241 97 DSZ
242 07 07
243 00 00
244 45 45
245 98 ADV
246 43 RCL
247 08 08
248 99 PRT
249 43 RCL
250 09 09
251 99 PRT
252 91 R/S
253 76 LBL
254 71 SBR
```

Programm AWA 6: Eulersches Polygonzugverfahren für Differentialgleichungen zweiter Ordnung (TI-59)

Benutzeranleitung AWA 6: $y'' = f(x, y, y')$, $y(x_0) = y_0$, $y'(x_0) = y'_0$.

Im Intervall $[x_0; x_e]$ werden y_ν und y'_ν ($\nu = 1, 2, \ldots, N$) für äquidistante Abszissenwerte $x_\nu = x_0 + \nu\,\Delta x$ mit einer Genauigkeit ϵ (für y) und ϵ' (für y') nach dem Eulerschen Polygonzugverfahren berechnet.

(1) Programm AWA 6 einlesen. Ohne Drucker: [R/S] in PSS 2 1 5, 2 2 0 und 2 2 5.

(2) [GTO] [SBR] [LRN]; Tastenfolge zur Berechnung der Funktion $f(x, y, y')$ mit $x = (R_1)$, $y = (R_2)$ und $y' = (R_3)$ eingeben und mit [INV] [SBR] [LRN] abschließen.

(4) Eingabe: x_0 [A] y_0 [B] y_0' [B'] x_e [C] N [D] ϵ [E] ϵ' [E']

(5) Ausgabe: x_ν, y_ν, y_ν' für $\nu \in \mathbb{N}_{0,N}$; ϵ; ϵ'.

Beispiel AWA 6 zeigt die Resultate der Anfangswertaufgaben (B2-12) mit $x_e = \frac{\pi}{2}$, (B2-13) mit $x_e = 2$,

(B2-15) $y'' = -y^3$, $y(0) = 0{,}2$, $y'(0) = 0$, $x_e = 10$ (Collatz [6])

und

(B2-16) $y'' = \dfrac{y'^2}{2y} - \dfrac{y}{2(1+x)^2}$, $y(0) = 0{,}25$, $y'(0) = 1$, $x_e = 1$.

Die letzte Differentialgleichung besitzt die Lösungsfunktion

$$y(x) = (1+x)\left[\tfrac{1}{2} + \tfrac{3}{4}\ln(1+x)\right]^2$$

mit $y(1) = 2{,}080230411$ und $y'(1) = 2{,}569905784$.

Die Rechenzeiten (TI-59 mit Drucker) für diese Aufgaben betragen etwa:

(B2-12): 24 min, (B2-13): 18 min, (B2-15): 13 min, (B2-16): 16 min.

(B2-12)	(B2-13)	(B2-15)	(B2-16)
0.00000000	0.00000000	0.00000000	0.00000000
1.00000000	1.00000000	0.20000000	0.25000000
1.50000000	0.00000000	0.00000000	1.00000000
0.31415927	0.40000000	2.00000000	0.20000000
1.49767620	1.07703296	0.18461065	0.48652718
1.63218817	0.37139067	-0.01480674	1.36055106
0.62831853	0.80000000	4.00000000	0.40000000
2.00072614	1.28062485	0.14458340	0.79245153
1.52913133	0.62469505	-0.02411439	1.69456807
0.94247780	1.20000000	6.00000000	0.60000000
2.43312247	1.56204994	0.09207848	1.16281742
1.18585412	0.76822128	-0.02764160	2.00551497
1.25663706	1.60000000	8.00000000	0.80000000
2.72524013	1.88679623	0.03592783	1.59332382
0.64745345	0.84799831	-0.02826954	2.29643989
1.57079633	2.00000000	10.00000000	1.00000000
2.82842713	2.23606798	-0.02063676	2.08023040
0.00000000	0.89442720	-0.02828267	2.56990577
0.00000100	0.00000100	0.00000100	0.00000100
0.00000100	0.00000100	0.00000100	0.00000100

Beispiel AWA 6: Eulersches Polygonzugverfahren für Differentialgleichungen zweiter Ordnung (TI-59)

Das Programm AWA 6 mit den erforderlichen Datenspeichern ist zu umfangreich, um vom TI-58 bewältigt zu werden. Für diesen Rechner entwickeln wir nach dem Algorithmus des Flußdiagramms AWA 7 das Programm AWA 7. Wir verzichten auf die Extrapolation (2.2-4) und wählen im Intervall der *Druck*schrittweite $\Delta x = (x_e - x_0)/N$ die Unterteilung in n Teilintervalle der *Rechen*schrittweite $h = \Delta x/n$. Für verschiedene n können wir dann die Werte y_ν und y'_ν berechnen lassen und gegebenenfalls manuell nach (2.2-4) verbessern. (Diese Art der Extrapolation nennt man *passive* Extrapolation im Gegensatz zur *aktiven* Extrapolation, bei der im nächsten Intervall $[x_\nu; x_{\nu+1}]$ mit den verbesserten extrapolierten Werten y_ν und y'_ν weitergerechnet wird.)

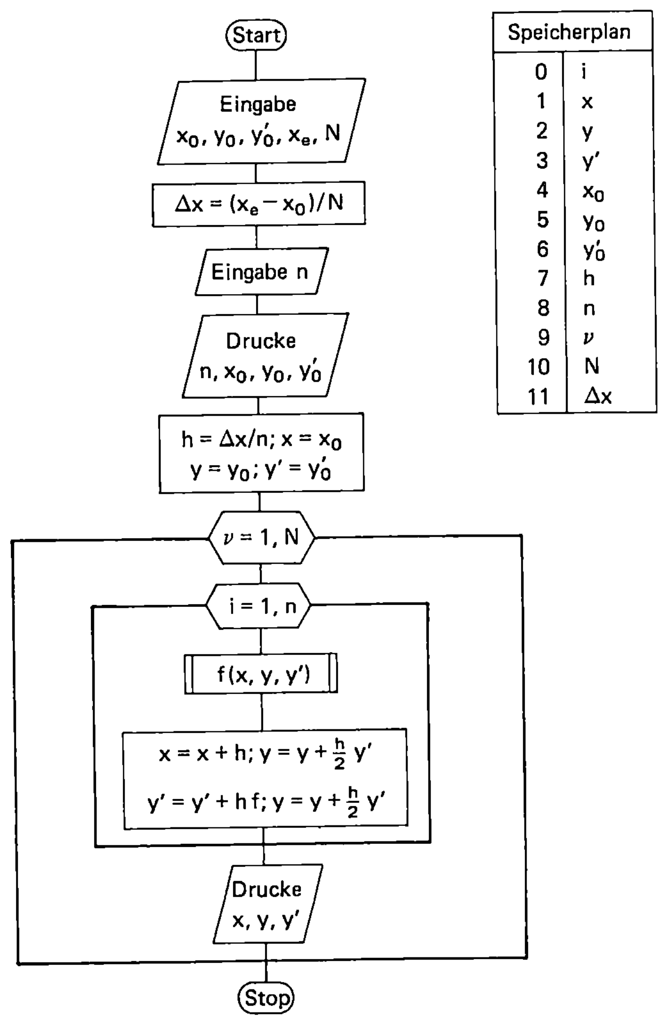

Speicherplan	
0	i
1	x
2	y
3	y'
4	x_0
5	y_0
6	y'_0
7	h
8	n
9	ν
10	N
11	Δx

Flußdiagramm AWA 7: Eulersches Polygonzugverfahren für Differentialgleichungen zweiter Ordnung (TI-58)

```
000  76 LBL     023  76 LBL     046  99 PRT     069  13  13     092  97 DSZ
001  11  A      024  14  D      047  42 STO     070  65  ×      093  00  00
002  42 STO     025  42 STO     048  01  01     071  43 RCL     094  00  00
003  04  04     026  10  10     049  43 RCL     072  07  07     095  67  67
004  94 +/-     027  22 INV     050  05  05     073  44 SUM     096  98 ADV
005  42 STO     028  49 PRD     051  99 PRT     074  01  01     097  43 RCL
006  11  11     029  11  11     052  42 STO     075  95  =      098  01  01
007  91 R/S     030  91 R/S     053  02  02     076  48 EXC     099  99 PRT
008  76 LBL     031  76 LBL     054  43 RCL     077  03  03     100  43 RCL
009  12  B      032  15  E      055  06  06     078  44 SUM     101  02  02
010  42 STO     033  99 PRT     056  99 PRT     079  03  03     102  99 PRT
011  05  05     034  98 ADV     057  42 STO     080  85  +      103  43 RCL
012  91 R/S     035  42 STO     058  03  03     081  43 RCL     104  03  03
013  76 LBL     036  08  08     059  43 RCL     082  03  03     105  99 PRT
014  17 B'      037  35 1/X     060  10  10     083  95  =      106  97 DSZ
015  42 STO     038  65  ×      061  42 STO     084  65  ×      107  09  09
016  06  06     039  43 RCL     062  09  09     085  43 RCL     108  00  00
017  91 R/S     040  11  11     063  43 RCL     086  07  07     109  63  63
018  76 LBL     041  95  =      064  08  08     087  55  ÷      110  91 R/S
019  13  C      042  42 STO     065  42 STO     088  02  2      111  76 LBL
020  44 SUM     043  07  07     066  00  00     089  95  =      112  71 SBR
021  11  11     044  43 RCL     067  71 SBR     090  44 SUM
022  91 R/S     045  04  04     068  01  01     091  02  02
```

Programm AWA 7: Eulersches Polygonzugverfahren für Differentialgleichungen zweiter Ordnung (TI-58)

Benutzeranleitung AWA 7: $y'' = f(x, y, y'),\ y(x_0) = y_0,\ y'(x_0) = y'_0$.

Im Intervall $[x_0; x_e]$ werden die Funktionswerte y_ν und y'_ν ($\nu = 1, 2, \ldots, N$) für äquidistante Abszissenwerte $x_\nu = x_0 + \nu\,\Delta x$ bestimmt. In jedem Intervall $[x_\nu; x_{\nu+1}]$ werden die Näherungswerte y und y' nach dem Eulerschen Polygonzugverfahren mit der Schrittweite $h = \Delta x/n$ berechnet.

(1) Programm AWA 7 eintasten. Ohne Drucker: [R/S] in PSS 0 9 9, 1 0 2 und 1 0 5.

(2) [GTO] [SBR] [LRN]; Tastenfolge zur Berechnung der Funktion $f(x, y, y')$ mit $x = (R_1)$, $y = (R_2)$ und $y' = (R_3)$ eingeben und mit [INV] [SBR] [LRN] abschließen.

(3) Eingabe: x_0 [A] y_0 [B] y'_0 [B'] x_e [C] N [D] n [E]

(4) Ausgabe: n; x_ν, y_ν, y'_ν für $\nu \in \mathbb{N}_{0,N}$.

(5) Für dieselbe Anfangswertaufgabe mit anderer Rechenschrittweite: n [E]

Beispiel AWA 7 zeigt die Ergebnisse der Anfangswertaufgabe (B2-12) für n = 2, 4, 8, 16 und anschließender manueller (passiver) Extrapolation der Werte y_{1k} und y'_{1k} an der Stelle $x = \frac{\pi}{2}$.

2.2.2 Implizites Sehnentrapezverfahren

Integrieren wir $y'' = f(x, y, y')$ von x_i bis x_{i+1} und lösen das Integral nach der Sehnentrapezregel, so erhalten wir

$$y'_{i+1} = y'_i + \frac{h}{2}\left[f(x_i, y_i, y'_i) + f(x_{i+1}, y_{i+1}, y'_{i+1})\right]$$

und entsprechend

$$y_{i+1} = y_i + \frac{h}{2}\left[y'_i + y'_{i+1}\right].$$

Sind die Ausgangswerte an der Stelle x_i bekannt, so sind dieses zwei Gleichungen für die unbekannten Werte y_{i+1} und y'_{i+1}. Setzen wir den Term für y_{i+1} in die erste Gleichung, so wird

$$y'_{i+1} = y'_i + \frac{h}{2} f_i + \frac{h}{2} f(x_{i+1}, y_i + \frac{h}{2}(y'_i + y'_{i+1}), y'_{i+1}).$$

```
2.00000000          4.00000000          8.00000000          16.00000000

0.00000000          0.00000000          0.00000000           0.00000000
1.00000000          1.00000000          1.00000000           1.00000000
1.50000000          1.50000000          1.50000000           1.50000000

0.31415927          0.31415927          0.31415927           0.31415927
1.50427378          1.50134149          1.49960467           1.49866488
1.68499373          1.65884242          1.64557535           1.63889641

0.62831853          0.62831853          0.62831853           0.62831853
2.03179694          2.01709897          2.00912516           2.00497912
1.64250382          1.58594438          1.55756301           1.54335263

0.94247780          0.94247780          0.94247780           0.94247780
2.50710889          2.47132308          2.45252136           2.44289602
1.35341151          1.26923809          1.22743742           1.20661735

1.25663706          1.25663706          1.25663706           1.25663706
2.85674448          2.79226969          2.75905983           2.74222424
0.84945404          0.74721048          0.69700902           0.67214901

1.57079633          1.57079633          1.57079633           1.57079633
3.02445562          2.92734075          2.87808060           2.85329935
0.20706860          0.10126092          0.05005000           0.02487842
```

k	y_{1k}	y_{2k}	y_{3k}	y_{4k}
1	3,02445562	–	–	–
2	2,92734075	2,83022588	–	–
3	2,87808060	2,82882045	2,82835197	–
4	2,85329935	2,82851810	2,82841732	2,82842665
k	y'_{1k}	y'_{2k}	y'_{3k}	y'_{4k}
1	0,20706860	–	–	–
2	0,10126092	–0,00454676	–	–
3	0,05005000	–0,00116092	–0,00003231	–
4	0,02487842	–0,00029316	–0,00000391	0,00000015

Beispiel AWA 7: Eulersches Polygonzugverfahren für TI-58 (B2-12)

Diese Gleichung lösen wir wie früher im Abschnitt 2.1.4 nach dem Iterationsverfahren von *Newton-Raphson.* Der gesamte Algorithmus lautet dann

$$y_i^{*\prime} = y_i' + \frac{h}{2} f_i, \quad y_i^* = y_i + \frac{h}{2} y_i', \quad y'_{i+1,1} = y_i' + h f_i,$$

$$y'_{i+1,r+1} = y'_{i+1,r} - \frac{y_i^{*\prime} + \frac{h}{2} f_{i+1,r} - y'_{i+1,r}}{\frac{h}{2}\left(\frac{h}{2}\frac{\partial f}{\partial y} + \frac{\partial f}{\partial y'}\right)_{i+1,r} - 1} \quad (r \in \mathbb{N}), \tag{2.2-6}$$

$$y_{i+1} = y_i^* + \frac{h}{2} y'_{i+1}.$$

```
000  76  LBL
001  11  A
002  47  CMS
003  29  CP
004  99  PRT
005  42  STO
006  04  04
007  22  INV
008  44  SUM
009  14  14
010  91  R/S
011  76  LBL
012  12  B
013  99  PRT
014  42  STO
015  05  05
016  91  R/S
017  76  LBL
018  17  B'
019  99  PRT
020  42  STO
021  06  06
022  91  R/S
023  76  LBL
024  13  C
025  44  SUM
026  14  14
027  91  R/S
028  76  LBL
029  14  D
030  42  STO
031  07  07
032  22  INV
033  49  PRD
034  14  14
035  91  R/S
036  76  LBL
037  15  E
038  42  STO
039  08  08
040  91  R/S
041  76  LBL
042  10  E'
043  42  STO
044  09  09
045  98  ADV
046  01  1
047  42  STO
048  15  15
049  43  RCL
050  14  14
051  55  ÷
052  02  2
053  95  =
054  42  STO
055  13  13
056  01  1
057  42  STO
058  10  10
059  02  2
060  49  PRD
061  15  15
062  22  INV
063  49  PRD
064  13  13
065  43  RCL
066  04  04
067  42  STO
068  01  01
069  43  RCL
070  05  05
071  42  STO
072  02  02
073  42  STO
074  20  20
075  43  RCL
076  06  06
077  42  STO
078  03  03
079  42  STO
080  30  30
081  43  RCL
082  15  15
083  42  STO
084  00  00
085  71  SBR
086  03  03
087  32  32
088  65  ×
089  43  RCL
090  13  13
091  44  SUM
092  01  01
093  44  SUM
094  01  01
095  95  =
096  44  SUM
097  30  30
098  65  ×
099  02  2
100  95  =
101  48  EXC
102  03  03
103  44  SUM
104  03  03
105  65  ×
106  43  RCL
107  13  13
108  95  =
109  44  SUM
110  20  20
111  43  RCL
112  20  20
113  85  +
114  43  RCL
115  03  03
116  65  ×
117  43  RCL
118  13  13
119  95  =
120  42  STO
121  02  02
122  71  SBR
123  03  03
124  32  32
125  65  ×
126  43  RCL
127  13  13
128  85  +
129  43  RCL
130  30  30
131  75  -
132  43  RCL
133  03  03
134  95  =
135  55  ÷
136  53  (
137  43  RCL
138  13  13
139  65  ×
140  53  (
141  43  RCL
142  13  13
143  65  ×
144  43  RCL
145  11  11
146  85  +
147  43  RCL
148  12  12
149  54  )
150  75  -
151  01  1
152  54  )
153  95  =
154  22  INV
155  44  SUM
156  03  03
157  50  I×I
158  75  -
159  43  RCL
160  09  09
161  95  =
162  77  GE
163  01  01
164  11  11
165  43  RCL
166  03  03
167  42  STO
168  30  30
169  65  ×
170  43  RCL
171  13  13
172  95  =
173  44  SUM
174  20  20
175  43  RCL
176  20  20
177  42  STO
178  02  02
179  97  DSZ
180  00  00
181  00  00
182  85  85
183  02  2
184  00  0
185  42  STO
186  18  18
187  03  3
188  00  0
189  42  STO
190  19  19
191  04  4
192  49  PRD
193  10  10
194  01  1
195  44  SUM
196  18  18
197  44  SUM
198  19  19
199  44  SUM
200  00  00
201  43  RCL
202  02  02
203  63  EX*
204  18  18
205  67  EQ
206  02  02
207  28  28
208  42  STO
209  16  16
210  94  +/-
211  85  +
212  43  RCL
213  10  10
214  65  ×
215  73  RC*
216  18  18
217  95  =
218  55  ÷
219  53  (
220  43  RCL
221  10  10
222  75  -
223  01  1
224  54  )
225  95  =
226  42  STO
227  02  02
228  43  RCL
229  03  03
230  63  EX*
231  19  19
232  67  EQ
233  02  02
234  58  58
235  42  STO
236  17  17
237  94  +/-
238  85  +
239  43  RCL
240  10  10
241  65  ×
242  73  RC*
243  19  19
244  95  =
245  55  ÷
246  53  (
247  43  RCL
248  10  10
249  75  -
250  01  1
251  54  )
252  95  =
253  42  STO
254  03  03
255  61  GTO
256  01  01
257  91  91
258  73  RC*
259  18  18
260  75  -
261  43  RCL
262  16  16
263  95  =
264  50  I×I
265  75  -
266  43  RCL
267  08  08
268  95  =
269  77  GE
270  00  00
271  56  56
272  73  RC*
273  19  19
274  75  -
275  43  RCL
276  17  17
277  95  =
278  50  I×I
279  75  -
280  43  RCL
281  09  09
282  95  =
283  77  GE
284  00  00
285  56  56
286  43  RCL
287  14  14
288  44  SUM
289  04  04
290  43  RCL
291  04  04
292  99  PRT
293  73  RC*
294  18  18
295  99  PRT
296  42  STO
297  05  05
298  73  RC*
299  19  19
300  99  PRT
301  42  STO
302  06  06
303  00  0
304  72  ST*
305  18  18
306  72  ST*
307  19  19
308  01  1
309  94  +/-
310  44  SUM
311  18  18
312  44  SUM
313  19  19
314  97  DSZ
315  00  00
316  03  03
317  03  03
318  97  DSZ
319  07  07
320  00  00
321  45  45
322  98  ADV
323  43  RCL
324  08  08
325  99  PRT
326  43  RCL
327  09  09
328  99  PRT
329  91  R/S
330  76  LBL
331  71  SBR
```

Programm AWA 8: Implizites Sehnentrapezverfahren für Differentialgleichungen zweiter Ordnung (TI-59)

Wir iterieren so lange, bis $|y'_{i+1,r+1} - y'_{i,r}| < \epsilon'$ wird. Auf die Entwicklung eines Testprogramms wollen wir hier verzichten. Der interessierte Leser möge es sich selbst aus den Programmen 2.1.4 und 2.2.2 zusammenbasteln. Für die Anfangswertaufgaben (B2-11) bis (B2-14) würden wir dann die im Abschnitt 2.1.4 ermittelten Fehlergesetze mit

$$y(x_e) = y_{1k} + C_2 h^2 + C_4 h^4 + C_6 h^6 + \ldots, \qquad y'(x_e) = y'_{1k} + C'_2 h^2 + C'_4 h^4 + C'_6 h^6 + \ldots$$

bestätigt finden, d.h. die Extrapolationsvorschrift lautet

$$\left.\begin{aligned} y_{j+1,k} &= \frac{4^j y_{jk} - y_{j,k-1}}{4^j - 1}, \\ y'_{j+1,k} &= \frac{4^j y'_{jk} - y'_{j,k-1}}{4^j - 1} \end{aligned}\right\} \quad (k = 2, 3, \ldots;\ j = 1, 2, \ldots, k-1). \tag{2.2-7}$$

Für den Algorithmus (2.2-6) mit anschließender Extrapolation (2.2-7) schreiben wir das Programm AWA 8. Die Änderungen im Speicherplan gegenüber dem Eulerschen Polygonzugverfahren (Programm AWA 6) sind nebenstehend angegeben. Als Stoppbedingung für die Halbierung der Schrittweite h im Intervall Δx benutzen wir wieder (2.2-5). Denselben Wert ϵ' ziehen wir auch für den Abbruch der Iteration nach Newton-Raphson heran. Die Benutzeranleitung für AWA 8 ist die gleiche wie die für AWA 6 mit Ausnahme von

Speicherplan			
10	$C = 4^j$	18	$20 + j$
11	f_y	19	$30 + j$
12	$f_{y'}$	20	y^*
13	$h/2$	21	y_{1k}
14	Δx	...	...
15	n	30	$y^{*\prime}$
16	y_{jk}	31	y'_{1k}
17	y'_{jk}	...	...

(2) [GTO] [SBR] [LRN]; Tastenfolge zur Berechnung von $\frac{\partial f}{\partial y} = f_y(x, y, y')$ mit $x = (R_1)$, $y = (R_2)$ und $y' = (R_3)$ eingeben; [STO] 1 1; Tastenfolge zur Berechnung von $\frac{\partial f}{\partial y'} = f_{y'}(x, y, y')$ eingeben; [STO] 1 2; Tastenfolge zur Berechnung von $f(x, y, y')$ eingeben und mit [INV] [SBR] [LRN] abschließen.

Für die Anfangswertaufgabe (B2-13) lautet mit

$$f = \frac{1 - y'^2}{y}, \quad f_y = -\frac{1 - y'^2}{y^2} = -\frac{f}{y}, \quad f_{y'} = -\frac{2y'}{y}$$

z.B. die vollständige Eingabe des Unterprogramms:

[GTO] [SBR] [LRN] 1 [−] [RCL] 3 [x²] [=] [÷] [RCL] 2 [x²] [=] [+/−] [STO] 1 1
2 [×] [RCL] 3 [÷] [RCL] 2 [=] [+/−] [STO] 1 2 [RCL] 1 1 [×] [RCL] 2 [=] [+/−]
[INV] [SBR] [LRN]

Im Beispiel AWA 8 sind die Ergebnisse der Anfangswertaufgaben (B2-12), (B2-13), (B2-15) und (B2-16) zusammengestellt. Die Rechenzeiten (TI-59 mit Drucker) betragen etwa:

(B2-12): 46 min, (B2-13): 28 min, (B2-15): 20 min, (B2-16): 23 min.

(B2-12)	(B2-13)	(B2-15)	(B2-16)
0.00000000	0.00000000	0.00000000	0.00000000
1.00000000	1.00000000	0.20000000	0.25000000
1.50000000	0.00000000	0.00000000	1.00000000
0.31415927	0.40000000	2.00000000	0.20000000
1.49767620	1.07703296	0.18461065	0.48652718
1.63218817	0.37139068	-0.01480674	1.36055107
0.62831853	0.80000000	4.00000000	0.40000000
2.00072614	1.28062485	0.14458341	0.79245153
1.52913133	0.62469505	-0.02411439	1.69456807
0.94247780	1.20000000	6.00000000	0.60000000
2.43312247	1.56204994	0.09207849	1.16281743
1.18585412	0.76822128	-0.02764160	2.00551497
1.25663706	1.60000000	8.00000000	0.80000000
2.72524013	1.88679623	0.03592784	1.59332383
0.64745345	0.84799830	-0.02826954	2.29643990
1.57079633	2.00000000	10.00000000	1.00000000
2.82842712	2.23606798	-0.02063672	2.08023041
0.00000000	0.89442719	-0.02828267	2.56990578
0.00000100	0.00000100	0.00000100	0.00000100
0.00000100	0.00000100	0.00000100	0.00000100

Beispiel AWA 8: Implizites Sehnentrapezverfahren für Differentialgleichungen zweiter Ordnung (TI-59)

2.2.3 Gewöhnliches Differenzenverfahren

Bei diesem Verfahren werden die Ableitungen der Funktion $y(x)$ an der Stelle x_i durch ihre Differenzenquotienten ersetzt (eine ausführliche Zusammenstellung von Differenzenformeln findet der Leser z.B. in [6]):

$$y'(x_i) \cong y'_i = \frac{y_{i+1} - y_{i-1}}{2h},$$

$$y''(x_i) \cong y''_i = \frac{y_{i+1} - 2y_i + y_{i-1}}{h^2}. \tag{2.2-8}$$

Wir benutzen diese Gleichungen zur Lösung der Anfangswertaufgabe

$$y'' = f(x, y), \qquad y(x_0) = y_0, \qquad y'(x_0) = y'_0. \tag{2.2-9}$$

Die Funktion f hängt hier also nicht von y' ab. Auch dieser Fall ließe sich mit dem Differenzenverfahren behandeln. Allerdings steigt der Rechenaufwand wegen der dann iterativ zu lösenden Gleichungen stark an.

In der zweiten Gleichung aus (2.2-8) ersetzen wir y''_i durch $f_i = f(x_i, y_i)$ und lösen nach y_{i+1} auf:

$$y_{i+1} = -y_{i-1} + 2y_i + h^2 f_i \qquad (i = 1, 2, 3, \ldots, n-1).$$

Aus dieser Gleichung kann y_{i+1} aus den beiden vorhergehenden Werten y_{i-1} und y_i berechnet werden. Um y_2 zu bestimmen, müssen wir also y_0 und y_1 kennen. y_0 ist uns unmittelbar durch

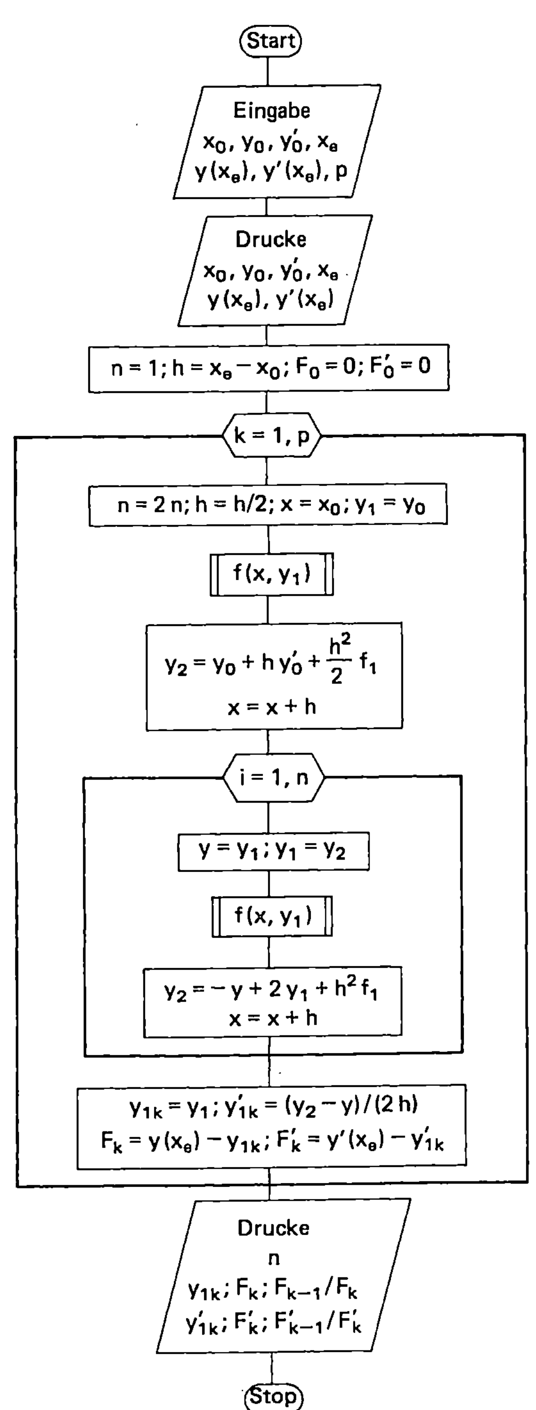

Speicherplan	
0	i
1	x
2	y
3	y, y'
4	x_0
5	y_0
6	y'_0
7	h
8	n
9	k
10	$y(x_e)$
11	$y'(x_e)$
12	F_k
13	F'_k
14	y

Flußdiagramm 2.2.3: Gewöhnliches Differenzenverfahren (Test)

die Anfangsbedingungen gegeben. y_1 berechnen wir aus der Taylorentwicklung der Funktion $y(x)$ an der Stelle x_0:

$$y_1 \cong y(x_0 + h) = y(x_0) + h\,y'(x_0) + \frac{h^2}{2}\,y''(x_0) + \ldots$$

Brechen wir die Reihe nach dem quadratischen Glied ab, so lautet mit $y''(x_0) = f(x_0, y_0) = f_0$ der vollständige Algorithmus für das gewöhnliche Differenzenverfahren

$$y_1 = y_0 + h\,y_0' + \frac{h^2}{2}\,f_0,$$

$$y_{i+1} = -y_{i-1} + 2\,y_i + h^2 f_i \qquad (i \in \mathbb{N}_n), \qquad (2.2\text{-}10)$$

$$y_n' = \frac{y_{n+1} - y_{n-1}}{2h}.$$

Um die Fehlergesetze für das Differenzenverfahren zu entdecken, schreiben wir das Testprogramm 2.2.3 nach dem entsprechenden Flußdiagramm. Die Benutzeranleitung ist dieselbe wie im Abschnitt 2.2.1 für das Eulersche Polygonzugverfahren. Für die Anfangswertaufgaben (B2-11), (B2-12) und

(B2-17) $$y'' = \frac{3x}{1+x^3}\,y - \frac{9x^4}{4y^3}, \qquad y(0) = 1,\; y'(0) = 0$$

```
000 76 LBL
001 11 A
002 47 CMS
003 99 PRT
004 42 STO
005 04 04
006 22 INV
007 44 SUM
008 07 07
009 91 R/S
010 76 LBL
011 12 B
012 99 PRT
013 42 STO
014 05 05
015 91 R/S
016 76 LBL
017 17 B'
018 99 PRT
019 42 STO
020 06 06
021 91 R/S
022 76 LBL
023 13 C
024 99 PRT
025 44 SUM
026 07 07
027 91 R/S
028 76 LBL
029 14 D
030 99 PRT
031 42 STO
032 10 10
033 91 R/S
034 76 LBL
035 19 D'
036 99 PRT
037 42 STO
038 11 11
039 91 R/S
040 76 LBL
041 15 E
042 42 STO
043 09 09
044 01 1
045 42 STO
046 08 08
047 98 ADV
048 02 2
049 49 PRD
050 08 08
051 22 INV
052 49 PRD
053 07 07
054 43 RCL
055 04 04
056 42 STO
057 01 01
058 43 RCL
059 05 05
060 42 STO
061 02 02
062 42 STO
063 03 03
064 71 SBR
065 01 01
066 67 67
067 65 ×
068 43 RCL
069 07 07
070 44 SUM
071 01 01
072 55 ÷
073 02 2
074 85 +
075 43 RCL
076 06 06
077 95 =
078 65 ×
079 43 RCL
080 07 07
081 95 =
082 44 SUM
083 03 03
084 43 RCL
085 08 08
086 99 PRT
087 42 STO
088 00 00
089 43 RCL
090 03 03
091 48 EXC
092 02 02
093 94 +/-
094 42 STO
095 03 03
096 42 STO
097 14 14
098 71 SBR
099 01 01
100 67 67
101 65 ×
102 43 RCL
103 07 07
104 44 SUM
105 01 01
106 33 X²
107 85 +
108 02 2
109 65 ×
110 43 RCL
111 02 02
112 95 =
113 44 SUM
114 03 03
115 97 DSZ
116 00 00
117 00 00
118 89 89
119 43 RCL
120 10 10
121 75 -
122 43 RCL
123 02 02
124 99 PRT
125 95 =
126 99 PRT
127 48 EXC
128 12 12
129 55 ÷
130 43 RCL
131 12 12
132 95 =
133 99 PRT
134 43 RCL
135 03 03
136 85 +
137 43 RCL
138 14 14
139 95 =
140 55 ÷
141 02 2
142 55 ÷
143 43 RCL
144 07 07
145 95 =
146 99 PRT
147 94 +/-
148 85 +
149 43 RCL
150 11 11
151 95 =
152 99 PRT
153 48 EXC
154 13 13
155 55 ÷
156 43 RCL
157 13 13
158 95 =
159 99 PRT
160 97 DSZ
161 09 09
162 00 00
163 47 47
164 91 R/S
165 76 LBL
166 71 SBR
```

Programm 2.2.3: Gewöhnliches Differenzenverfahren für Differentialgleichungen zweiter Ordnung (Test)

```
           0.                    0.                  0.
           1.                    1.                  1.
           1.                  1.5                   0.
  1.570796327           1.570796327                  2.
  2.277903108           2.828427125                  3.
  .6464466094                    0.                  2.

           2.                    2.                  2.
  2.274261947           3.114257159                0.25
  .0036411605          -.2858300347                2.75
           0.                    0.                  0.
  -.6515528965          .0372251795        -1152.666667
  -0.005106287         -.0372251795         1154.666667
           0.                    0.                  0.

           4.                    4.                  4.
  2.277006529           2.896071614         2.355826667
  .0008965794          -0.067644489         .6441733331
  4.061168957            4.22547408         4.269037321
  .6477089999           .0089830043         .7638169707
  -.0012623905         -.0089830043         1.236183029
  4.044934628            4.14395655         934.0580151

           8.                    8.                  8.
    2.2776798           2.845113252         2.840624282
  .0002233075          -0.016686127         .1593757175
  4.014999295           4.053935892         4.041853697
  .6467613384           .0022272153         1.738352931
  -0.000314729         -.0022272153         .2616470695
  4.011039156           4.033289629         4.724620198

          16.                   16.                 16.
  2.277847333           2.832584798         2.960329472
  .0000557748          -.0041576732         .0396705279
  4.003736402           4.013333013         4.017484166
  .6465252377           .0005556725          1.93667636
  -.0000786283         -.0005556725         .0633236395
  4.002743832           4.008143476         4.131901947

          32.                   32.                 32.
  2.277889168            2.82946568         2.990093316
  .0000139403          -.0010385554         .0099066836
  4.000971428           4.003323548         4.004420593
  .6464662633           0.000138848         1.984289537
  -.0000196539         -0.000138848         .0157104629
  4.000644172           4.002020083         4.030666695

    (B2-11)               (B2-12)             (B2-17)
```

Beispiel 2.2.3: Gewöhnliches Differenzenverfahren für Differentialgleichungen zweiter Ordnung (Test)

mit der Lösungsfunktion $y(x) = \sqrt{1+x^3}$ und $y(2) = 3$, $y'(2) = 2$ erhalten wir die Ergebnisse im Beispiel 2.2.3. Es gilt hier

$$y(x_e) \cong y_{1k} + C_2 h^2, \quad y'(x_e) \cong y'_{1k} + C'_2 h^2.$$

Berechnen wir hiernach

$$y_{2k} = (4\, y_{1k} - y_{1,k-1})/3$$

und entsprechend die Ableitungen y'_{2k}, so finden wir

$$y(x_e) \cong y_{2k} + C_4 h^4, \quad y'(x_e) \cong y'_{2k} + C'_4 h^4.$$

```
000  76 LBL
001  11 A
002  47 CMS
003  29 CP
004  99 PRT
005  42 STO
006  04  04
007  22 INV
008  44 SUM
009  11  11
010  91 R/S
011  76 LBL
012  12 B
013  99 PRT
014  42 STO
015  05  05
016  91 R/S
017  76 LBL
018  17 B'
019  99 PRT
020  42 STO
021  06  06
022  91 R/S
023  76 LBL
024  13 C
025  44 SUM
026  11  11
027  91 R/S
028  76 LBL
029  14 D
030  42 STO
031  07  07
032  22 INV
033  49 PRD
034  11  11
035  91 R/S
036  76 LBL
037  15 E
038  42 STO
039  08  08
040  91 R/S
041  76 LBL
042  10 E'
043  42 STO
044  09  09
045  98 ADV
046  01  1
047  42 STO
048  13  13
049  43 RCL
050  11  11
051  42 STO
052  12  12
053  02  2
054  49 PRD
055  13  13
056  22 INV
057  49 PRD
058  12  12
059  04  4
060  42 STO
061  10  10
062  43 RCL
063  04  04
064  42 STO
065  01  01
066  43 RCL
067  05  05
068  42 STO
069  02  02
070  42 STO
071  03  03
072  71 SBR
073  02  02
074  87  87
075  65  ×
076  43 RCL
077  12  12
078  44 SUM
079  01  01
080  55  ÷
081  02  2
082  85  +
083  43 RCL
084  06  06
085  95  =
086  65  ×
087  43 RCL
088  12  12
089  95  =
090  44 SUM
091  03  03
092  43 RCL
093  13  13
094  42 STO
095  00  00
096  43 RCL
097  03  03
098  48 EXC
099  02  02
100  94 +/-
101  42 STO
102  03  03
103  42 STO
104  18  18
105  71 SBR
106  02  02
107  87  87
108  65  ×
109  43 RCL
110  12  12
111  44 SUM
112  01  01
113  33 X²
114  85  +
115  02  2
116  65  ×
117  43 RCL
118  02  02
119  95  =
120  44 SUM
121  03  03
122  97 DSZ
123  00  00
124  00  00
125  96  96
126  43 RCL
127  18  18
128  44 SUM
129  03  03
130  02  2
131  65  ×
132  43 RCL
133  12  12
134  95  =
135  22 INV
136  49 PRD
137  03  03
138  01  1
139  09  9
140  42 STO
141  16  16
142  02  2
143  09  9
144  42 STO
145  17  17
146  01  1
147  44 SUM
148  16  16
149  44 SUM
150  17  17
151  44 SUM
152  00  00
153  43 RCL
154  02  02
155  63 EX*
156  16  16
157  67 EQ
158  01  01
159  80  80
160  42 STO
161  14  14
162  94 +/-
163  85  +
164  43 RCL
165  10  10
166  65  ×
167  73 RC*
168  16  16
169  95  =
170  55  ÷
171  53  (
172  43 RCL
173  10  10
174  75  -
175  01  1
176  54  )
177  95  =
178  42 STO
179  02  02
180  43 RCL
181  03  03
182  63 EX*
183  17  17
184  67 EQ
185  02  02
186  13  13
187  42 STO
188  15  15
189  94 +/-
190  85  +
191  43 RCL
192  10  10
193  65  ×
194  73 RC*
195  17  17
196  95  =
197  55  ÷
198  53  (
199  43 RCL
200  10  10
201  75  -
202  01  1
203  54  )
204  95  =
205  42 STO
206  03  03
207  04  4
208  49 PRD
209  10  10
210  61 GTO
211  01  01
212  46  46
213  73 RC*
214  16  16
215  75  -
216  43 RCL
217  14  14
218  95  =
219  50 I×I
220  75  -
221  43 RCL
222  08  08
223  95  =
224  77 GE
225  00  00
226  53  53
227  73 RC*
228  17  17
229  75  -
230  43 RCL
231  15  15
232  95  =
233  50 I×I
234  75  -
235  43 RCL
236  09  09
237  95  =
238  77 GE
239  00  00
240  53  53
241  43 RCL
242  11  11
243  44 SUM
244  04  04
245  43 RCL
246  04  04
247  99 PRT
248  73 RC*
249  16  16
250  99 PRT
251  42 STO
252  05  05
253  73 RC*
254  17  17
255  99 PRT
256  42 STO
257  06  06
258  00  0
259  72 ST*
260  16  16
261  72 ST*
262  17  17
263  01  1
264  94 +/-
265  44 SUM
266  16  16
267  44 SUM
268  17  17
269  97 DSZ
270  00  00
271  02  02
272  58  58
273  97 DSZ
274  07  07
275  00  00
276  45  45
277  98 ADV
278  43 RCL
279  08  08
280  99 PRT
281  43 RCL
282  09  09
283  99 PRT
284  91 R/S
285  76 LBL
286  71 SBR
```

Programm AWA 9: Gewöhnliches Differenzenverfahren für Differentialgleichungen $y'' = f(x, y)$ (TI-59)

Es gilt also dieselbe Extrapolationsvorschrift (2.2-7) wie beim impliziten Sehnentrapezverfahren. Das Programm AWA 9 berechnet y_ν und y'_ν mit dem gewöhnlichen Differenzenverfahren (2.2-10) mit anschließender Extrapolation (2.2-7) auf eine Genauigkeit ϵ bzw. ϵ'. Es gilt dieselbe Benutzeranleitung wie für das Programm AWA 6 (ohne Drucker: [R/S] in PSS 2 4 7, 2 5 0 und 2 5 5). Beispiel AWA 9 gibt die Ergebnisse der Anfangswertaufgaben (B2-11), (B2-12), (B2-15) und (B2-17) mit $\epsilon = \epsilon' = 10^{-6}$ und N = 5 an. Die Rechenzeiten (TI-59 mit Drucker) betragen etwa:

(B2-11): $4\frac{1}{2}$ min, (B2-12): 12 min, (B2-15): 6 min, (B2-17): 12 min.

0.00000000 1.00000000 1.00000000	0.00000000 1.00000000 1.50000000	0.00000000 0.20000000 0.00000000	0.00000000 1.00000000 0.00000000
0.31415927 1.30184761 0.92178277	0.31415927 1.49767620 1.63218817	2.00000000 0.18461065 -0.01480674	0.40000000 1.03150376 0.23267002
0.62831853 1.57937505 0.84549150	0.62831853 2.00072614 1.52913133	4.00000000 0.14458341 -0.02411439	0.80000000 1.22963409 0.78072006
0.94247780 1.83348432 0.77300475	0.94247780 2.43312247 1.18585412	6.00000000 0.09207849 -0.02764160	1.20000000 1.65166582 1.30777059
1.25663706 2.06565406 0.70610737	1.25663706 2.72524013 0.64745345	8.00000000 0.03592785 -0.02826954	1.60000000 2.25743217 1.70104778
1.57079633 2.27790311 0.64644661	1.57079633 2.82842713 0.00000000	10.00000000 -0.02063672 -0.02828267	2.00000000 3.00000000 1.99999999
0.00000100 0.00000100	0.00000100 0.00000100	9.00000100 0.00000100	0.00000100 0.00000100
(B2-11)	(B2-12)	(B2-15)	(B2-17)

Beispiel AWA 9: Gewöhnliches Differenzenverfahren für Differentialgleichungen $y'' = f(x, y)$ (TI-59)

Das Programm AWA 9 benötigt so viele Daten- und Programmspeicher, daß es für den TI-58 nicht geeignet ist. Wir geben daher für diesen Rechner das Programm AWA 10 an, das ganz ähnlich wie das Programm AWA 7 aufgebaut ist. Auch die Benutzeranleitung bleibt gültig. Im Beispiel AWA 10 sind die Resultate der Anfangswertaufgabe (B2-12) für n = 2, 4, 8 und 16 mit anschließender (passiver) Extrapolation nach (2.2-7) an der Stelle $x = \frac{\pi}{2}$ angegeben. Wir sehen, daß das gewöhnliche Differenzenverfahren wesentlich bessere Ergebnisse als das Eulersche Polygonzugverfahren (AWA 7) liefert.

```
000 76 LBL
001 11 A
002 42 STO
003 04 04
004 94 +/-
005 42 STO
006 11 11
007 91 R/S
008 76 LBL
009 12 B
010 42 STO
011 05 05
012 91 R/S
013 76 LBL
014 17 B'
015 42 STO
016 06 06
017 91 R/S
018 76 LBL
019 13 C
020 44 SUM
021 11 11
022 91 R/S
023 76 LBL
024 14 D
025 42 STO
026 10 10
027 22 INV
028 49 PRD
029 11 11
030 91 R/S
031 76 LBL
032 15 E
033 99 PRT
034 98 ADV
035 42 STO
036 08 08
037 35 1/X
038 65 ×
039 43 RCL
040 11 11
041 95 =
042 42 STO
043 07 07
044 43 RCL
045 04 04
046 99 PRT
047 42 STO
048 01 01
049 43 RCL
050 05 05
051 99 PRT
052 42 STO
053 02 02
054 43 RCL
055 06 06
056 99 PRT
057 42 STO
058 03 03
059 43 RCL
060 10 10
061 42 STO
062 09 09
063 71 SBR
064 01 01
065 49 49
066 65 ×
067 43 RCL
068 07 07
069 44 SUM
070 01 01
071 49 PRD
072 03 03
073 33 X²
074 55 ÷
075 02 2
076 85 +
077 43 RCL
078 02 02
079 95 =
080 44 SUM
081 03 03
082 98 ADV
083 43 RCL
084 08 08
085 42 STO
086 00 00
087 43 RCL
088 03 03
089 48 EXC
090 02 02
091 94 +/-
092 42 STO
093 03 03
094 42 STO
095 12 12
096 71 SBR
097 01 01
098 49 49
099 65 ×
100 43 RCL
101 07 07
102 44 SUM
103 01 01
104 33 X²
105 85 +
106 02 2
107 65 ×
108 43 RCL
109 02 02
110 95 =
111 44 SUM
112 03 03
113 97 DSZ
114 00 00
115 00 00
116 87 87
117 43 RCL
118 03 03
119 44 SUM
120 12 12
121 02 2
122 65 ×
123 43 RCL
124 07 07
125 95 =
126 22 INV
127 49 PRD
128 12 12
129 43 RCL
130 01 01
131 75 -
132 43 RCL
133 07 07
134 95 =
135 99 PRT
136 43 RCL
137 02 02
138 99 PRT
139 43 RCL
140 12 12
141 99 PRT
142 97 DSZ
143 09 09
144 00 00
145 82 82
146 91 R/S
147 76 LBL
148 71 SBR
```

Programm AWA 10: Gewöhnliches Differenzenverfahren für Differentialgleichungen $y'' = f(x, y)$ (TI-58)

```
2.00000000          4.00000000          8.00000000          16.00000000

0.00000000          0.00000000          0.00000000          0.00000000
1.00000000          1.00000000          1.00000000          1.00000000
1.50000000          1.50000000          1.50000000          1.50000000

0.31415927          0.31415927          0.31415927          0.31415927
1.50029765          1.49833020          1.49783961          1.49771704
1.63095380          1.63187993          1.63211113          1.63216892

0.62831853          0.62831853          0.62831853          0.62831853
2.00610345          2.00206764          2.00106134          2.00080993
1.52747589          1.52871792          1.52902800          1.52910550

0.94247780          0.94247780          0.94247780          0.94247780
2.44098774          2.43508462          2.43361275          2.43324503
1.18463357          1.18554931          1.18577794          1.18583508

1.25663706          1.25663706          1.25663706          1.25663706
2.73495463          2.72766359          2.72584567          2.72539149
0.64736640          0.64743167          0.64744800          0.64745209

1.57079633          1.57079633          1.57079633          1.57079633
2.83908919          2.83108697          2.82909173          2.82859326
0.00142402          0.00035554          0.00008886          0.00002221
```

k	y_{1k}	y_{2k}	y_{3k}	y_{4k}
1	2,83908919	–	–	–
2	2,83108697	2,82841956	–	–
3	2,82909173	2,82842665	2,82842712	–
4	2,82859326	2,82842710	2,82842713	2,82842713
k	y'_{1k}	y'_{2k}	y'_{3k}	y'_{4k}
1	0,00142402	–	–	–
2	0,00035554	−0,00000062	–	–
3	0,00008886	−0,00000003	0,00000001	–
4	0,00002221	−0,00000001	0,00000000	−0,00000001

Beispiel AWA 10: Gewöhnliches Differenzenverfahren für TI-58 (B2-12)

2.2.4 Drei Anwendungsbeispiele

Beispiel 1: Im Abschnitt 2.1.7 wurde die Geschwindigkeit einer Rakete berechnet. Wir wollen für dieselben Daten wie früher die Höhe $h = h(t)$ und die Geschwindigkeit $v = v(t)$ ermitteln. Mit $v = \frac{dh}{dt} = \dot{h}$ und $\frac{dv}{dt} = \ddot{h}$ lautet die Differentialgleichung

$$\text{(B2-18)} \quad \ddot{h} = \frac{v_r - b\,\dot{h}^2}{m_0/\dot{m} - t} - g, \qquad h(0) = 0, \qquad \dot{h}(0) = v(0) = 0.$$

Mit dem Eulerschen Polygonzugverfahren (Programm AWA 6) berechnen wir v und h nach $t = 2, 4, 6, \ldots, 30$ s mit $\epsilon = 0{,}1$ und $\epsilon' = 0{,}001$. Die Ergebnisse sind im Beispiel 2.2.4-1 (die drei linken Spalten) angegeben.

Die Dichte der Luft wurde bisher konstant angenommen. Wir wollen jetzt die Veränderlichkeit mit der Höhe h für die *Standardatmosphäre* (s. Lehrbücher der Strömungsmechanik) berücksichtigen. Dann gilt

$$\rho_L = \rho_0 \left(1 - \frac{h}{h_0}\right)^p$$

mit $\rho_0 = 1{,}225\ \mathrm{kg/m^3}$, $h_0 = 44\,323$ m und $p = 4{,}255$.

In der Differentialgleichung (B2-18) wird dann

$$b = b_0 \left(1 - \frac{h}{h_0}\right)^p \quad \text{mit} \quad b_0 = \frac{c_w \rho_0 A}{2 \cdot \dot{m}} = 0{,}0471625 \frac{s}{m}.$$

In Zahlenwerten lautet unser Anfangswertproblem (mit h in m, $\dot{h}$ in $\frac{m}{s}$ und $\ddot{h}$ im $\frac{m}{s^2}$):

$$\text{(B2-18')} \qquad \ddot{h} = \frac{1600 - 0{,}0471625\,(1 - h/44323)^{4{,}255}\,\dot{h}^2}{90 - t} - 9{,}807\,.$$

Die mit dem Programm AWA 6 (Eulersches Polygonzugverfahren) berechneten numerischen Ergebnisse sind in den drei rechten Spalten des Beispiels 2.2.4-1 aufgeführt (die Rechenzeit beträgt etwa 30 Minuten).

0.00	12.00	24.00	0.00	12.00	24.00
0.00	571.58	1958.16	0.00	572.80	1999.65
0.00	90.48	132.70	0.00	91.05	140.48
2.00	14.00	26.00	2.00	14.00	26.00
16.16	763.48	2227.05	16.16	766.33	2286.16
16.25	101.13	136.09	16.25	102.23	145.97
4.00	16.00	28.00	4.00	16.00	28.00
65.16	974.99	2502.15	65.16	980.77	2583.33
32.74	110.11	138.94	32.74	111.99	151.16
6.00	18.00	30.00	6.00	18.00	30.00
146.90	1202.88	2782.54	146.92	1213.44	2890.67
48.90	117.54	141.39	48.92	120.48	156.16
8.00	20.00		8.00	20.00	
260.15	1444.27		260.27	1462.00	
64.17	123.64		64.25	127.92	
10.00	22.00		10.00	22.00	
402.69	1696.70		403.13	1724.57	
78.12	128.62		78.37	134.52	

Beispiel 2.2.4-1: Raketenbewegung

Beispiel 2: Für die skizzierte RCL-Reihenschaltung gelten für die Spannung u_c am Kondensator und die Stromstärke i die Gleichungen

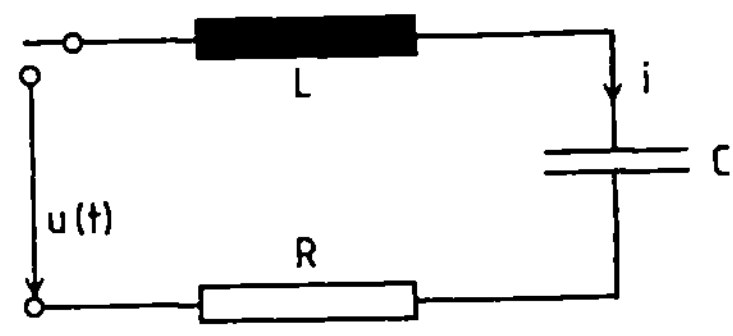

$$L\frac{di}{dt} + u_c + R\,i = u(t) \quad \text{und}$$

$$i = C\frac{du_c}{dt} \quad \text{mit} \quad u_c(0) = 0, \; i(0) = 0.$$

Setzen wir den Term für i in die erste Gleichung, so erhalten wir mit $\frac{du_c}{dt} = \dot{u}_c$ die Anfangswertaufgabe zweiter Ordnung

$$L\,C\,\ddot{u}_c + R\,C\,\dot{u}_c + u_c = u(t), \quad u_c(0) = 0, \quad \dot{u}_c(0) = 0.$$

Die Spannung u(t) sei

$$u(t) = \hat{u}_1 \sin\omega t + \hat{u}_3 \sin 3\,\omega t\,.$$

Mit der Schwingungsdauer $T = \frac{1}{f} = \frac{2\pi}{\omega}$ transformieren wir die Zeitvariable t:

$$\tau = \frac{t}{T} = f\,t, \quad \dot{u}_c = \frac{du_c}{d\tau}\,\frac{d\tau}{dt} = f\,u_c', \quad \ddot{u}_c = f^2 u_c''.$$

Damit lautet die obige Anfangswertaufgabe

(B2-19) $$u_c'' = \frac{1}{f^2 LC}(\hat{u}_1 \sin 2\pi\tau + \hat{u}_3 \sin 6\pi\tau - u_c) - \frac{R}{f\,L}u_c', \quad u_c(0) = 0, \quad u_c'(0) = 0.$$

Diese lineare Differentialgleichung mit konstanten Koeffizienten läßt sich noch in geschlossener Form lösen (s. weiter unten). Wir wollen den Einschwingvorgang für die ersten fünf Perioden, d.h. $0 \leqq \tau \leqq \tau_e = 5$, numerisch mit dem Eulerschen Polygonzugverfahren (Programm AWA 6) für die folgenden Zahlenwerte lösen:

$$f = 4\text{ kHz}, \quad R = 30\,\Omega, \quad L = 3\text{ mH}, \quad C = 2\,\mu\text{F}, \quad \hat{u}_1 = 24\text{ V}, \quad \hat{u}_3 = 9\text{ V}.$$

Hiermit lautet die Anfangswertaufgabe für u_c in V

(B2-19') $$u_c'' = 31{,}25\,(8 \sin 2\pi\tau + 3 \sin 6\pi\tau - u_c/3) - 2{,}5\,u_c', \quad u_c(0) = 0, \quad u_c'(0) = 0.$$

Die Stromstärke i wird

$$i = C\frac{du_c}{dt} = C\,f\,u_c' = 8 \cdot 10^{-3}\,u_c' \;[\text{A}].$$

Die numerischen Ergebnisse mit $\tau_e = 5$, $N = 50$ ($\Delta\tau = 0{,}1$), $\epsilon = 0{,}01$ (Genauigkeit für u_c), $\epsilon' = 0{,}1$ (Genauigkeit für u_c') und die graphische Darstellung für u_c (ausgezogene Kurve) und u_c' (gestrichelt) finden Sie im Beispiel 2.2.4-2. Insbesondere lesen wir ab:

$$u_{c\,max} \cong 12{,}8\text{ V}, \qquad i_{max} = 8 \cdot 10^{-3}\,u'_{c\,max} \cong 8 \cdot 10^{-3} \cdot 65 = 0{,}52\text{ A}$$

und für den eingeschwungenen Zustand

$$\hat{u}_c \cong 7{,}3\text{ V}, \qquad \hat{i} \cong 8 \cdot 10^{-3} \cdot 47 \cong 0{,}38\text{ A}\,.$$

Für die exakte Lösung der Anfangswertaufgabe erhält man nach etwas längerer Rechnung

$$u_c(\tau) = e^{-1{,}25\tau}(17{,}275 \sin 2{,}976\,\tau + 3{,}635 \cos 2{,}976\,\tau)$$
$$- 6{,}657 \sin 2\pi\tau - 3{,}598 \cos 2\pi\tau - 0{,}267 \sin 6\pi\tau - 0{,}036 \cos 6\pi\tau$$

und damit z.B. $u_c(0{,}6) = 14{,}673$ V und $u_c(5) = -3{,}614$ V.

0.00	0.90	1.80	2.70	3.60	4.50
0.00	2.72	3.87	7.82	6.87	3.69
0.00	-64.54	-24.26	-13.62	18.54	46.89
0.10	1.00	1.90	2.80	3.70	4.60
0.47	-3.84	0.59	5.51	7.09	7.12
12.81	-61.64	-40.93	-31.48	-11.92	18.32
0.20	1.10	2.00	2.90	3.80	4.70
2.63	-8.55	-3.81	1.53	4.96	7.31
28.31	-29.01	-42.36	-47.72	-29.56	-12.31
0.30	1.20	2.10	3.00	3.90	4.80
5.72	-9.60	-6.85	-3.52	1.17	5.13
32.81	5.74	-14.87	-48.19	-45.82	-30.05
0.40	1.30	2.20	3.10	4.00	4.90
9.28	-7.89	-6.75	-7.07	-3.69	1.30
38.54	27.30	14.60	-19.43	-46.48	-46.34
0.50	1.40	2.30	3.20	4.10	5.00
13.01	-4.16	-4.40	-7.35	-7.08	-3.61
31.65	46.81	31.22	11.45	-18.01	-46.97
0.60	1.50	2.40	3.30	4.20	0.01
14.67	0.93	-0.50	-5.25	-7.24	0.10
-1.33	49.91	46.53	29.46	12.50	
0.70	1.60	2.50	3.40	4.30	
12.79	4.76	4.39	-1.46	-5.06	
-33.59	23.03	46.39	46.01	30.13	
0.80	1.70	2.60	3.50	4.40	
8.51	5.46	7.75	3.43	-1.22	
-50.66	-6.70	17.31	46.88	46.33	

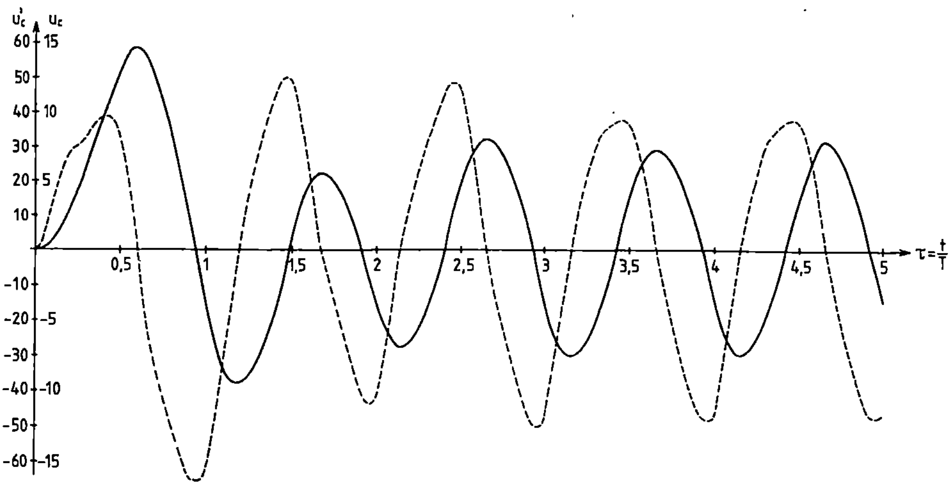

Beispiel 2.2.4-2: RCL-Reihenschaltung

Beispiel 3: Die Durchbiegung eines eingespannten Balkens mit veränderlichem Querschnitt unter dem Einfluß einer Einzellast wird aus der Anfangswertaufgabe

$$w'' = \frac{F(l-x)}{E\,I(x)} \quad \text{mit } w(0) = w'(0) = 0 \quad \left(\frac{d}{dx} = {}'\right)$$

berechnet. Für einen Träger mit konstanter Breite b und einem parabelförmigen Längsschnitt gilt

$$h = h(x) = h_0 - (h_0 - h_1)\left(\frac{x}{l}\right)^2 = h_0\left[1 - (1 - h_1/h_0)\left(\frac{x}{l}\right)^2\right]$$

und

$$I(x) = \frac{b\,h^3}{12} = I_0\left[1 - (1 - h_1/h_0)\left(\frac{x}{l}\right)^2\right]^3 \quad \text{mit } I_0 = \frac{b\,h_0^3}{12}.$$

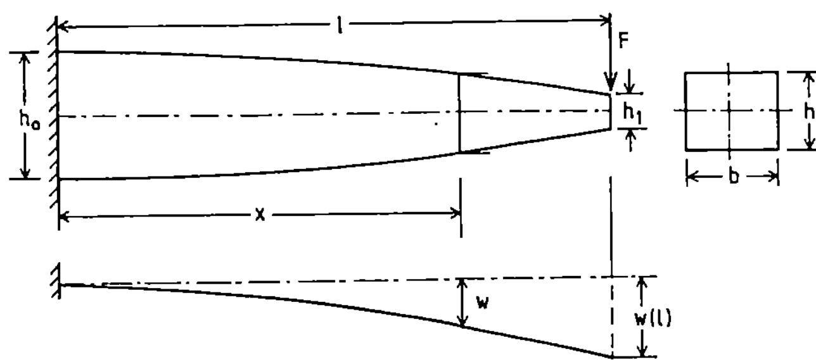

Führen wir die dimensionslosen Veränderlichen

$$t = \frac{x}{l} \quad \text{und} \quad y = \frac{E\,I_0\,w}{F\,l^3}$$

ein, so wird mit $y'' = \frac{1}{l^2}\frac{d^2y}{dt^2} = \frac{1}{l^2}\ddot{y}$

$$\text{(B2-20)} \quad \ddot{y} = \frac{1-t}{[1-(1-h_1/h_0)\,t^2]^3}, \qquad y(0) = \dot{y}(0) = 0.$$

Diese Differentialgleichung ist ein Sonderfall der allgemeinen Differentialgleichung zweiter Ordnung (2.2-1). Die Funktion auf der rechten Seite hängt nur von der unabhängigen Veränderlichen t und nicht mehr von y und $\dot{y}$ ab. y läßt sich also formal durch eine zweifache Integration bestimmen. Natürlich ließen sich für diesen Fall alle früheren Programme für die Anfangswertaufgabe (2.2-1) einfacher und kürzer schreiben. Wir wollen uns diese Mühe hier nicht machen und y und $\dot{y}$ an den Stellen $t = \frac{1}{4}, \frac{1}{2}, \frac{3}{4}, 1$ für einige Höhenverhältnisse h_1/h_0 mit dem gewöhnlichen Differenzenverfahren (Programm AWA9) berechnen. Für den konstanten Querschnitt sind die exakten Ergebnisse bekannt und dienen uns als Test. In diesem Fall gilt

$$w(l) = \frac{F\,l^3}{3\,E\,I}, \quad w'(l) = \frac{F\,l^2}{2\,E\,I}, \qquad \text{also } y(1) = \frac{1}{3}, \quad \dot{y}(1) = \frac{1}{2}.$$

Beispiel 2.2.4-3 zeigt mit $\epsilon = \epsilon' = 0{,}001$ für einige Höhenverhältnisse h_1/h_0 die Ergebnisse der numerischen Rechnung.

0.000	0.000	0.000	0.000	0.000
0.000	0.000	0.000	0.000	0.000
0.000	0.000	0.000	0.000	0.000
0.250	0.250	0.250	0.250	0.250
0.029	0.029	0.029	0.029	0.029
0.219	0.225	0.228	0.230	0.231
0.500	0.500	0.500	0.500	0.500
0.104	0.110	0.113	0.114	0.116
0.375	0.420	0.439	0.456	0.469
0.750	0.750	0.750	0.750	0.750
0.211	0.238	0.251	0.263	0.273
0.469	0.600	0.672	0.751	0.829
1.000	1.000	1.000	1.000	1.000
0.333	0.406	0.451	0.509	0.591
0.500	0.717	0.901	1.230	1.969
$h_1/h_0 = 1$	1/2	1/3	1/5	1/10

Beispiel 2.2.4-3: Durchbiegung eines eingespannten Balkens mit veränderlichem Querschnitt (Programm AWA 9)

2.3 Systeme von Differentialgleichungen

Bei Anfangswertaufgaben für Systeme von zwei Differentialgleichungen für die Funktionen $y(x)$ und $z(x)$ beschränken wir uns auf die beiden folgenden Probleme

$$y' = f(x, y, z), \quad y(x_0) = y_0, \qquad z' = g(x, y, z), \quad z(x_0) = z_0 \tag{2.3-1}$$

und

$$\begin{aligned} y'' &= f(x, y, z, y', z'), \quad y(x_0) = y_0, \quad y'(x_0) = y_0', \\ z'' &= g(x, y, z, y', z'), \quad z(x_0) = z_0, \quad z'(x_0) = z_0'. \end{aligned} \tag{2.3-2}$$

Auf eines dieser Systeme können wir jede Anfangswertaufgabe zweiter, dritter und vierter Ordnung zurückführen. So z.B.

$$y'' = f(x, y, y') \quad \text{auf} \quad y' = z, \ z' = f(x, y, z).$$

Im Abschnitt 2.2 haben wir trotzdem Verfahren für die Anfangswertaufgabe zweiter Ordnung entwickelt, weil die Rechenzeiten etwas kürzer sind als bei dem System (s. (B2-16) weiter unten) und viele Probleme unmittelbar in dieser Form in der Praxis auftreten.

Eine Differentialgleichung dritter Ordnung

$$y''' = f(x, y, y', y'')$$

führen wir zunächst durch Differenzieren auf eine Differentialgleichung vierter Ordnung zurück:

$$y^{(4)} = f_x + f_y\, y' + f_{y'}\, y'' + f_{y''}\, y''' = f^*(x, y, y', y'', y''').$$

Hiermit lautet unser System zweiter Ordnung

$$y'' = z, \qquad z'' = f^*(x, y, y', z, z').$$

Die Aufgabe (2.3-1) werden wir numerisch mit dem Eulerschen Polygonzugverfahren und anschließender Extrapolation (TI-59) und mit dem Runge-Kutta-Verfahren (TI-58) lösen. Wir werden auf Testverfahren verzichten und die bisherigen Fehlergesetze im guten Glauben auf ihre Gültigkeit auf die neuen Probleme übertragen. Für die Anfangswertaufgabe (2.3-2) bringen wir nur das Polygonzugverfahren (mit und ohne Extrapolation).

Mit der Behandlung eines Systems von zwei Differentialgleichungen zweiter Ordnung dürften wir etwa die Leistungsgrenze des programmierbaren Taschenrechners TI-59 erreicht haben (zumindest für die in diesem Buch immer wieder benutzten Extrapolationsverfahren).

```
000  76 LBL
001  11 A
002  47 CMS
003  29 CP
004  99 PRT
005  42 STO
006  04  04
007  22 INV
008  44 SUM
009  11  11
010  91 R/S
011  76 LBL
012  12 B
013  99 PRT
014  42 STO
015  05  05
016  91 R/S
017  76 LBL
018  17 B'
019  99 PRT
020  42 STO
021  06  06
022  91 R/S
023  76 LBL
024  13 C
025  44 SUM
026  11  11
027  91 R/S
028  76 LBL
029  14 D
030  42 STO
031  07  07
032  22 INV
033  49 PRD
034  11  11
035  91 R/S
036  76 LBL
037  15 E
038  42 STO
039  08  08
040  91 R/S
041  76 LBL
042  10 E'
043  42 STO
044  09  09
045  98 ADV
046  01  1
047  42 STO
048  13  13
049  43 RCL
050  11  11
051  42 STO
052  12  12
053  02  2
054  42 STO
055  10  10
056  49 PRD
057  13  13
058  22 INV
059  49 PRD
060  12  12
061  43 RCL
062  04  04
063  42 STO
064  01  01
065  43 RCL
066  05  05
067  42 STO
068  02  02
069  43 RCL
070  06  06
071  42 STO
072  03  03
073  43 RCL
074  13  13
075  42 STO
076  00  00
077  71 SBR
078  02  02
079  51  51
080  43 RCL
081  18  18
082  65  ×
083  43 RCL
084  12  12
085  44 SUM
086  01  01
087  95  =
088  44 SUM
089  02  02
090  43 RCL
091  19  19
092  65  ×
093  43 RCL
094  12  12
095  95  =
096  44 SUM
097  03  03
098  97 DSZ
099  00  00
100  00  00
101  77  77
102  01  1
103  09  9
104  42 STO
105  16  16
106  02  2
107  09  9
108  42 STO
109  17  17
110  01  1
111  44 SUM
112  16  16
113  44 SUM
114  17  17
115  44 SUM
116  00  00
117  43 RCL
118  02  02
119  63 EX*
120  16  16
121  67  EQ
122  01  01
123  44  44
124  42 STO
125  14  14
126  94 +/-
127  85  +
128  43 RCL
129  10  10
130  65  ×
131  73 RC*
132  16  16
133  95  =
134  55  ÷
135  53  (
136  43 RCL
137  10  10
138  75  -
139  01  1
140  54  )
141  95  =
142  42 STO
143  02  02
144  43 RCL
145  03  03
146  63 EX*
147  17  17
148  67  EQ
149  01  01
150  77  77
151  42 STO
152  15  15
153  94 +/-
154  85  +
155  73 RC*
156  17  17
157  65  ×
158  43 RCL
159  10  10
160  95  =
161  55  ÷
162  53  (
163  43 RCL
164  10  10
165  75  -
166  01  1
167  54  )
168  95  =
169  42 STO
170  03  03
171  02  2
172  49 PRD
173  10  10
174  61 GTO
175  01  01
176  10  10
177  73 RC*
178  16  16
179  75  -
180  43 RCL
181  14  14
182  95  =
183  50 I×I
184  75  -
185  43 RCL
186  08  08
187  95  =
188  77  GE
189  00  00
190  53  53
191  73 RC*
192  17  17
193  75  -
194  43 RCL
195  15  15
196  95  =
197  50 I×I
198  75  -
199  43 RCL
200  09  09
201  95  =
202  77  GE
203  00  00
204  53  53
205  43 RCL
206  11  11
207  44 SUM
208  04  04
209  43 RCL
210  04  04
211  99 PRT
212  73 RC*
213  16  16
214  42 STO
215  05  05
216  99 PRT
217  73 RC*
218  17  17
219  42 STO
220  06  06
221  99 PRT
222  00  0
223  72 ST*
224  16  16
225  72 ST*
226  17  17
227  01  1
228  94 +/-
229  44 SUM
230  16  16
231  44 SUM
232  17  17
233  97 DSZ
234  00  00
235  02  02
236  22  22
237  97 DSZ
238  07  07
239  00  00
240  45  45
241  98 ADV
242  43 RCL
243  08  08
244  99 PRT
245  43 RCL
246  09  09
247  99 PRT
248  91 R/S
249  76 LBL
250  71 SBR
```

Programm AWA 11: Eulersches Polygonzugverfahren für ein System von Differentialgleichungen erster Ordnung (TI-59)

2.3.1 System von Differentialgleichungen erster Ordnung

Für das System (2.3-1) wählen wir das einfache Eulersche Polygonzugverfahren

$$\begin{aligned} y_{i+1} &= y_i + h\,f(x_i, y_i, z_i) = y_i + h\,f_i\,, \\ z_{i+1} &= z_i + h\,g(x_i, y_i, z_i) = z_i + h\,g_i \end{aligned} \qquad (2.3\text{-}3)$$

mit anschließender Extrapolation nach der Halbierungsmethode (s. (2.2-4) im Abschnitt 2.2.1). Das Programm AWA 11 wird ganz ähnlich wie AWA 6 entwickelt, so daß wir hier keine weiteren Erläuterungen zu geben brauchen.

Benutzeranleitung AWA 11: $y' = f(x, y, z)$, $y(x_0) = y_0$, $z' = g(x, y, z)$, $z(x_0) = z_0$.

Im Intervall $[x_0; x_e]$ werden y_ν und z_ν $(\nu = 1, 2, \ldots, N)$ für äquidistante Abszissenwerte $x_\nu = x_0 + \nu\,\Delta x$ mit einer Genauigkeit ϵ_y (für y) und ϵ_z (für z) nach dem Eulerschen Polygonzugverfahren berechnet.

(1) Programm AWA 11 einlesen. Ohne Drucker: [R/S] in PSS 2 1 1, 2 1 6 und 2 2 1.

(2) [GTO] [SBR] [LRN]; Tastenfolge zur Berechnung von $f(x, y, z)$ mit $x = (R_1)$, $y = (R_2)$ und $z = (R_3)$ eingeben, [STO] 1 8; Tastenfolge zur Berechnung von $g(x, y, z)$ eingeben, [STO] 1 9; [INV] [SBR] [LRN].

(3) Eingabe: x_0 [A] y_0 [B] z_0 [B'] x_e [C] N [D] ϵ_y [E] ϵ_z [E']

(4) Ausgabe: x_ν, y_ν, z_ν für $\nu \in \mathbb{N}_{0,N}$; ϵ_y, ϵ_z.

Beispiel AWA 11 zeigt die Ergebnisse (mit N = 5 und $\epsilon_y = \epsilon_z = 10^{-6}$) der Anfangswertaufgaben

(B2-16) $y' = z,\ z' = \dfrac{z^2}{2y} - \dfrac{y}{2(1+x)^2},\ y(0) = 0{,}25,\ z(0) = 1,\ x_e = 1;$

(B2-21) $y' = -\dfrac{y}{2} - z,\ z' = y - \dfrac{z}{2},\ y(0) = 2,\ z(0) = 1,\ x_e = 1;$

Lösung: $y(x) = e^{-x/2}(2\cos x - \sin x),\ y(1) = 0{,}1450418765,$
$z(x) = e^{-x/2}(2\sin x + \cos x),\ z(1) = 1{,}348465817;$

(B2-22) $y' = \dfrac{-xy+z}{1+x^2},\ z' = \dfrac{-y-xz}{1+x^2},\ y(0) = 0,\ z(0) = 1,\ x_e = 2;$

Lösung: $y(x) = \dfrac{x}{1+x^2},\ z(x) = \dfrac{1}{1+x^2},\ y(2) = \frac{2}{5},\ z(2) = \frac{1}{5};$

(B2-23) $y' = -yz,\ z' = (z-2y)z,\ y(0) = \frac{1}{2},\ z(0) = -\frac{3}{2},\ x_e = 2;$

Lösung: $y(x) = \tanh(x + \operatorname{ar\,tanh} 0{,}5),\ y(2) = 0{,}9878636690,$
$z(x) = -\dfrac{2}{\sinh(2x + 2\operatorname{ar\,tanh} 0{,}5)},\ z(2) = -0{,}0244217621.$

Die Rechenzeiten für diese Anfangswertaufgaben betragen für den TI-59 (mit Drucker) etwa:
(B2-16): 24 min, (B2-21): 17 min, (B2-22): 33 min, (B2-23): 38 min.

(B2-16)	(B2-21)	(B2-22)	(B2-23)
0.00000000	0.00000000	0.00000000	0.00000000
0.25000000	2.00000000	0.00000000	0.50000000
1.00000000	1.00000000	1.00000000	-1.50000000
0.20000000	0.20000000	0.40000000	0.40000000
0.48652718	1.59383838	0.34482759	0.73946877
1.36055107	1.24632780	0.86206897	-0.61285339
0.40000000	0.40000000	0.80000000	0.80000000
0.79245153	1.18937315	0.48780488	0.87388942
1.69456808	1.39175851	0.60975610	-0.27042013
0.60000000	0.60000000	1.20000000	1.20000000
1.16281742	0.80454989	0.49180328	0.94129652
2.00551497	1.44801852	0.40983607	-0.12106798
0.80000000	0.80000000	1.60000000	1.60000000
1.59332382	0.45317478	0.44943820	0.97318948
2.29643990	1.42873281	0.28089888	-0.05435964
1.00000000	1.00000000	2.00000000	2.00000000
2.08023041	0.14504187	0.40000000	0.98786367
2.56990578	1.34846581	0.20000000	-0.02442176
0.00000100	0.00000100	0.00000100	0.00000100
0.00000100	0.00000100	0.00000100	0.00000100

Beispiel AWA 11: Eulersches Polygonzugverfahren für ein System von Differentialgleichungen erster Ordnung (TI-59)

Für den TI-58 lösen wir das obige Differentialgleichungssystem mit dem Runge-Kutta-Verfahren. Die Übertragung der Formeln (2.1-17) auf die beiden Differentialgleichungen des Systems (2.3-1) ergeben den folgenden Algorithmus:

$$
\begin{aligned}
& y^*_{i+1/2} = y_i + \tfrac{h}{2} f_i\,, \qquad z^*_{i+1/2} = z_i + \tfrac{h}{2} g_i\,,\\
& y_{i+1/2} = y_i + \tfrac{h}{2} f^*_{i+1/2}\,, \quad z_{i+1/2} = z_i + \tfrac{h}{2} g^*_{i+1/2}\,,\\
& y^*_{i+1} = y_i + h f_{i+1/2}\,, \quad z^*_{i+1} = z_i + h g_{i+1/2}\,,\\
& y_{i+1} = y_i + \tfrac{h}{6} (f_i + 2 f^*_{i+1/2} + 2 f_{i+1/2} + f^*_{i+1})\,,\\
& z_{i+1} = z_i + \tfrac{h}{6} (g_i + 2 g^*_{i+1/2} + 2 g_{i+1/2} + g^*_{i+1})\,.
\end{aligned}
\qquad (2.3\text{-}4)
$$

Das Programm AWA 12 ist ganz entsprechend dem Programm AWA 7 aufgebaut. Um ein paar Speicherplätze zu sparen, werden im Unterprogramm die Funktionswerte $\frac{h}{2}$ f und $\frac{h}{2}$ g berechnet. Der jeweilige Zahlenwert von $\frac{h}{2}$ befindet sich im Speicher R_7. Weitere (etwa 30) Programmspeicherplätze hätten wir durch Herausnahme der Dateneingabe einsparen können.

```
000 76 LBL
001 11 A
002 42 STO
003 04 04
004 94 +/-
005 42 STO
006 11 11
007 91 R/S
008 76 LBL
009 12 B
010 42 STO
011 05 05
012 91 R/S
013 76 LBL
014 17 B'
015 42 STO
016 06 06
017 91 R/S
018 76 LBL
019 13 C
020 44 SUM
021 11 11
022 91 R/S
023 76 LBL
024 14 D
025 42 STO
026 10 10
027 22 INV
028 49 PRD
029 11 11
030 91 R/S
031 76 LBL
032 15 E
033 99 PRT
034 98 ADV
035 42 STO
036 08 08
037 65 ×
038 02 2
039 55 ÷
040 43 RCL
041 11 11
042 95 =
043 35 1/X
044 42 STO
045 07 07
046 43 RCL
047 04 04
048 99 PRT
049 42 STO
050 01 01
051 43 RCL
052 05 05
053 99 PRT
054 42 STO
055 02 02
056 42 STO
057 12 12
058 43 RCL
059 06 06
060 99 PRT
061 42 STO
062 03 03
063 42 STO
064 13 13
065 43 RCL
066 10 10
067 42 STO
068 09 09
069 43 RCL
070 08 08
071 42 STO
072 00 00
073 71 SBR
074 02 02
075 07 07
076 43 RCL
077 18 18
078 44 SUM
079 02 02
080 42 STO
081 14 14
082 43 RCL
083 19 19
084 44 SUM
085 03 03
086 42 STO
087 15 15
088 43 RCL
089 07 07
090 44 SUM
091 01 01
092 71 SBR
093 02 02
094 07 07
095 43 RCL
096 18 18
097 44 SUM
098 14 14
099 44 SUM
100 14 14
101 85 +
102 43 RCL
103 12 12
104 95 =
105 42 STO
106 02 02
107 43 RCL
108 19 19
109 44 SUM
110 15 15
111 44 SUM
112 15 15
113 85 +
114 43 RCL
115 13 13
116 95 =
117 42 STO
118 03 03
119 71 SBR
120 02 02
121 07 07
122 43 RCL
123 18 18
124 65 ×
125 02 2
126 95 =
127 44 SUM
128 14 14
129 85 +
130 43 RCL
131 12 12
132 95 =
133 42 STO
134 02 02
135 43 RCL
136 19 19
137 65 ×
138 02 2
139 95 =
140 44 SUM
141 15 15
142 85 +
143 43 RCL
144 13 13
145 95 =
146 42 STO
147 03 03
148 43 RCL
149 07 07
150 44 SUM
151 01 01
152 71 SBR
153 02 02
154 07 07
155 43 RCL
156 18 18
157 44 SUM
158 14 14
159 43 RCL
160 19 19
161 44 SUM
162 15 15
163 03 3
164 22 INV
165 49 PRD
166 14 14
167 22 INV
168 49 PRD
169 15 15
170 43 RCL
171 14 14
172 44 SUM
173 12 12
174 43 RCL
175 12 12
176 42 STO
177 02 02
178 43 RCL
179 15 15
180 44 SUM
181 13 13
182 43 RCL
183 13 13
184 42 STO
185 03 03
186 97 DSZ
187 00 00
188 00 00
189 73 73
190 98 ADV
191 43 RCL
192 01 01
193 99 PRT
194 43 RCL
195 02 02
196 99 PRT
197 43 RCL
198 03 03
199 99 PRT
200 97 DSZ
201 09 09
202 00 00
203 69 69
204 91 R/S
205 76 LBL
206 71 SBR
```

Programm AWA 12: Runge-Kutta-Verfahren für ein System von Differentialgleichungen erster Ordnung (TI-58)

Benutzeranleitung AWA 12: $y' = f(x, y, z)$, $y(x_0) = y_0$, $z' = g(x, y, z)$, $z(x_0) = z_0$.

Im Intervall $[x_0; x_e]$ werden die Funktionswerte y_ν und z_ν $(\nu = 1, 2, \dots, N)$ für äquidistante Abszissenwerte $x_\nu = x_0 + \nu\,\Delta x$ bestimmt. In jedem Intervall $[x_\nu; x_{\nu+1}]$ werden die Näherungswerte y und z nach dem Runge-Kutta-Verfahren mit der Schrittweite $h = \Delta x/n$ berechnet.

(1) Programm AWA 12 eintasten. Ohne Drucker: [R/S] in PSS 1 9 3, 1 9 6 und 1 9 9. Falls erforderlich: Speicherbereichseinteilung 359.19 wählen.

(2) [GTO] [SBR] [LRN]; Tastenfolge zur Berechnung der Funktion $f(x, y, z)$ mit $x = (R_1)$, $y = (R_2)$ und $z = (R_3)$ eingeben, [X] [RCL] 7 [=] [STO] 1 8; Tastenfolge zur Berechnung der Funktion $g(x, y, z)$ eingeben, [X] [RCL] 7 [=] [STO] 1 9; [INV] [SBR] [LRN]

(3) Eingabe: x_0 [A] y_0 [B] z_0 [B'] x_e [C] N [D] n [E]

(4) Ausgabe: x_ν, y_ν, z_ν für $\nu \in \mathbb{N}_{0,N}$.

(5) Für dieselbe Anfangswertaufgabe mit anderer Rechenschrittweite: n [E]

```
 2.00000000     4.00000000     8.00000000    16.00000000

 0.00000000     0.00000000     0.00000000     0.00000000
 0.50000000     0.50000000     0.50000000     0.50000000
-1.50000000    -1.50000000    -1.50000000    -1.50000000

 1.00000000     1.00000000     1.00000000     1.00000000
 0.87851310     0.91232664     0.91360636     0.91366740
-0.19329377    -0.18153872    -0.18085316    -0.18081717

 2.00000000     2.00000000     2.00000000     2.00000000
 0.95598193     0.98674489     0.98781121     0.98786082
-0.02861223    -0.02460843    -0.02443120    -0.02442229

 3.00000000     3.00000000     3.00000000     3.00000000
 0.96805890     0.99730341     0.99830012     0.99834623
-0.00424443    -0.00334237    -0.00330686    -0.00330511

 4.00000000     4.00000000     4.00000000     4.00000000
 0.96986393     0.99874623     0.99972841     0.99977379
-0.00062966    -0.00045398    -0.00044761    -0.00044730

 5.00000000     5.00000000     5.00000000     5.00000000
 0.97013200     0.99894236     0.99992190     0.99996715
-0.00009341    -0.00006166    -0.00006059    -0.00006054
```

k	y_{1k}	y_{2k}	y_{3k}	y_{4k}
1	0,97013200	–	–	–
2	0,99894236	1,00086305	–	–
3	0,99992190	0,99998720	0,99995895	–
4	0,99996715	0,99997017	0,99996962	0,99996979
k	z_{1k}	z_{2k}	z_{3k}	z_{4k}
1	−0,00009341	–	–	–
2	−0,00006166	−0,00005954	–	–
3	−0,00006059	−0,00006052	−0,00006055	–
4	−0,00006054	−0,00006054	−0,00006054	−0,00006054

Beispiel AWA 12: Runge-Kutta-Verfahren für das System (B2-23) mit dem TI-58

Beispiel AWA 12 zeigt die Resultate der Anfangswertaufgabe (B2-23) mit $x_e = 5$ und $N = 5$ für $n = 2, 4, 8, 16$ und anschließender manueller (passiver) Extrapolation nach (2.1-19) an der Stelle $x_e = 5$. Die exakten Funktionswerte betragen

$$y(5) = 0{,}9999697338 \quad \text{und} \quad z(5) = -0{,}0000605332.$$

2.3.2 System von Differentialgleichungen zweiter Ordnung

Die numerische Lösung des Systems (2.3-2) mit dem Polygonzugverfahren führt auf den Algorithmus

$$\begin{aligned} y'_{i+1} &= y'_i + h f_i\,, & z'_{i+1} &= z'_i + h g_i\,, \\ y_{i+1} &= y_i + \frac{h}{2}(y'_i + y'_{i+1})\,, & z_{i+1} &= z_i + \frac{h}{2}(z'_i + z'_{i+1})\,. \end{aligned} \qquad (2.3\text{-}5)$$

```
000  76 LBL
001  11  A
002  47 CMS
003  99 PRT
004  42 STO
005  13  13
006  22 INV
007  44 SUM
008  11  11
009  91 R/S
010  76 LBL
011  12  B
012  99 PRT
013  42 STO
014  14  14
015  91 R/S
016  76 LBL
017  17 B'
018  99 PRT
019  42 STO
020  15  15
021  91 R/S
022  76 LBL
023  13  C
024  99 PRT
025  42 STO
026  16  16
027  91 R/S
028  76 LBL
029  18 C'
030  99 PRT
031  42 STO
032  17  17
033  91 R/S
034  76 LBL
035  14  D
036  44 SUM
037  11  11
038  91 R/S
039  76 LBL
040  19 D'
041  42 STO
042  07  07
043  22 INV
044  49 PRD
045  11  11
046  91 R/S
047  76 LBL
048  15  E
049  42 STO
050  08  08
051  91 R/S
052  76 LBL
053  10 E'
054  42 STO
055  09  09
056  98 ADV
057  00  0
058  42 STO
059  19  19
060  43 RCL
061  11  11
062  42 STO
063  12  12
064  01  1
065  42 STO
066  06  06
067  01  1
068  44 SUM
069  19  19
070  02  2
071  42 STO
072  10  10
073  49 PRD
074  06  06
075  22 INV
076  49 PRD
077  12  12
078  43 RCL
079  13  13
080  42 STO
081  01  01
082  43 RCL
083  14  14
084  42 STO
085  02  02
086  43 RCL
087  15  15
088  42 STO
089  03  03
090  43 RCL
091  16  16
092  42 STO
093  04  04
094  43 RCL
095  17  17
096  42 STO
097  05  05
098  43 RCL
099  06  06
100  42 STO
101  00  00
102  71 SBR
103  03  03
104  31  31
105  65  ×
106  43 RCL
107  12  12
108  44 SUM
109  01  01
110  95  =
111  48 EXC
112  05  05
113  44 SUM
114  05  05
115  85  +
116  43 RCL
117  05  05
118  95  =
119  55  ÷
120  02  2
121  65  ×
122  43 RCL
123  12  12
124  95  =
125  44 SUM
126  04  04
127  43 RCL
128  18  18
129  65  ×
130  43 RCL
131  12  12
132  95  =
133  48 EXC
134  03  03
135  44 SUM
136  03  03
137  85  +
138  43 RCL
139  03  03
140  95  =
141  55  ÷
142  02  2
143  65  ×
144  43 RCL
145  12  12
146  95  =
147  44 SUM
148  02  02
149  97 DSZ
150  00  00
151  01  01
152  02  02
153  43 RCL
154  19  19
155  75  -
156  01  1
157  95  =
158  42 STO
159  00  00
160  02  2
161  08  8
162  42 STO
163  24  24
164  04  4
165  42 STO
166  18  18
167  01  1
168  09  9
169  42 STO
170  27  27
171  01  1
172  42 STO
173  26  26
174  43 RCL
175  24  24
176  42 STO
177  25  25
178  01  1
179  44 SUM
180  26  26
181  44 SUM
182  27  27
183  73 RC*
184  26  26
185  63 EX*
186  25  25
187  72 ST*
188  27  27
189  94 +/-
190  85  +
191  43 RCL
192  10  10
193  65  ×
194  73 RC*
195  25  25
196  95  =
197  55  ÷
198  53  (
199  43 RCL
200  10  10
201  75  -
202  01  1
203  54  )
204  95  =
205  72 ST*
206  26  26
207  08  8
208  44 SUM
209  25  25
210  97 DSZ
211  18  18
212  01  01
213  78  78
214  01  1
215  44 SUM
216  24  24
217  02  2
218  49 PRD
219  10  10
220  97 DSZ
221  00  00
222  01  01
223  64  64
224  04  4
225  42 STO
226  18  18
227  01  1
228  42 STO
229  26  26
230  01  1
231  44 SUM
232  26  26
233  73 RC*
234  26  26
235  72 ST*
236  24  24
237  08  8
238  44 SUM
239  24  24
240  97 DSZ
241  18  18
242  02  02
243  30  30
244  43 RCL
245  08  08
246  32 X:T
247  43 RCL
248  02  02
249  75  -
250  43 RCL
251  20  20
252  95  =
253  50 I×I
254  77  GE
255  00  00
256  67  67
257  43 RCL
258  04  04
259  75  -
260  43 RCL
261  22  22
262  95  =
263  50 I×I
264  77  GE
265  00  00
266  67  67
267  43 RCL
268  09  09
269  32 X:T
270  43 RCL
271  03  03
272  75  -
273  43 RCL
274  21  21
275  95  =
276  50 I×I
277  77  GE
278  00  00
279  67  67
280  43 RCL
281  05  05
282  75  -
283  43 RCL
284  23  23
285  95  =
286  50 I×I
287  77  GE
288  00  00
289  67  67
290  43 RCL
291  11  11
292  44 SUM
293  13  13
294  43 RCL
295  13  13
296  99 PRT
297  43 RCL
298  02  02
299  42 STO
300  14  14
301  99 PRT
302  43 RCL
303  03  03
304  42 STO
305  15  15
306  99 PRT
307  43 RCL
308  04  04
309  42 STO
310  16  16
311  99 PRT
312  43 RCL
313  05  05
314  42 STO
315  17  17
316  99 PRT
317  97 DSZ
318  07  07
319  00  00
320  56  56
321  98 ADV
322  43 RCL
323  08  08
324  99 PRT
325  43 RCL
326  09  09
327  99 PRT
328  91 R/S
329  76 LBL
330  71 SBR
```

Programm AWA 13: Eulersches Polygonzugverfahren für ein System von Differentialgleichungen zweiter Ordnung (TI-59)

Das Programm AWA 13 wird im wesentlichen nach dem Flußdiagramm AWA 6 geschrieben. Die Extrapolation nach (2.2-4) führen wir hier mit der Laufanweisung $j = 1$ bis $k - 1$ durch. Dabei haben wir, um Programmspeicherplätze zu sparen, ausgiebig die indirekte Adressierung benutzt. Für die Speicherung der $y_{jk}, y'_{jk}, z_{jk}, z'_{jk}$ $(j = 1, 2, \ldots, k)$ stehen uns jeweils acht Datenspeicher zur Verfügung: R_{28} bis R_{35} für $y_{1k}, y_{2k}, \ldots$, R_{36} bis R_{43} für $y'_{1k}, y'_{2k}, \ldots$, R_{44} bis R_{51} für z_{1k}, $z_{2k}, \ldots$ und R_{52} bis R_{59} für $z'_{1k}, z'_{2k} \ldots$ Wir hoffen, daß diese Kapazität der acht Datenspeicher ausreicht, um unsere Stoppbedingung mit ϵ für die Funktionswerte y und z und ϵ' für die Ableitungen y' und z' zu erfüllen. Auf eine Fehlermeldung im Fall $k > 8$ oder $n > 2^8 = 256$ haben wir verzichtet.

Benutzeranleitung AWA 13: $y'' = f(x, y, z, y', z')$, $y(x_0) = y_0$, $y'(x_0) = y'_0$, $z'' = g(x, y, z, y', z')$, $z(x_0) = z_0$, $z'(x_0) = z'_0$.

Im Intervall $[x_0; x_e]$ werden $y_\nu, y'_\nu, z_\nu, z'_\nu$ $(\nu = 1, 2, \ldots, N)$ für äquidistante Abszissenwerte $x_\nu = x_0 + \nu\,\Delta x$ mit einer Genauigkeit ϵ (für y und z) und ϵ' (für y' und z') nach dem Eulerschen Polygonzugverfahren berechnet.

(1) Programm AWA 13 einlesen. Ohne Drucker: [R/S] in PSS 2 9 6, 3 0 1 und 3 0 6.

(2) [GTO] [SBR] [LRN]; Tastenfolge zur Berechnung der Funktion $f(x, y, z, y', z')$ mit $x = (R_1)$, $y = (R_2)$, $y' = (R_3)$, $z = (R_4)$ und $z' = (R_5)$ eingeben, [STO] 1 8; Tastenfolge zur Berechnung der Funktion $g(x, y, z, y', z')$ eingeben und mit [INV] [SBR] [LRN] abschließen.

(3) Eingabe: x_0 [A] y_0 [B] y'_0 [B'] z_0 [C] z'_0 [C'] x_e [D] N [D'] ϵ [E] ϵ' [E']

(4) Ausgabe: x_ν, y_ν, y'_ν, z_ν, z'_ν für $\nu \in \mathbb{N}_{0,N}$; ϵ, ϵ'.

Als Beispiele benutzen wir die folgenden Anfangswertaufgaben:

(B2-24) $y'' = 2y + 3z'$, $z'' = 2z - 3y'$, $y(0) = 0$, $y'(0) = 1$, $z(0) = 1$, $z'(0) = 0$, $x_e = \frac{\pi}{2}$;
Lösung: $y(x) = \sin x$, $z(x) = \cos x$;

(B2-25) $y''' = -xy$, $y(0) = 0$, $y'(0) = 1$, $y''(0) = 0$, $x_e = 1$ (Collatz [6]);
diese Aufgabe führen wir zurück auf das System
$y'' = z$, $z'' = -y - xy'$, $z(0) = 0$, $z'(0) = 0$;

(B2-26) $y''' = -yy''$, $y(0) = y'(0) = 0$, $y''(0) = 1$, $x_e = 3$ (Collatz [6]);
System: $y'' = z$, $z'' = -yz' - zy'$, $z(0) = 1$, $z'(0) = 0$;

(B2-27) $y^{(4)} = -4 \sin y$, $y(0) = 1$, $y'(0) = 0$, $y''(0) = -2$, $y'''(0) = 4$, $x_e = 3$;
System: $y'' = z$, $z'' = -4 \sin y$, $z(0) = -2$, $z'(0) = 4$;

Die numerischen Ergebnisse sind im Beispiel AWA 13 zusammengestellt. Die Rechenzeiten betragen etwa:

(B2-24): 54 min, (B2-25): 28 min, (B2-26): 62 min, (B2-27): 62 min.

(B2-24)	(B2-25)	(B2-26)	(B2-27)
0.00000000	0.00000000	0.00000000	0.00000000
0.00000000	0.00000000	0.00000000	1.00000000
1.00000000	1.00000000	0.00000000	0.00000000
1.00000000	0.00000000	1.00000000	-2.00000000
0.00000000	0.00000000	0.00000000	4.00000000
0.31415927	0.20000000	0.50000000	0.50000000
0.30901699	0.19999467	0.12474064	0.82465176
0.95105651	0.99986667	0.49741278	-0.56913320
0.95105652	-0.00266664	0.97940338	-0.41104920
-0.30901700	-0.03999893	-0.12217141	2.39219502
0.62831853	0.40000000	1.00000000	1.00000000
0.58778525	0.39982934	0.49193040	0.53133120
0.80901699	0.99786686	0.96041684	-0.53238261
0.80901699	-0.02132943	0.84763316	0.45402037
-0.58778525	-0.15993174	-0.41697652	1.14505734
0.94247780	0.60000000	1.50000000	1.50000000
0.80901699	0.59870433	1.06798207	0.34091792
0.58778525	0.98920500	1.32116018	-0.20005899
0.58778525	-0.07193336	0.57824826	0.80748064
-0.80901699	-0.35922260	-0.61755877	0.32692414
1.25663706	0.80000000	2.00000000	2.00000000
0.95105651	0.79454310	1.78806613	0.34528089
0.30901699	0.96591658	1.53448257	0.21784002
0.30901700	-0.17016760	0.28441248	0.81136212
-0.95105651	-0.63563448	-0.50854832	-0.31276758
1.57079633	1.00000000	2.50000000	2.50000000
0.99999999	0.98336638	2.58160225	0.54530496
0.00000000	0.91696403	1.62392568	0.55336148
0.00000000	-0.33095539	0.09556901	0.46157012
-0.99999999	-0.98336638	-0.24672116	-1.14718704
0.00000100	0.00000100	3.00000000	3.00000000
0.00000100	0.00000100	3.40149214	0.84987590
		1.64955226	0.59248955
		0.02142576	-0.41157724
		-0.07287954	-2.42401878
		0.00000100	0.00000100
		0.00000100	0.00000100

Beispiel AWA 13: Eulersches Polygonzugverfahren für ein System von Differentialgleichungen zweiter Ordnung (TI-59)

Für den Algorithmus (2.3-5) ohne Extrapolation geben wir für den TI-58 das Programm AWA 14. Auch hier werden in jedem Intervall $[x_\nu; x_{\nu+1}]$ der Breite $\Delta x = (x_e - x_0)/N$ die Funktionswerte y, y', z und z' nach dem Eulerschen Polygonzugverfahren mit der Rechenschrittweite $h = \Delta x/n$ berechnet. Zu beachten sind die folgenden Punkte:

f(x, y, z, y', z') nach R_{16} speichern, g(x, y, z, y', z') bleibt im Anzeigeregister stehen;

Eingabe: x_0 [A] y_0 [B] y'_0 [B'] z_0 [C] z'_0 [C'] x_e [D] N [D'] n [E]

Ausgabe: n; x_ν, y_ν, y'_ν, z_ν, z'_ν für $\nu \in \mathbb{N}_{0,N}$;

Für dieselbe Anfangswertaufgabe mit neuer Rechenschrittweite: n [E]

Der Leser möge selbst einige der Aufgaben (B2-24) bis (B2-27) mit dem Programm AWA 14 lösen und die Näherungswerte durch Extrapolation verbessern.

```
000  76 LBL
001  11  A
002  42 STO
003  11  11
004  94 +/-
005  42 STO
006  10  10
007  91 R/S
008  76 LBL
009  12  B
010  42 STO
011  12  12
012  91 R/S
013  76 LBL
014  17 B'
015  42 STO
016  13  13
017  91 R/S
018  76 LBL
019  13  C
020  42 STO
021  14  14
022  91 R/S
023  76 LBL
024  18 C'
025  42 STO
026  15  15
027  91 R/S
028  76 LBL
029  14  D
030  44 SUM
031  10  10
032  91 R/S
033  76 LBL
034  19 D'
035  42 STO
036  09  09
037  22 INV
038  49 PRD
039  10  10
040  91 R/S
041  76 LBL
042  15  E
043  99 PRT
044  98 ADV
045  42 STO
046  07  07
047  35 1/X
048  65  x
049  43 RCL
050  10  10
051  95  =
052  42 STO
053  06  06
054  43 RCL
055  11  11
056  99 PRT
057  42 STO
058  01  01
059  43 RCL
060  12  12
061  99 PRT
062  42 STO
063  02  02
064  43 RCL
065  13  13
066  99 PRT
067  42 STO
068  03  03
069  43 RCL
070  14  14
071  99 PRT
072  42 STO
073  04  04
074  43 RCL
075  15  15
076  99 PRT
077  42 STO
078  05  05
079  43 RCL
080  09  09
081  42 STO
082  08  08
083  43 RCL
084  07  07
085  42 STO
086  00  00
087  71 SBR
088  01  01
089  61  61
090  65  x
091  43 RCL
092  06  06
093  44 SUM
094  01  01
095  95  =
096  48 EXC
097  05  05
098  44 SUM
099  05  05
100  85  +
101  43 RCL
102  05  05
103  95  =
104  65  x
105  43 RCL
106  06  06
107  55  ÷
108  02  2
109  95  =
110  44 SUM
111  04  04
112  43 RCL
113  16  16
114  65  x
115  43 RCL
116  06  06
117  95  =
118  48 EXC
119  03  03
120  44 SUM
121  03  03
122  85  +
123  43 RCL
124  03  03
125  95  =
126  65  x
127  43 RCL
128  06  06
129  55  ÷
130  02  2
131  95  =
132  44 SUM
133  02  02
134  97 DSZ
135  00  00
136  00  00
137  87  87
138  98 ADV
139  43 RCL
140  01  01
141  99 PRT
142  43 RCL
143  02  02
144  99 PRT
145  43 RCL
146  03  03
147  99 PRT
148  43 RCL
149  04  04
150  99 PRT
151  43 RCL
152  05  05
153  99 PRT
154  97 DSZ
155  08  08
156  00  00
157  83  83
158  91 R/S
159  76 LBL
160  71 SBR
```

Programm AWA 14: Eulersches Polygonzugverfahren für ein System von Differentialgleichungen zweiter Ordnung (TI-58)

2.3.3 Zwei Anwendungsbeispiele

Beispiel 1: Einschalten einer RLC-Parallelschaltung. Für die skizzierte Schaltung gelten die Gleichungen (s. z.B. Hoyer/Schnell [14])

$$\frac{di_L}{dt} = (u_C - R_L\, i_L)/L \quad \text{und}$$

$$\frac{du_C}{dt} = [(u(t) - u_C)/R - i_L]/C$$

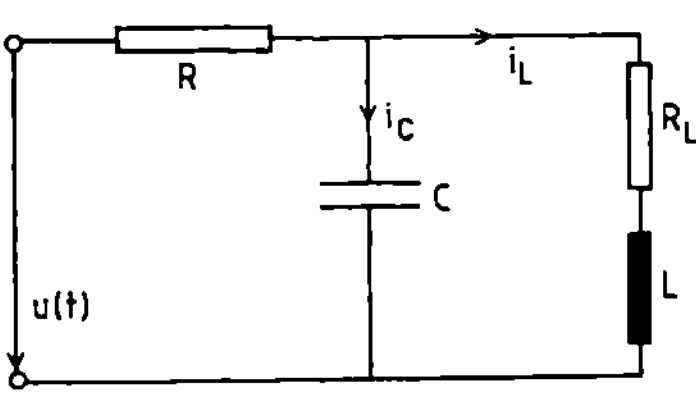

mit den Anfangsbedingungen $i_L(0) = 0$ und $u_C(0) = 0$. Für $u(t)$ wollen wir eine Rechteckspannung annehmen:

$$u(t) = \begin{cases} u_0 & \text{für } 0 \leqq t < \frac{T}{2}, \\ -u_0 & \text{für } \frac{T}{2} \leqq t < T, \\ u(t-T) & \text{für } T \leqq t. \end{cases}$$

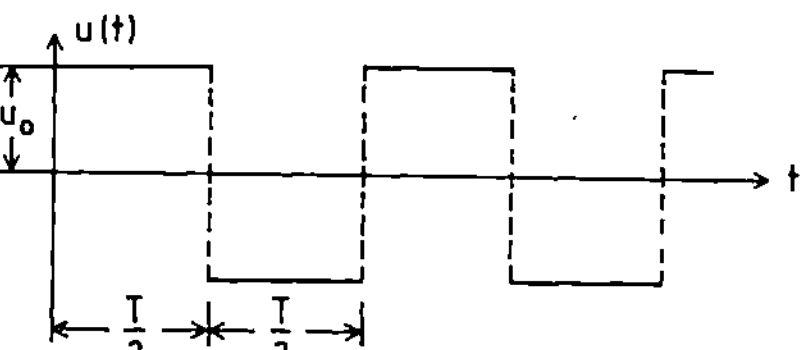

Mit den gegebenen Größen

$$R = 300\,\Omega,\ R_L = 20\,\Omega,\ L = 50{,}66\,\mu H,\ C = 500\ pF,\ f = 500\ kHz,\ u_0 = 100\ V$$

und der Transformation $\tau = \frac{t}{T} = ft$ geht das obige System nach einer Zwischenrechnung in das folgende über:

$$\text{(B2-28)}\quad \begin{aligned} \frac{di_L}{d\tau} &= (u_C - 20\,i_L)/25{,}33\,, & i_L(0) &= 0\,, \\ \frac{du_C}{d\tau} &= (\bar{u}(\tau) - u_C)\,\frac{40}{3} - 4000\,i_L, & u_C(0) &= 0 \quad (i_L \text{ in A, } u_C \text{ in V}) \end{aligned}$$

mit

$$\bar{u}(\tau) = \begin{cases} 100 & \text{für } 0 \leqq \tau < 0{,}5 \\ -100 & \text{für } 0{,}5 \leqq \tau < 1. \end{cases}$$

Die Spannungsfunktion stellen wir für den TI-58/59 so dar:

$$\bar{u}(\tau) = 100\,[1 - 2\,\mathrm{Int}(2(\tau - \mathrm{Int}\,\tau))]\,.$$

Die Lösung des Problems (B2-28) bestimmen wir mit dem Eulerschen Polygonzugverfahren für ein System von zwei Differentialgleichungen erster Ordnung (Programm AWA 11). Die Funktionswerte i_L und u_C sollen im Intervall $0 \leqq \tau \leqq \tau_e = 3$ mit der Schrittweite $\Delta\tau = 0{,}1$ (d.h. $N = 30$) ausgedruckt werden. u_C ist in der Größenordnung von $u(t)$ zu erwarten. Die Größenordnung von i_L wird ungefähr $u_0/(R + R_L) = 0{,}3\,\Omega$ betragen. Wir wählen daher $\epsilon_{i_L} = 0{,}001$ und $\epsilon_{u_C} = 0{,}1$. Die numerischen Ergebnisse und die zeichnerische Darstellung von i_L in A und u_C in V finden Sie im Beispiel 2.3.3-1. Die gesamte Rechenzeit beträgt zwei Stunden!

```
    0.000        0.700        1.400        2.100        2.800
    0.000       -0.320        0.347        0.002       -0.392
    0.000      -54.545       -6.525      106.210       -3.634

    0.100        0.800        1.500        2.200        2.900
    0.152       -0.393        0.309        0.322       -0.347
   56.596       -3.899        1.053       53.755        6.522

    0.200        0.900        1.600        2.300        3.000
    0.315       -0.347       -0.002        0.392       -0.309
   30.803        6.593     -106.208        3.634       -1.051

    0.300        1.000        1.700        2.400        0.001
    0.353       -0.309       -0.322        0.347        0.100
    5.219       -0.954      -53.755       -6.522

    0.400        1.100        1.800        2.500
    0.330        0.002       -0.392        0.309
   -0.205      106.237       -3.634        1.051

    0.500        1.200        1.900        2.600
    0.311        0.322       -0.347       -0.002
    3.554       53.744        6.522     -106.210

    0.600        1.300        2.000        2.700
    0.003        0.392       -0.309       -0.322
 -106.603        3.622       -1.051      -53.755
```

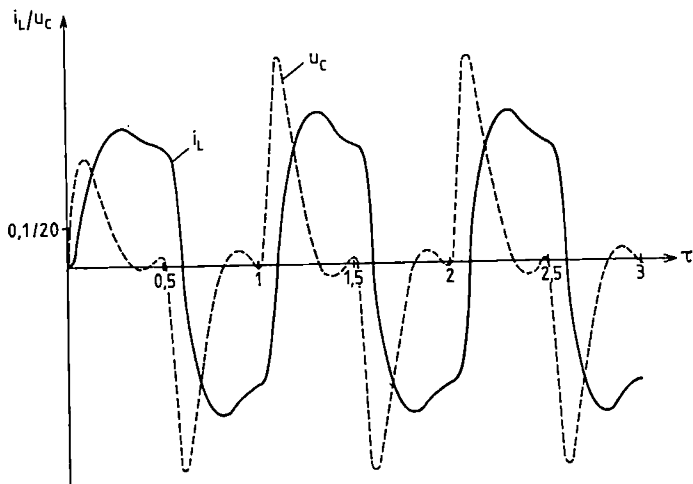

Beispiel 2.3.3-1: Einschalten einer RLC-Parallelschaltung

Beispiel 2: Schiefer Wurf mit Luftwiderstand. Ein Fußball wird mit der Geschwindigkeit $v_0 = 32\,\frac{m}{s}$ unter einem Winkel $\varphi_0 = 40°$ abgeschossen. Für den Bewegungsablauf gelten die Differentialgleichungen

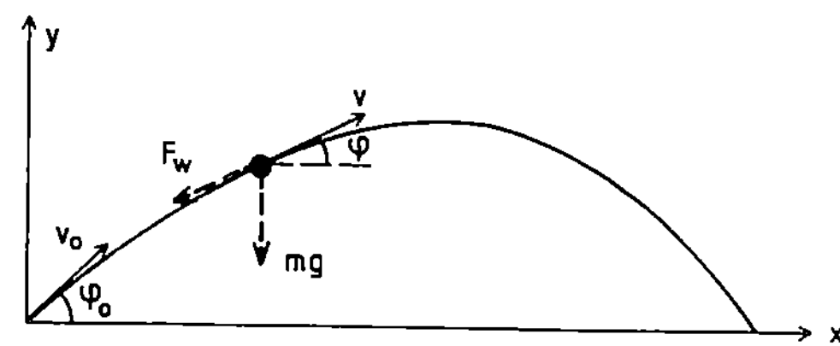

$$m\,\ddot{x} = -F_w \cos\varphi \quad \text{und}$$

$$m\,\ddot{y} = -g - F_w \sin\varphi .$$

Unter der Annahme eines quadratischen Widerstandsgesetzes

$$F_w = \frac{1}{2}\,c_w\,\rho\,A\,v^2 = c\,m\,v^2$$

lautet mit

$$\cos\varphi = \frac{\dot{x}}{v}, \quad \sin\varphi = \frac{\dot{y}}{v} \quad \text{und} \quad v = \sqrt{\dot{x}^2 + \dot{y}^2}$$

das Differentialgleichungssystem

$$\ddot{x} = -c\sqrt{\dot{x}^2 + \dot{y}^2}\,\dot{x}, \quad x(0) = 0, \quad \dot{x}(0) = v_0 \cos\varphi_0,$$

(B2-29)

$$\ddot{y} = -g - c\sqrt{\dot{x}^2 + \dot{y}^2}\,\dot{y}, \quad y(0) = 0, \quad \dot{y}(0) = v_0 \sin\varphi_0 .$$

Für unsere Rechnung nehmen wir

$c = 0{,}016 \quad 1/m$ und $g = 9{,}807\,m/s^2$ an.

Das Eulersche Polygonzugverfahren für ein System von Differentialgleichungen zweiter Ordnung (Programm AWA 13) ändern wir ein wenig ab. Wir wollen nicht die Komponenten $\dot{x}$ und $\dot{y}$ der Geschwindigkeit ausdrucken lassen, sondern v und φ. Außerdem soll die Rechnung gestoppt werden, wenn $y < 0$ wird. Die Programmänderungen lauten dann folgendermaßen:

...	...
0 1 8	*Nop
...	...
0 3 0	*Nop
...	...
3 0 6	x⧎t
...	...
3 1 6	INV
3 1 7	*P → R
3 1 8	*Prt

3 1 9	x⧎t
3 2 0	*Prt
3 2 1	*CP
3 2 2	RCL
3 2 3	4
3 2 4	*x ≧ t
3 2 5	0
3 2 6	56
3 2 7	R/S
...	...

Für den Wurf ohne Luftwiderstand beträgt die Wurfzeit

$$T = \frac{2\,v_0}{g}\sin\varphi_0 = 4{,}19\ s .$$

Bei Berücksichtigung des Luftwiderstandes wird die Flugdauer kleiner sein. Wir wählen daher $t_e = 4\,s$ und $N = 20$. Dann werden uns die Werte t, x, y, φ, v mit der Druckschrittweite $\Delta t = 0{,}2\,s$ ausgegeben.

Eingabe: 0 [A] 0 [B] 40 [*cos] [X] 32 [=] [B'] 0 [C] 40 [*Prt] [*sin] [X] 32 [*Prt] [=] [C'] 4 [D] 20 [D'] .01 [E] [E']

Die Ergebnisse sind im Beispiel 2.3.3-2 dargestellt. In der Zeichnung ist zum Vergleich der aufsteigende Ast für die Bewegung ohne Luftwiderstand dargestellt (gestrichelte Kurve). Wie erhalten (in Klammern die Daten für $F_w = 0$):

Flugdauer ≈ 3,35 s (4,19), Aufprallgeschwindigkeit ≈ 17,15 $\frac{m}{s}$ (40), Wurfweite ≈ 50,1 m (102,8), Wurfhöhe ≈ 14,0 m (21,6).

0.00	0.60	1.20	1.80	2.40	3.00
0.00	12.89	23.29	32.15	39.89	46.63
0.00	9.19	13.39	13.68	10.63	4.69
40.00	29.41	12.58	-9.96	-32.32	-49.17
32.00	21.84	16.28	13.98	14.26	15.95
0.20	0.80	1.40	2.00	2.60	3.20
4.67	16.57	26.38	34.85	42.24	48.66
3.73	11.07	13.88	13.01	8.95	2.14
37.05	24.56	5.52	-17.81	-38.63	-53.48
27.91	19.58	15.18	13.84	14.72	16.63
0.40	1.00	1.60	2.20	2.80	3.40
8.94	20.02	29.33	37.42	44.49	50.59
6.76	12.46	13.98	11.99	6.96	-0.66
33.55	18.95	-2.08	-25.34	-44.24	-57.24
24.58	17.74	14.42	13.94	15.30	17.32

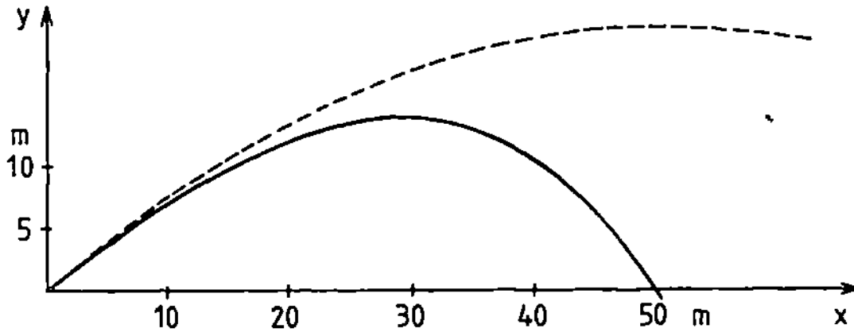

Beispiel 2.3.3-2: Schiefer Wurf mit Luftwiderstand

3 Rand- und Eigenwertaufgaben zweiter Ordnung

Bei einer Anfangswertaufgabe sind die Werte der gesuchten Funktion $y(x)$ und deren Ableitungen an einer Stelle x_0 vorgegeben, z.B. $y(x_0) = y_0$ und $y'(x_0) = y_0'$. Sind Bedingungen an mehreren Abszissenstellen zu erfüllen, so spricht man von einer Randwertaufgabe. So ist z.B.

$$y'' + xy = x^2, \quad y(0) = 1, \quad y(1) + 3y'(1) = 2$$

eine lineare Randwertaufgabe zweiter Ordnung. Während man bei einer Anfangswertaufgabe unter gewissen, im allgemeinen nicht sehr schwer zu überprüfenden Voraussetzungen die Existenz der Lösungsfunktion $y(x)$ beweisen kann, ist dieses bei Randwertaufgaben sehr viel schwieriger. Betrachten wir dazu das folgende Beispiel (s. auch B2-14)

$$y'' + 4xy' + (4x^2 + 2)y = 0 .$$

Die allgemeine Lösung dieser Differentialgleichung lautet

$$y = (C_1 + C_2 x)\, e^{-x^2} .$$

Wir fordern die Erfüllung verschiedener Randbedingungen:

a) $y(0) = 1$ und $y(1) - y'(1) = 0$ liefert die *eindeutige* Lösung $y = (1 - \frac{3}{2}x)\, e^{-x^2}$;

b) $y(0) = 1$ und $y(1) + y'(1) = 0$ besitzt *keine* Lösung;

c) $y(0) = 0$ und $y(1) + y'(1) = 0$ ergibt die *unendlich* vielen Lösungen $y = Cx e^{-x^2}$.

Wir werden weiter unten einige Programme so aufbauen, daß der Rechner uns anzeigt, falls keine eindeutige Lösung des Randwertproblems existiert.

Das Intervall $[a; b]$, in dem die Funktion $y(x)$ zu bestimmen ist, unterteilen wir in Teilintervalle $[x_\nu; x_{\nu+1}]$ für $\nu = 0, 1, \ldots, N-1$ mit $x_0 = a$, $x_N = b$ und der *Druckschrittweite* $\Delta x = (b-a)/N = x_{\nu+1} - x_\nu$. Dieses Teilintervall wird weiter unterteilt mit der *Rechenschrittweite* $h = \Delta x/n$. Ausgehend von bekannten Werten x_ν, y_ν, y_ν' werden nach einem Algorithmus (z.B. Differenzenverfahren) Näherungswerte für $y(x_\nu + ih)$ und $y'(x_\nu + ih)$ $(i = 1, 2, \ldots, n)$ berechnet. Die Unterteilung wird so lange verfeinert, bis wir $y_{\nu+1}$ und $y_{\nu+1}'$ mit einer ausreichenden Genauigkeit ermittelt haben (sofern dieses bei der Randwertaufgabe mit dem gewählten numerischen Verfahren möglich ist). Diese Werte werden dann ausgedruckt bzw. angezeigt.

Einige Programme werden wir wie in den früheren Abschnitten für die Extrapolationsmethode entwickeln, bei anderen Programmen starten wir den Rechengang nach einem Durchlauf erneut mit einem nächsten n-Wert.

3.1 Lineare Randwertaufgaben zweiter Ordnung

In diesem Abschnitt behandeln wir das Problem

$$\begin{aligned} &L[y] = y'' + q(x)\,y' + p(x)\,y = r(x) \quad \text{für } x \in [a; b], \\ &y(a) = y_a, \quad R[y] = b_0\, y(b) + b_1\, y'(b) = b_2 . \end{aligned} \qquad (3.1\text{-}1)$$

Als Beispiele wählen wir

(B3-1) $y'' + \frac{y}{4} = \frac{x}{4}$, $y(0) = 1$, $y\left(\frac{\pi}{2}\right) + 2y'\left(\frac{\pi}{2}\right) = \frac{\pi}{2} + 2$;

Lösung: $y = x + \cos\frac{x}{2}$, $y' = 1 - \frac{1}{2}\sin\frac{x}{2}$;

(B3-2) $y'' - \frac{2}{x^2}\,y = -\frac{1}{x}$, $y(2) = 0$, $y(3) = 0$ (Collatz [6]);

Lösung: $y = \frac{1}{38}\left(19x - 5x^2 - \frac{36}{x}\right)$, $y' = \frac{1}{38}\left(19 - 10x + \frac{36}{x^2}\right)$;

(B3-3) $y'' + 4xy' + (4x^2 + 2)\,y = 0$, $y(0) = 1$, $y(1) - y'(1) = 0$;

Lösung: $y = \left(1 - \frac{3}{2}x\right)e^{-x^2}$, $y' = \left(3x^2 - 2x - \frac{3}{2}\right)e^{-x^2}$;

(B3-4) $y'' - (1 + x^2)\,y' + xy = 0$, $y(0) = 0$, $y(2) = 1$;

(B3-5) $y'' - 400y = x$, $y(0) = 0$, $y(1) = 0$;

Lösung: $y = \frac{1}{400}\left(\frac{\sinh 20x}{\sinh 20} - x\right)$, $y' = \frac{1}{400}\left(\frac{20\cosh 20x}{\sinh 20} - 1\right)$;

(B3-6) $y'' - \frac{3}{x}\,y' = 0$, $y(0) = 0$, $y(1) = 1$ (Collatz [6]);

Lösung: $y = x^4$, $y' = 4x^3$;

(B3-7) $y'' + \dfrac{\frac{3}{x} + 5x}{1 + x^2}\,y' + \dfrac{4}{3(1 + x^2)}\,y = -\dfrac{1}{1 + x^2}$, $y'(0) = 0$, $y(2) = 0{,}6$ (Collatz [6]).

Bei den Beispielen 4 und 7 sind die exakten Lösungsfunktionen nicht bekannt. Hier ist man auf jeden Fall auf numerische Methoden angewiesen. Die Ergebnisse der exakten Lösung der obigen Randwertaufgaben geben wir zum späteren Vergleich mit den numerisch ermittelten Werten im Beispiel 3.1 an.

```
0.00000000        2.00000000        0.00000000        0.00000000
1.00000000        0.00000000        1.00000000        0.00000000
1.00000000        0.21052632       -1.50000000       -0.00250000

0.31415927        2.20000000        0.20000000        0.20000000
1.30184761        0.03253589        0.67255261       -0.00050000
0.92178277        0.11678991       -1.71020520       -0.00249999

0.62831853        2.40000000        0.40000000        0.40000000
1.57937505        0.04736842        0.34085752       -0.00099998
0.84549150        0.03289474       -1.55090170       -0.00249969

0.94247780        2.60000000        0.60000000        0.60000000
1.83348432        0.04615385        0.06976763       -0.00149916
0.77300475       -0.04406727       -1.13023565       -0.00248323

1.25663706        2.80000000        0.80000000        0.80000000
2.06565406        0.03007519       -0.10545848       -0.00195421
0.70610737       -0.11600430       -0.62220506       -0.00158422

1.57079633        3.00000000        1.00000000        1.00000000
2.27790311        0.00000000       -0.18393972        0.00000000
0.64644661       -0.18421053       -0.18393972        0.04750000

   (B3-1)            (B3-2)            (B3-3)            (B3-5)
```

Beispiel 3.1: Exakte Lösung von Randwertaufgaben

3.1.1 Gewöhnliches Differenzenverfahren

Wir lösen die lineare Randwertaufgabe (3.1-1) durch Zurückführung auf Anfangswertaufgaben. Wir bestimmen Funktionen u(x) und v(x) folgendermaßen:

$$L[u] = r(x), \; u(a) = y_a, \; u'(a) = 0; \qquad (3.1\text{-}2)$$
$$L[v] = 0, \; v(a) = 0, \; v'(a) = 1.$$

Für die Funktion

$$y(x) = u(x) + K\,v(x)$$

gilt dann mit einer beliebigen Konstanten

$$L[y] = L[u] + K\,L[v] = r(x), \; y(a) = y_a, \; y'(a) = K.$$

y(x) erfüllt also in (3.1-1) die Differentialgleichung und die Randbedingung für $x = a$. Die Konstante K wird jetzt so gewählt, daß auch die zweite Randbedingung an der Stelle $x = b$ erfüllt wird:

$$R[y] = R[u] + K\,R[v] = b_2.$$

Hieraus erhalten wir

$$K = y_a' = \frac{b_2 - R[u]}{R[v]} \quad \text{für } R[v] \neq 0. \qquad (3.1\text{-}3)$$

Ist $R[v] = 0$, so ist K *nicht* (für $b_2 - R[u] \neq 0$) oder *nicht eindeutig* (für $b_2 - R[u] = 0$) bestimmbar. In unserem Programm werden wir in diesem Fall den Rechengang stoppen und 1/0 = *9.99...9 99* ausdrucken lassen. Nun wird uns allerdings der Rechner mit einem numerischen Näherungsverfahren nicht exakt $R[v] = 0$ berechnen, sondern nur $R[v] \approx 0$. Wir werden daher weiter unten in unserem Programm die Abfrage $R[v] = 0$ durch $|R[v]| \leqq \epsilon$ ersetzen. Natürlich erhalten wir damit keine hundertprozentig sichere Aussage über die Nichteindeutigkeit der Lösung. Aber immerhin warnt uns der Rechner, falls ein Ausnahmefall eintreten kann.

Mit der nach (3.1-3) berechneten Konstanten K und den aus den Anfangswertaufgaben ermittelten Funktionswerten u und v erhalten wir für die Abszissenwerte x_ν

$$y_\nu = u_\nu + K\,v_\nu \quad \text{und} \quad y_\nu' = u_\nu' + K\,v_\nu' \qquad (\nu = 0, 1, 2, \ldots, N).$$

Die Berechnung der y_ν und y_ν' wäre relativ schnell erledigt, wenn wir die vorher ermittelten Werte u_ν bis v_ν' im Rechner gespeichert hätten. Um dann mit den Datenspeichern auszukommen, müßten wir uns auf sehr wenige Abszissenwerte x_ν beschränken. Wir wollen aber das numerische Verfahren möglichst allgemein anwenden können, daher lösen wir in einem erneuten Rechengang die Anfangswertaufgabe

$$L[y] = r(x), \; y(a) = y_a, \; y'(a) = K.$$

Zur näherungsweisen Berechnung der Funktionswerte u und v kann im Prinzip jedes Verfahren aus dem Abschnitt 2.2 herangezogen werden. Wir benutzen hier das gewöhnliche Differenzenverfahren, in dem die Ableitungen $y'(x_i)$ und $y''(x_i)$ durch ihre Differenzenquotienten ersetzt werden:

$$y'(x_i) \cong y_i' = \frac{y_{i+1} - y_{i-1}}{2h}, \qquad y''(x_i) \cong y_i'' = \frac{y_{i+1} - 2y_i + y_{i-1}}{h^2}. \qquad (3.1\text{-}4)$$

Die Differentialgleichung (3.1-1) geht damit über in die finiten Gleichungen

$$\frac{y_{i+1} - 2y_i + y_{i-1}}{h^2} + q_i\,\frac{y_{i+1} - y_{i-1}}{2h} + p_i\,y_i = r_i \qquad (i \in \mathbb{N}_n).$$

Diese Gleichungen können wir rekursiv lösen, wenn y_0 und y_1 bekannt sind. Wir setzen (s. auch Abschnitt 2.2.3)

$$y_1 = y_0 + h\,y_0' + \frac{h^2}{2}\,y_0'' = y_0 + h\,y_0' + \frac{h^2}{2}\,(r_0 - p_0\,y_0 - q_0\,y_0') .$$

Für die Lösung der Anfangswertaufgabe mit $y_0 = y_a$ und $y_0' = y_a'$ erhalten wir aus den obigen Darstellungen den Algorithmus

$$\begin{aligned} y_1 &= (1 - \tfrac{h}{2}\,q_0)\,h\,y_0' + \tfrac{1}{2}\,[(2 - h^2 p_0)\,y_0 + h^2 r_0] , \\ y_{i+1} &= [-(1 - \tfrac{h}{2}\,q_i)\,y_{i-1} + (2 - h^2 p_i)\,y_i + h^2 r_i]/(1 + \tfrac{h}{2}\,q_i) , \\ y_n' &= \frac{y_{n+1} - y_{n-1}}{2h} . \end{aligned} \tag{3.1-5}$$

Die nach (3.1-2) zu bestimmenden Funktionen $u(x)$ und $v(x)$ werden näherungsweise ebenfalls nach dem Differenzenverfahren (3.1-5) ermittelt, wobei für v_i das homogene System $r_i = 0$ zu lösen ist. Für die Ausgangswerte gilt mit $u_0' = 0$ und $v_0' = 1$

$$\begin{aligned} u_0 &= y_a , \quad & u_1 &= \tfrac{1}{2}\,[(2 - h^2 p_0)\,u_0 + h^2 r_0] , \\ v_0 &= 0 , \quad & v_1 &= (1 - \tfrac{h}{2}\,q_0)\,h . \end{aligned} \tag{3.1-6}$$

Mit diesen Startwerten lassen wir die u_i und v_i nach (3.1-5) für die Rechenschrittweiten $h = \frac{\Delta x}{2}$, $\frac{h}{2}$, $\frac{h}{4}$ usw. berechnen. Am Ende des Intervalls $[a; b]$ wird jedesmal mit den Werten u, u', v und v' nach (3.1-3) $y_a' = K$ bestimmt. Nach jedem Rechengang mit einer neuen halbierten Schrittweite h werden die y_{1k}' nach (s. Abschnitt 2.2.3)

$$y_{j+1,k}' = \frac{4^j\,y_{jk}' - y_{j,k-1}'}{4^j - 1} \qquad (k = 2, 3, \ldots ;\ j = 1, 2, \ldots, k-1) \tag{3.1-7}$$

extrapoliert, bis eine gewünschte Genauigkeit ϵ' erreicht ist. Wie früher benutzen wir als Abbruchbedingung für die Halbierung der Werte h

$$|y_{kk}' - y_{k-1,k-1}'| < \epsilon' .$$

Ist y_a' genau genug ermittelt, so setzen wir Flag 0 und lösen die Anfangswertaufgabe

$$L[y] = r(x), \quad y(a) = y_0 = y_a, \quad y'(a) = y_0' = y_a'$$

mit dem Differenzenverfahren (3.1-5). Jetzt berechnen wir die y_{1k} und y_{1k}' am Ende eines jeden Intervalls $[x_\nu; x_{\nu+1}]$ der Breite Δx und extrapolieren nach (3.1-7).

Der gesamte Algorithmus ist im Flußdiagramm RWA 1 zusammengestellt. Dabei werden im Durchlauf ohne Flag 0 die Werte u (hier wieder mit y bezeichnet) und v berechnet. Für die Abfrage „Ist Flag 0 gesetzt?" schreiben wir ⟨fl 0⟩ und entsprechend für „Ist Flag 0 nicht gesetzt?" ⟨¬fl 0⟩.

Die im Flußdiagramm mit „Extrapolation" angegebene Anweisung wird wie in den Programmen des Abschnitts 2 ausgeführt (s. hierzu ausführlich z. B. Flußdiagramm AWA 6). Um im Unterprogramm einige freie Datenspeicher zur Berechnung der Funktionen $r(x)$, $p(x)$ und $q(x)$ zu gewinnen, haben wir für die Speicherung der Konstanten b_0, b_1 und b_2 auf die *Hierarchie-Register* zurückgegriffen. Diese Speicher, die im TI-Handbuch nicht erwähnt sind, werden im allgemeinen für unvollständige Operationen oder Sonderprobleme benutzt. Sie können in einem Programm über den Befehl HIR n m mit dem Tastenkode 8 2 für HIR (existiert nicht als Taste auf dem Rechner!) erreicht werden. Wir benötigen hier

HIR 0 m: Speichere den Wert aus dem Anzeigeregister in ein Rechenregister mit der Nummer $m \in \mathbb{N}_8$;

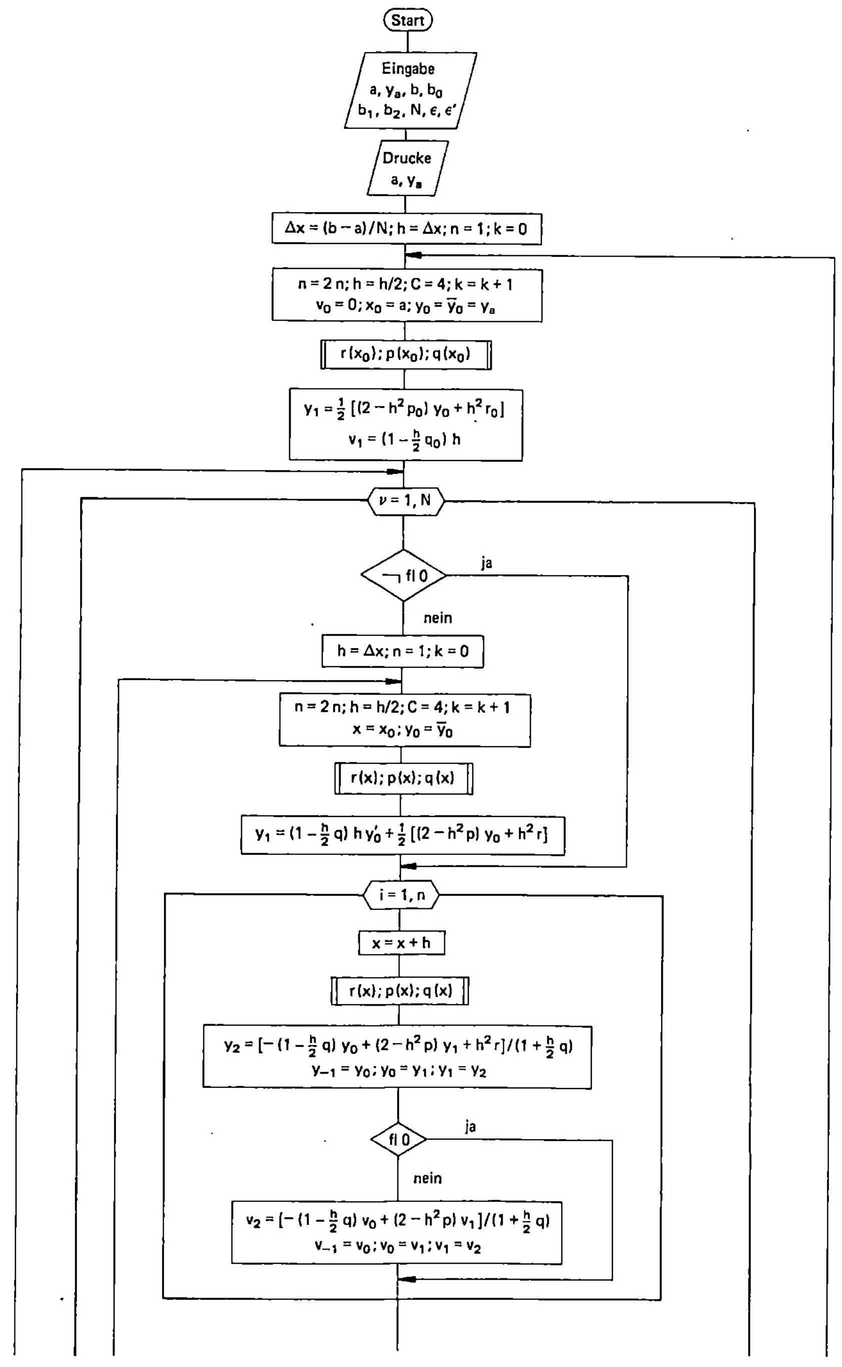
Start
Eingabe
a, y_a, b, b_0
b_1, b_2, N, ε, ε'
Drucke
a, y_a
$\Delta x = (b - a)/N; h = \Delta x; n = 1; k = 0$
$n = 2n; h = h/2; C = 4; k = k + 1$
$v_0 = 0; x_0 = a; y_0 = \bar{y}_0 = y_a$
$r(x_0); p(x_0); q(x_0)$
$y_1 = \frac{1}{2}[(2 - h^2 p_0) y_0 + h^2 r_0]$
$v_1 = (1 - \frac{h}{2} q_0) h$
$\nu = 1, N$
¬ fl 0
ja
nein
$h = \Delta x; n = 1; k = 0$
$n = 2n; h = h/2; C = 4; k = k + 1$
$x = x_0; y_0 = \bar{y}_0$
$r(x); p(x); q(x)$
$y_1 = (1 - \frac{h}{2} q) h y_0' + \frac{1}{2}[(2 - h^2 p) y_0 + h^2 r]$
$i = 1, n$
$x = x + h$
$r(x); p(x); q(x)$
$y_2 = [-(1 - \frac{h}{2} q) y_0 + (2 - h^2 p) y_1 + h^2 r]/(1 + \frac{h}{2} q)$
$y_{-1} = y_0; y_0 = y_1; y_1 = y_2$
fl 0
ja
nein
$v_2 = [-(1 - \frac{h}{2} q) v_0 + (2 - h^2 p) v_1]/(1 + \frac{h}{2} q)$
$v_{-1} = v_0; v_0 = v_1; v_1 = v_2$

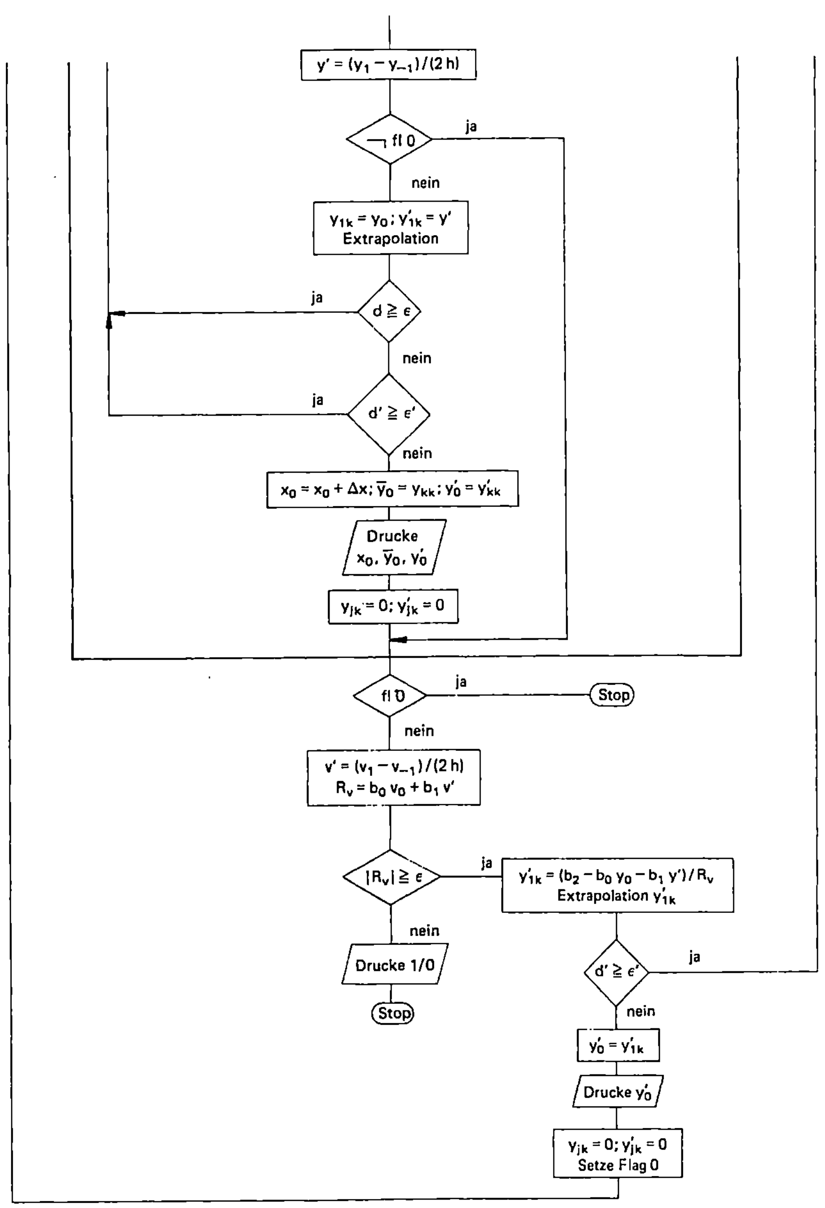

Flußdiagramm RWA 1: Gewöhnliches Differenzenverfahren für lineare Randwertaufgaben zweiter Ordnung (TI-59)

HIR 1 m: Bringe den Wert aus dem Rechenregister mit der Nummer m in das Anzeigeregister.

Der Befehl HIR 0 6 wird z.B. durch die folgende Tastenfolge eingegeben:

[STO] 8 2 [BST] [BST] [*Del] [SST] 6 ,

oder HIR 1 8 durch

[RCL] 8 2 [BST] [BST] [*Del] [SST] [*C'] .

Im allgemeinen wird das Hierarchie-Register mit der Nummer m für die m-te unvollständige Operation reserviert. Es ist also z.B. nicht zulässig, für m = 1, 2 oder 3 zu wählen, wenn in einem Programm drei unvollständige Operationen auftreten werden. Wir haben daher im Programm RWA 1 m = 8, 7 und 6 gewählt.

Entgegen unserer sonstigen Gewohnheit haben wir einige Befehlsfolgen als Unterprogramme A' bis D' zusammengefaßt. Wir stellen sie an den Anfang des Programms RWA 1, damit kein sehr großer Zeitverlust bei der Suche nach einem solchen Unterprogramm auftritt. Es bedeuten

A': y_2 wird aus y_0 und y_1 nach (3.1-5) berechnet;

B': Extrapolation der Funktionswerte y_{1k} und y'_{1k} mit $C = 4^j$;

C': n wird verdoppelt, h halbiert und C = 4 gesetzt;

D': für die Rechnung im nächsten Intervall werden alle Speicher für y_{jk} und y'_{jk} gelöscht.

Im Flußdiagramm RWA 1 setzen wir wie früher

$$d = |y_{kk} - y_{k-1,k-1}| \quad \text{und} \quad d' = |y'_{kk} - y'_{k-1,k-1}| .$$

```
000  91  R/S
001  76  LBL
002  16  A'
003  71  SBR
004  04  04
005  79  79
006  43  RCL
007  12  12
008  49  PRD
009  17  17
010  33  X²
011  49  PRD
012  15  15
013  49  PRD
014  16  16
015  02  2
016  22  INV
017  49  PRD
018  17  17
019  01  1
020  75  -
021  43  RCL
022  17  17
023  95  =
024  49  PRD
025  03  03
026  42  STO
027  28  28
028  02  2
029  75  -
030  43  RCL
031  16  16
032  95  =
033  42  STO
034  27  27
035  65  ×
036  43  RCL
037  02  02
038  85  +
039  43  RCL
040  15  15
041  95  =
042  92  RTN
043  76  LBL
044  17  B'
045  02  2
046  09  9
047  42  STO
048  28  28
049  03  3
050  09  9
051  42  STO
052  29  29
053  43  RCL
054  10  10
055  75  -
056  01  1
057  44  SUM
058  28  28
059  44  SUM
060  29  29
061  44  SUM
062  00  00
063  95  =
064  42  STO
065  19  19
066  43  RCL
067  02  02
068  63  EX*
069  28  28
070  67  EQ
071  00  00
072  89  89
073  42  STO
074  26  26
075  94  +/-
076  85  +
077  73  RC*
078  28  28
079  65  ×
080  43  RCL
081  10  10
082  95  =
083  55  ÷
084  43  RCL
085  19  19
086  95  =
087  42  STO
088  02  02
089  43  RCL
090  03  03
091  63  EX*
092  29  29
093  67  EQ
094  01  01
095  18  18
096  42  STO
097  27  27
098  94  +/-
099  85  +
100  73  RC*
101  29  29
102  65  ×
103  43  RCL
104  10  10
105  95  =
106  55  ÷
107  43  RCL
108  19  19
109  95  =
110  42  STO
111  03  03
112  04  4
113  49  PRD
114  10  10
115  61  GTO
116  00  00
117  53  53
118  73  RC*
119  29  29
120  75  -
121  43  RCL
122  27  27
123  95  =
124  50  I×I
125  75  -
126  43  RCL
127  09  09
128  95  =
129  92  RTN
130  76  LBL
131  18  C'
132  02  2
133  49  PRD
134  13  13
135  22  INV
136  49  PRD
137  12  12
138  04  4
139  42  STO
140  10  10
141  92  RTN
142  76  LBL
143  19  D'
144  00  0
145  72  ST*
146  28  28
147  72  ST*
148  29  29
149  01  1
150  94  +/-
151  44  SUM
152  28  28
153  44  SUM
154  29  29
```

Fortsetzung nächste Seite

```
155 97 DSZ    220 42 STO    285 44 SUM    350 18  18    415 43 RCL
156 00  00    221 01  01    286 01  01    351 22 INV    416 25  25
157 01  01    222 43 RCL    287 43 RCL    352 87 IFF    417 85  +
158 44  44    223 05  05    288 03  03    353 00  00    418 43 RCL
159 92 RTN    224 42 STO    289 48 EXC    354 03  03    419 19  19
160 76 LBL    225 02  02    290 02  02    355 97  97    420 54  )
161 11 A      226 16 A'     291 94 +/-    356 43 RCL    421 55  ÷
162 47 CMS    227 55  ÷     292 42 STO    357 18  18    422 02  2
163 29 CP     228 02  2     293 03  03    358 42 STO    423 55  ÷
164 42 STO    229 95  =     294 42 STO    359 03  03    424 43 RCL
165 04  04    230 42 STO    295 18  18    360 17 B'     425 12  12
166 22 INV    231 03  03    296 16 A'     361 77  GE    426 95  =
167 44 SUM    232 43 RCL    297 44 SUM    362 02  02    427 42 STO
168 11  11    233 28  28    298 03  03    363 56  56    428 19  19
169 98 ADV    234 65  ×     299 01  1     364 73 RC*    429 50 I×I
170 99 PRT    235 43 RCL    300 85  +     365 28  28    430 75  -
171 91 R/S    236 12  12    301 43 RCL    366 75  -     431 43 RCL
172 42 STO    237 95  =     302 17  17    367 43 RCL    432 08  08
173 05  05    238 42 STO    303 95  =     368 26  26    433 95  =
174 99 PRT    239 25  25    304 42 STO    369 95  =     434 77  GE
175 81 RST    240 43 RCL    305 29  29    370 50 I×I    435 04  04
176 76 LBL    241 14  14    306 22 INV    371 75  -     436 41  41
177 12 B      242 42 STO    307 49 PRD    372 43 RCL    437 00  0
178 44 SUM    243 07  07    308 03  03    373 08  08    438 35 1/X
179 11  11    244 22 INV    309 87 IFF    374 95  =     439 99 PRT
180 91 R/S    245 87 IFF    310 00  00    375 77  GE    440 81 RST
181 82 HIR    246 00  00    311 03  03    376 02  02    441 82 HIR
182 06  06    247 02  02    312 35  35    377 56  56    442 18  18
183 91 R/S    248 79  79    313 43 RCL    378 43 RCL    443 75  -
184 82 HIR    249 43 RCL    314 27  27    379 11  11    444 82 HIR
185 07  07    250 11  11    315 48 EXC    380 44 SUM    445 16  16
186 91 R/S    251 42 STO    316 25  25    381 04  04    446 65  ×
187 82 HIR    252 12  12    317 49 PRD    382 43 RCL    447 43 RCL
188 08  08    253 01  1     318 25  25    383 04  04    448 02  02
189 91 R/S    254 42 STO    319 48 EXC    384 98 ADV    449 75  -
190 76 LBL    255 13  13    320 24  24    385 99 PRT    450 82 HIR
191 14 D      256 18 C'     321 94 +/-    386 73 RC*    451 17  17
192 42 STO    257 43 RCL    322 42 STO    387 28  28    452 65  ×
193 14  14    258 04  04    323 19  19    388 99 PRT    453 43 RCL
194 22 INV    259 42 STO    324 65  ×     389 42 STO    454 18  18
195 49 PRD    260 01  01    325 43 RCL    390 05  05    455 95  =
196 11  11    261 43 RCL    326 28  28    391 73 RC*    456 55  ÷
197 91 R/S    262 05  05    327 95  =     392 29  29    457 43 RCL
198 76 LBL    263 42 STO    328 44 SUM    393 99 PRT    458 19  19
199 15 E      264 02  02    329 25  25    394 42 STO    459 95  =
200 42 STO    265 43 RCL    330 43 RCL    395 06  06    460 42 STO
201 08  08    266 06  06    331 29  29    396 19 D'     461 03  03
202 91 R/S    267 65  ×     332 22 INV    397 97 DSZ    462 17 B'
203 76 LBL    268 43 RCL    333 49 PRD    398 07  07    463 77  GE
204 10 E'     269 12  12    334 25  25    399 02  02    464 02  02
205 42 STO    270 95  =     335 97 DSZ    400 44  44    465 14  14
206 09  09    271 42 STO    336 00  00    401 87 IFF    466 73 RC*
207 43 RCL    272 03  03    337 02  02    402 00  00    467 29  29
208 11  11    273 16 A'     338 83  83    403 01  01    468 42 STO
209 42 STO    274 55  ÷     339 43 RCL    404 75  75    469 06  06
210 12  12    275 02  2     340 03  03    405 82 HIR    470 99 PRT
211 01  1     276 95  =     341 44 SUM    406 16  16    471 86 STF
212 42 STO    277 44 SUM    342 18  18    407 65  ×     472 00  00
213 13  13    278 03  03    343 43 RCL    408 43 RCL    473 19 D'
214 18 C'     279 43 RCL    344 12  12    409 24  24    474 61 GTO
215 00  0     280 13  13    345 65  ×     410 85  +     475 02  02
216 42 STO    281 42 STO    346 02  2     411 82 HIR    476 40  40
217 24  24    282 00  00    347 95  =     412 17  17    477 76 LBL
218 43 RCL    283 43 RCL    348 22 INV    413 65  ×     478 71 SBR
219 04  04    284 12  12    349 49 PRD    414 53  (     479 00  0
```

Programm RWA 1: Gewöhnliches Differenzenverfahren für lineare Randwertaufgaben zweiter Ordnung (TI-59)

Speicherplan zum Programm RWA 1:

0	i, j	10	C	20	frei	30	y_{1k}
1	x	11	Δx	21	frei	31	y_{2k}
2	y_0	12	h	22	frei	...	...
3	y_1	13	n	23	frei	40	y'_{1k}
4	a, x_0	14	N	24	v_0	41	y'_{2k}
5	y_a, y_0	15	r, $h^2 r$	25	v_1	...	...
6	y'_0	16	p, $h^2 p$	26	y_{jk}	HIR 6	b_0
7	ν	17	q, $\frac{h}{2}$ q	27	$2 - h^2 p$, y'_{jk}	HIR 7	b_1
8	ϵ	18	y_{-1}	28	$1 - \frac{h}{2} q$, 29 + j	HIR 8	b_2
9	ϵ'	19	v_{-1}, C − 1	29	$1 + \frac{h}{2} q$, 39 + j		

Benutzeranleitung RWA 1: Lineare Randwertaufgabe zweiter Ordnung

$$y'' + q(x)\,y' + p(x)\,y = r(x), \quad y(a) = y_a, \quad b_0\,y(b) + b_1\,y'(b) = b_2.$$

Im Intervall [a; b] werden y_ν und y'_ν ($\nu = 1, 2, \ldots, N$) für äquidistante Abszissenwerte $x_\nu = a + \nu\,\Delta x$ ($\Delta x = (b-a)/N$) mit einer Genauigkeit ϵ (für y) und ϵ' (für y') nach dem gewöhnlichen Differenzenverfahren berechnet.

(1) Programm RWA 1 einlesen. Mit 5 [*Op] 1 7 Speicherbereichseinteilung 559.49 wählen. Ohne Drucker: [R/S] in PSS 3 8 5, 3 8 8, 3 9 3 und 4 7 0.

(2) [GTO] [SBR] [LRN]; Tastenfolge zur Berechnung der Funktionswerte r(x), p(x) und q(x) mit x = (R_1) eingeben und r nach R_{15}, p nach R_{16} und q nach R_{17} speichern; [INV] [SBR] [LRN]

(3) Eingabe: a [A] y_a [R/S] b [B] b_0 [R/S] b_1 [R/S] b_2 [R/S] N [D] ϵ [E] ϵ' [E']

(4) Ausgabe: x_ν, y_ν, y'_ν für $\nu \in \mathbb{N}_{0,N}$. Ist die Aufgabe nicht oder nicht eindeutig lösbar: 9.99...99 99.

Wir testen das Programm zunächst mit der am Anfang des Abschnitts 3 erwähnten nicht oder nicht eindeutig lösbaren Randwertaufgabe mit der Differentialgleichung (B3-3) und den Randbedingungen y(0) = 0 (oder y(0) = 1) und y(1) + y'(1) = 0. Nach etwa einer halben Stunde stellt der Rechner (mit $\epsilon = \epsilon' = 10^{-6}$) die nicht eindeutige Lösbarkeit der Aufgabe fest und druckt uns aus:

```
0.00000000
0.00000000
 9.9999999 99?
```

Beispiel RWA 1/1 zeigt die Lösungen der Randwertaufgaben (B3-1) bis (B3-4) mit N = 5 und $\epsilon = \epsilon' = 10^{-6}$ (das Ausdrucken dieser Werte haben wir in diesem Programm fortgelassen, um Programmspeicherplätze zu sparen). Die Rechenzeiten betragen bei diesen Aufgaben etwa:

(B3-1): 15 min, (B3-2): 16 min, (B3-3): 31 min, (B3-4): 40 min.

0.00000000	2.00000000	0.00000000	0.00000000
1.00000000	0.00000000	1.00000000	0.00000000
1.00000000	0.21052632	-1.50000000	0.07572666
0.31415927	2.20000000	0.20000000	0.40000000
1.30184761	0.03253589	0.67255261	0.03726919
0.92178277	0.11678991	-1.71020520	0.11329931
0.62831853	2.40000000	0.40000000	0.80000000
1.57937505	0.04736842	0.34085752	0.09387180
0.84549150	0.03289474	-1.55090170	0.17604225
0.94247780	2.60000000	0.60000000	1.20000000
1.83348432	0.04615385	0.06976763	0.18733613
0.77300475	-0.04406727	-1.13023565	0.31209431
1.25663706	2.80000000	0.80000000	1.60000000
2.06565405	0.03007519	-0.10545849	0.38005786
0.70610737	-0.11600430	-0.62220506	0.74730361
1.57079633	3.00000000	1.00000000	2.00000000
2.27790310	0.00000000	-0.18393972	0.99999999
0.64644660	-0.18421053	-0.18393972	3.03431738
(B3-1)	(B3-2)	(B3-3)	(B3-4)

Beispiel RWA 1/1: Gewöhnliches Differenzenverfahren für lineare Randwertaufgaben zweiter Ordnung (TI-59)

Daß wir mit dem Algorithmus des gewöhnlichen Differenzenverfahrens und dem Programm RWA 1 nicht immer so ausgezeichnete Ergebnisse wie bei den obigen Beispielen erhalten, zeigt die Randwertaufgabe (B3-5). Mit $\epsilon = 10^{-6}$ liefert uns der Rechner die Resultate im Beispiel RWA 1/2 (linke Spalte), die von den exakten Werten (Beispiel 3.1) teilweise erheblich abweichen. Hier liegt wieder eine *numerische Instabilität* vor (s. Abschnitt 2.1.6). Betrachten wir dazu die Anfangswertaufgabe

$$y'' - 400\,y = x, \quad y(x_\nu) = y_\nu, \quad y'(x_\nu) = y'_\nu$$

mit der allgemeinen Lösung

$$y(x) = C_1 \cosh 20x + C_2 \sinh 20x - \frac{x}{400}.$$

Die Funktionen $\cosh 20x$ und $\sinh 20x$ wachsen für positive x-Werte sehr rasch an, so daß ein bei numerischen Methoden unvermeidlicher Fehler in den Werten y_ν und y'_ν sich bei der Berechnung der weiteren Näherungswerte stark bemerkbar macht. Erkennen kann man äußerlich diese „Bösartigkeit" der Differentialgleichung an $p(x) = -400 < 0$ und dem relativ großen Wert von $|p(x)| = 400$. In diesem Fall verwendet man besser eines der späteren Programme RWA 2 oder RWA 3 (s. die dortigen Ergebnisse).

Bei der Randwertaufgabe (B3-6) liegt an der Stelle $x = 0$ eine Singularität vor. Mit $y'(0) = 0$ folgt

$$\lim_{x\to 0} \frac{y'(x)}{x} = \lim_{x\to 0} \frac{y''(x)}{1} = y''(0),$$

d.h. die vollständige Differentialgleichung lautet

$$y'' - \frac{3}{x} y' = 0 \quad \text{für} \quad 0 < x \leqq 1 \quad \text{und} \quad y'' = 0 \quad \text{für} \quad x = 0.$$

Geben wir im Unterprogramm

$$q(x) = -\frac{3}{x} \quad \text{für} \quad x > 0 \quad \text{und} \quad q(x) = 0 \quad \text{für} \quad x = 0$$

ein, so liefert uns der Rechner mit $a = 0$, $y_a = 0$, $b = 1$, $b_0 = 1$, $b_1 = 0$ und $b_2 = 1$ keine Ergebnisse. Was ist hier passiert? Integrieren wir die Differentialgleichung $\frac{y''}{y'} = \frac{3}{x}$, so erhalten wir die allgemeine Lösung $y = C_1 x^4 + C_2$ und hieraus mit den Randbedingungen die eindeutige Lösung $y = x^4$. Die in unserem Verfahren benutzte Funktion $v(x)$ wird aus

$$v'' - \frac{3}{x} v' = 0, \quad v(0) = 0, \quad v'(0) = 1$$

bestimmt. Hier lassen sich in der allgemeinen Lösung $v = \overline{C}_1 x^4 + \overline{C}_2$ die Integrationskonstanten nicht so wählen, daß die Anfangsbedingungen erfüllt werden. Trotzdem können wir bei dieser Randwertaufgabe (B3-6) die Lösung sehr leicht bestimmen, indem wir vom rechten zum linken Rand gehen. Wir setzen also $a = 1$, $y_a = 1$, $b = 0$, $b_0 = 1$, $b_1 = 0$ und $b_2 = 0$. Die Ergebnisse sind im Beispiel RWA 1/2 angegeben (wieder mit $\epsilon = \epsilon' = 10^{-6}$).

```
 0.00000000       1.00000000        2.00000000        2.00000000
 0.00000000       1.00000000        0.60000000        0.60000000
-0.00250000       4.00000000       -0.19172615       -0.19172489

 0.20000000       0.80000000        1.60000000        1.60000000
-0.00050000       0.40960000        0.68352439        0.68352351
-0.00250001       2.04800000       -0.22664085       -0.22663473

 0.40000000       0.60000000        1.20000000        1.20000000
-0.00100002       0.12960000        0.78138881        0.78138449
-0.00250051       0.86400000       -0.26163677       -0.26159164

 0.60000000       0.40000000        0.80000000        0.80000000
-0.00150135       0.02560000        0.88993011        0.88989113
-0.00252703       0.25600000       -0.27378362       -0.27336132

 0.80000000       0.20000000        0.40000000        0.40000000
-0.00207365       0.00160000        0.98966587        0.98900339
-0.00397291       0.03200000       -0.20585619       -0.20149510

 1.00000000       0.00000000
-0.00652090       0.00000000
-0.08291800       0.00000003
```

(B3-5) (B3-6) (B3-7)

Beispiel RWA 1/2: Gewöhnliches Differenzenverfahren für lineare Randwertaufgaben (TI-59)

Bei der Randwertaufgabe (B3-7) müssen wir versuchen, die Singularität an der Stelle $x = 0$ zu berücksichtigen. So wie wir den Algorithmus des gewöhnlichen Differenzenverfahrens aufgebaut haben, benötigen wir die Funktionswerte $r(x)$, $p(x)$ und $q(x)$ an beiden Rändern $x = a$ und $x = b$. Mit $y'(0) = 0$ wird nach der Regel von de l'Hospital

$$\lim_{x \to 0} (q(x)\, y'(x)) = \lim_{x \to 0} \frac{(3 + 5x^2)\, y'}{x + x^3} = \lim_{x \to 0} \frac{10\, x\, y' + (3 + 5x^2)\, y''}{1 + 3x^2} = 3\, y''(0) .$$

Damit geht die Differentialgleichung

$$y'' + \frac{3/x + 5x}{1 + x^2}\,y' + \frac{4}{3(1 + x^2)}\,y = -\frac{1}{1 + x^2} \qquad \text{für } x > 0$$

über in

$$y'' + \frac{y}{3} = -\frac{1}{4} \qquad \text{für } x = 0.$$

Das Unterprogramm für die Randwertaufgabe (B3-7) sieht dann z.B. so aus:

```
477  76 LBL
478  71 SBR
479  43 RCL
480  01  01
481  67  EQ
482  05  05
483  20  20
484  33 X²
485  85  +
486  01  1
487  95  =
488  35 1/X
489  94 +/-
490  42 STO
491  15  15
492  65  ×
493  04  4
494  55  ÷
495  03  3
496  95  =
497  94 +/-
498  42 STO
499  16  16
500  65  ×
501  03  3
502  55  ÷
503  04  4
504  65  ×
505  53  (
506  03  3
507  55  ÷
508  43 RCL
509  01  01
510  85  +
511  05  5
512  65  ×
513  43 RCL
514  01  01
515  54  )
516  95  =
517  42 STO
518  17  17
519  92 RTN
520  42 STO
521  17  17
522  04  4
523  35 1/X
524  94 +/-
525  42 STO
526  15  15
527  03  3
528  35 1/X
529  42 STO
530  16  16
531  92 RTN
532  00  0
```

Starten wir das Programm mit

2 [A] .6 [R/S] 0 [B] 0 [R/S] 1 [R/S] 0 [R/S] 5 [D] ϵ [E] ϵ' [E'] ,

so liefert uns der Rechner bis $x = 0{,}4$ die Ergebnisse im Beispiel RWA 1/2 (links für $\epsilon = \epsilon' = 0{,}01$ und rechts für $\epsilon = \epsilon' = 10^{-6}$). Für $x = 0$ aber sind dem Rechner keine Zahlenwerte mehr zu entlocken. Hier macht sich offensichtlich die Singularität und damit wieder eine numerische Instabilität zu stark bemerkbar. Natürlich sind damit auch die ausgedruckten Resultate mit Vorsicht zu betrachten. Wir greifen dieses Beispiel (B3-7) weiter unten noch einmal auf.

Das bisherige Programm RWA 1 kann nur von einem TI-59 bewältigt werden. Wegen der Extrapolation wurden viele Daten- und Programmspeicher benötigt. Für die Besitzer des TI-58 geben wir das Programm RWA 2 an, das ohne Extrapolation die Funktionswerte y_ν und deren Ableitungen y'_ν näherungsweise mit dem gewöhnlichen Differenzenverfahren berechnet. Dabei kann die Anzahl n der Rechenteilintervalle in $[x_\nu; x_{\nu+1}]$ beliebig gewählt werden. Die Differenzengleichungen (3.1-5) (mittlere Gleichung) lösen wir auch hier rekursiv, aber wir gehen etwas anders als im Programm RWA 1 vor. Ist (u_i) eine Lösung des inhomogenen und (v_i) eine Lösung des homogenen Gleichungssystems, so ist mit einer beliebigen Konstanten K

$$y_i = u_i + K v_i \qquad (i = 0, 1, 2, \ldots, n, n+1)$$

ebenfalls eine Lösung des inhomogenen Gleichungssystems. Diese Behauptung kann unmittelbar durch Einsetzen bestätigt werden. (Der Satz gilt für ein beliebiges lineares Gleichungssystem $Ay = r$, wie sofort zu erkennen ist.) Die Startwerte zur rekursiven Bestimmung der v_i und u_i $(i \geqq 2)$ wählen wir folgendermaßen:

$$v_0 = 0, \quad v_1 = 1 \quad \text{und} \quad u_0 = y_a, \quad u_1 = 0. \qquad (3.1\text{-}8)$$

Damit wird $y_0 = y_a$ und $y_1 = K$. Mit den Werten

$$u_n, \quad u'_n = \frac{u_{n+1} - u_{n-1}}{2h}, \quad v_n \text{ und } v'_n = \frac{v_{n+1} - v_{n-1}}{2h}$$

Speicherplan	
0	i
1	x
2	y_0
3	y_1
4	a
5	y_a
6	y'
7	ν
8	b_0
9	b_1
10	b_2
11	Δx
12	h
13	n
14	N
15	$h^2 r$
16	$h^2 p$
17	$\frac{h}{2} q$
18	R_ν
19	frei

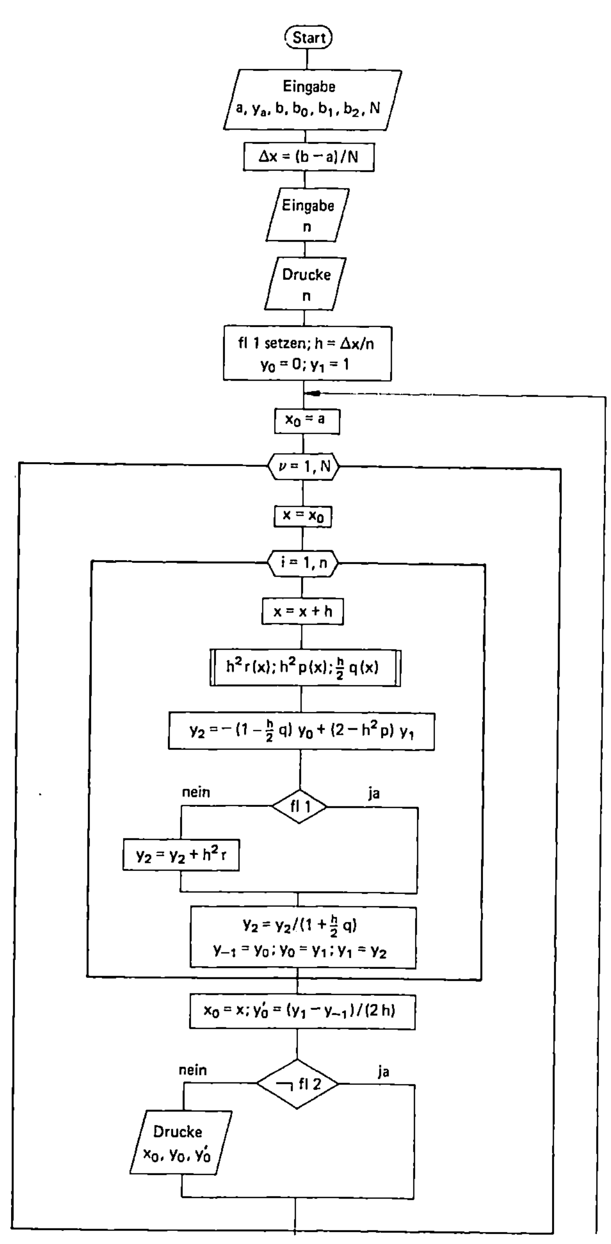

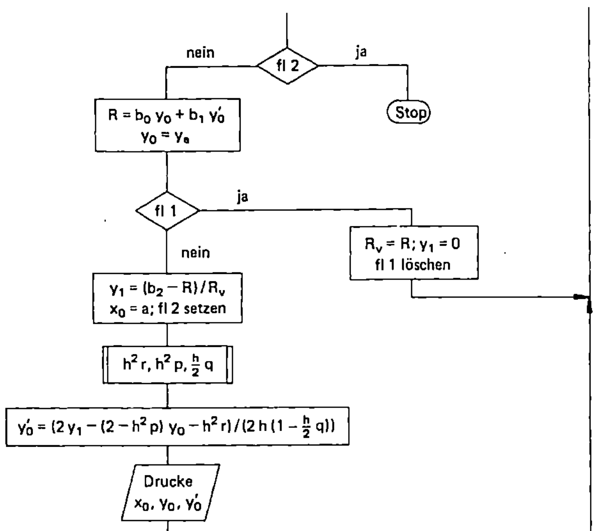

Flußdiagramm RWA 2: Gewöhnliches Differenzenverfahren für lineare Randwertaufgaben zweiter Ordnung (TI-58)

an der Stelle $x = b$ berechnen wir

$$R[u] = b_0 u_n + b_1 u'_n \quad \text{und} \quad R[v] = b_0 v_n + b_1 v'_n$$

und hiermit schließlich

$$y_1 = K = (b_2 - R[u])/R[v]. \tag{3.1-9}$$

Somit liegen auch die Startwerte y_0 und y_1 zur rekursiven Berechnung der y_i $(i \geqq 2)$ nach (3.1-5) vor. Zur Bestimmung der Ableitung

$$y'_a = \frac{y_1 - y_{-1}}{2h}$$

schreiben wir die Differenzengleichung für $x_0 = a$ $(i = -1)$:

$$(1 - \tfrac{h}{2} q_0) y_{-1} - (2 - h^2 p_0) y_0 + (1 + \tfrac{h}{2} q_0) y_1 = h^2 r_0.$$

Setzen wir y_{-1} in den Term für y'_a ein, so erhalten wir nach einer kurzen Umformung

$$y'_a = \frac{2 y_1 - (2 - h^2 p_0) y_0 - h^2 r_0}{2h(1 - \tfrac{h}{2} q_0)}, \tag{3.1-10}$$

wobei wir stillschweigend voraussetzen, daß der Nenner von Null verschieden ist (was nicht immer der Fall zu sein braucht). Den gesamten Algorithmus stellen wir im Flußdiagramm RWA 2 dar. Die Schleife, die bei $x_0 = a$ beginnt, wird insgesamt dreimal durchlaufen. Bei gesetztem Flag 1 werden die $y_i = v_i$ und $R[v] = R_v$ berechnet, danach ohne Flags die $y_i = u_i$ und $R[u]$. Mit Flag 2 schließlich werden die y_i bestimmt und an den Abszissenstellen $x_\nu = a + \nu \Delta x$ ausgedruckt. Eine Fehlermeldung für Ausnahmefälle $(R[v] = 0)$ wie im Programm RWA 1 haben wir hier nicht einprogrammiert.

```
000  91 R/S    048  35 1/X    096  03  03    144  06  06    192  65  ×
001  76 LBL    049  42 STO    097  42 STO    145  99 PRT    193  43 RCL
002  11  A     050  12  12    098  02  02    146  97 DSZ    194  03  03
003  47 CMS    051  00  0     099  87 IFF    147  07  07    195  75  -
004  42 STO    052  42 STO    100  01  01    148  00  00    196  53  (
005  04  04    053  02  02    101  01  01    149  65  65    197  02  2
006  22 INV    054  01  1     102  06  06    150  87 IFF    198  75  -
007  44 SUM    055  42 STO    103  85  +     151  02  02    199  43 RCL
008  11  11    056  03  03    104  43 RCL    152  00  00    200  16  16
009  91 R/S    057  43 RCL    105  15  15    153  12  12    201  54  )
010  42 STO    058  04  04    106  95  =     154  43 RCL    202  65  ×
011  05  05    059  42 STO    107  55  ÷     155  08  08    203  43 RCL
012  81 RST    060  01  01    108  53  (     156  65  ×     204  02  02
013  76 LBL    061  43 RCL    109  01  1     157  43 RCL    205  99 PRT
014  12  B     062  14  14    110  85  +     158  05  05    206  75  -
015  44 SUM    063  42 STO    111  43 RCL    159  48 EXC    207  43 RCL
016  11  11    064  07  07    112  17  17    160  02  02    208  15  15
017  91 R/S    065  43 RCL    113  54  )     161  85  +     209  95  =
018  42 STO    066  13  13    114  95  =     162  43 RCL    210  55  ÷
019  08  08    067  42 STO    115  42 STO    163  09  09    211  53  (
020  91 R/S    068  00  00    116  03  03    164  65  ×     212  01  1
021  42 STO    069  43 RCL    117  97 DSZ    165  43 RCL    213  75  -
022  09  09    070  12  12    118  00  00    166  06  06    214  43 RCL
023  91 R/S    071  44 SUM    119  00  00    167  95  =     215  17  17
024  42 STO    072  01  01    120  69  69    168  87 IFF    216  54  )
025  10  10    073  71 SBR    121  44 SUM    169  01  01    217  55  ÷
026  91 R/S    074  02  02    122  06  06    170  02  02    218  02  2
027  76 LBL    075  40  40    123  02  2     171  29  29    219  55  ÷
028  14  D     076  01  1     124  65  ×     172  94 +/-    220  43 RCL
029  42 STO    077  75  -     125  43 RCL    173  85  +     221  12  12
030  14  14    078  43 RCL    126  12  12    174  43 RCL    222  95  =
031  22 INV    079  17  17    127  95  =     175  10  10    223  99 PRT
032  49 PRD    080  95  =     128  22 INV    176  95  =     224  86 STF
033  11  11    081  65  ×     129  49 PRD    177  55  ÷     225  02  02
034  91 R/S    082  43 RCL    130  06  06    178  43 RCL    226  61 GTO
035  76 LBL    083  02  02    131  22 INV    179  18  18    227  00  00
036  15  E     084  94 +/-    132  87 IFF    180  95  =     228  57  57
037  42 STO    085  42 STO    133  02  02    181  42 STO    229  42 STO
038  13  13    086  06  06    134  01  01    182  03  03    230  18  18
039  86 STF    087  85  +     135  46  46    183  43 RCL    231  22 INV
040  01  01    088  53  (     136  98 ADV    184  04  04    232  86 STF
041  98 ADV    089  02  2     137  43 RCL    185  42 STO    233  01  01
042  99 PRT    090  75  -     138  01  01    186  01  01    234  00  0
043  98 ADV    091  43 RCL    139  99 PRT    187  99 PRT    235  61 GTO
044  55  ÷     092  16  16    140  43 RCL    188  71 SBR    236  00  00
045  43 RCL    093  54  )     141  02  02    189  02  02    237  55  55
046  11  11    094  65  ×     142  99 PRT    190  40  40    238  76 LBL
047  95  =     095  43 RCL    143  43 RCL    191  02  2     239  71 SBR
```

Programm RWA 2: Gewöhnliches Differenzenverfahren für lineare Randwertaufgaben zweiter Ordnung (TI-58)

Benutzeranleitung RWA 2:

$y'' + q(x)\,y' + p(x)\,y = r(x), \quad y(a) = y_a, \quad b_0\,y(b) + b_1\,y'(b) = b_2.$

Im Intervall $[a; b]$ werden die Funktionswerte y_ν und y'_ν $(\nu = 1, 2, \ldots, N)$ für äquidistante Abszissenwerte $x_\nu = a + \nu\,\Delta x$ bestimmt. In jedem Intervall $[x_\nu; x_{\nu+1}]$ werden die Näherungswerte für y_ν und y'_ν nach dem gewöhnlichen Differenzenverfahren mit der Schrittweite $h = \Delta x/n$ berechnet.

(1) *Programm* RWA 2 eintasten. Ohne Drucker: [R/S] in PSS 1 3 9, 1 4 2, 1 4 5 und 2 2 3. Beim TI-58 mit 2 [*Op] 17 Speicherbereichseinteilung 319.19 wählen.

(2) GTO SBR LRN ; Tastenfolge zur Berechnung von $h^2 r(x)$, $h^2 p(x)$ und $\frac{h}{2} q(x)$ mit $x = (R_1)$ und $h = (R_{12})$ eingeben und $h^2 r$ nach R_{15}, $h^2 p$ nach R_{16} und $\frac{h}{2} q$ nach R_{17} speichern; INV SBR LRN

(3) Eingabe: a A y_a R/S b B b_0 R/S b_1 R/S b_2 R/S N D n E

(4) Ausgabe: n; x_ν, y_ν, y'_ν für $\nu \in \mathbb{N}_{0,N}$.

(5) Für dieselbe Randwertaufgabe mit anderer Rechenschrittweite: n E

Als Beispiel wählen wir die Randwertaufgaben (B3-5) und (B3-7), die uns beim Programm RWA 1 einige Schwierigkeiten bereiteten. Beispiel RWA 2/1 zeigt die Resultate für (B3-5) mit n = 1, 2, 4, 8 und anschließender (passiver) Extrapolation der Werte y'_{1k} an der Stelle x = 1. Vergleichen Sie den besten Wert $y'(1) \cong 0{,}04752326$ (exakter Wert 0,04750000) mit dem weitaus ungünstigeren Ergebnis im Beispiel RWA 1/2, bei dem sogar das Vorzeichen falsch ist.

```
 1. 00000000       2. 00000000       4. 00000000       8. 00000000

 0. 00000000       0. 00000000       0. 00000000       0. 00000000
 0. 00000000       0. 00000000       0. 00000000       0. 00000000
-0. 00249988      -0. 00250000      -0. 00250000      -0. 00250000

 0. 20000000       0. 20000000       0. 20000000       0. 20000000
-0. 00049998      -0. 00050000      -0. 00050000      -0. 00050000
-0. 00249892      -0. 00249995      -0. 00249999      -0. 00249999

 0. 40000000       0. 40000000       0. 40000000       0. 40000000
-0. 00099957      -0. 00099994      -0. 00099998      -0. 00099998
-0. 00248065      -0. 00249820      -0. 00249946      -0. 00249964

 0. 60000000       0. 60000000       0. 60000000       0. 60000000
-0. 00149224      -0. 00149783      -0. 00149887      -0. 00149909
-0. 00215278      -0. 00243873      -0. 00247467      -0. 00248125

 0. 80000000       0. 80000000       0. 80000000       0. 80000000
-0. 00186068      -0. 00192641      -0. 00194678      -0. 00195231
 0. 00373059      -0. 00041847      -0. 00131006      -0. 00151690

 1. 00000000       1. 00000000       1. 00000000       1. 00000000
 0. 00000000       0. 00000000       0. 00000000       0. 00000020
 0. 10930340       0. 06821071       0. 05340176       0. 04904297
```

k	y'_{1k}	y'_{2k}	y'_{3k}	y'_{4k}
1	0,10930340	–	–	–
2	0,06821071	0,05451315	–	–
3	0,05340176	0,04846544	0,04806226	–
4	0,04904297	0,04759004	0,04753168	0,04752326

Beispiel RWA 2/1: Gewöhnliches Differenzenverfahren (TI-58) für die lineare Randwertaufgabe (B3-5)

Im Beispiel RWA 2/2 für (B3-7) erhalten wir im Gegensatz zum Programm RWA 1 auch Werte für x = 0. Wir erkennen aber, daß die Werte für $y'(0)$ sich mit wachsendem n verschlechtern. Eine Extrapolation der y-Werte an der Stelle x = 0 liefert $y(0) \cong 1{,}03273490$.

1.00000000	2.00000000	4.00000000	8.00000000
2.00000000	2.00000000	2.00000000	2.00000000
0.60000000	0.60000000	0.60000000	0.60000000
-0.19258856	-0.19196027	-0.19178468	-0.19173989
1.60000000	1.60000000	1.60000000	1.60000000
0.68367172	0.68358844	0.68354134	0.68352807
-0.22862197	-0.22714612	-0.22676296	-0.22666680
1.20000000	1.20000000	1.20000000	1.20000000
0.78289758	0.78183761	0.78150177	0.78141404
-0.26554739	-0.26253437	-0.26182431	-0.26164959
0.80000000	0.80000000	0.80000000	0.80000000
0.89610963	0.89154278	0.89030822	0.88999561
-0.28007604	-0.27450191	-0.27363633	-0.27342934
0.40000000	0.40000000	0.40000000	0.40000000
1.00695841	0.99307397	0.99000967	0.98925403
-0.19873078	-0.20184337	-0.20154686	-0.20150577
0.00000000	0.00000000	0.00000000	0.00000000
1.05509426	1.03835480	1.03414208	1.03308684
0.00000000	0.00000047	-0.00000296	0.00000608

Beispiel RWA 2/2: Gewöhnliches Differenzenverfahren (TI-58) für die lineare Randwertaufgabe (B3-7)

3.1.2 Mehrstellenverfahren

Beim gewöhnlichen Differenzenverfahren wird die zweite Ableitung an der Stelle x_i näherungsweise aus den Funktionswerten y_{i+1}, y_i und y_{i-1} berechnet. Genauere Differenzenformeln erhält man, wenn die Funktionswerte an weiteren Stützstellen, z.B. für x_{i-2} und x_{i+2}, oder die Ableitungen ebenfalls an mehreren Stellen herangezogen werden. Den letzten Fall wollen wir hier betrachten. Man spricht dann vom *Mehrstellenverfahren* (auch Verfahren von *Cowell* genannt). Eine ausführliche Darstellung und die Herleitung solcher finiter Gleichungen findet der Leser bei Collatz [6]. Weiter unten zeigen wir das prinzipielle Vorgehen beim Aufstellen einer Mehrstellen-Differenzenformel.

Wir werden uns in diesem Abschnitt zunächst auf die folgende Randwertaufgabe beschränken:

$$y'' + p(x)\,y = r(x), \quad y(a) = y_a, \quad R[y] = b_0\,y(b) + b_1\,y'(b) = b_2\,. \tag{3.1-11}$$

Gegenüber (3.1-1) tritt also kein Term mit y' auf. Wie wir unter gewissen Voraussetzungen auch diesen Fall mit dem Mehrstellenverfahren erfassen können, zeigen wir weiter unten an einem Beispiel.

Zur Lösung der Aufgabe (3.1-11) benutzen wir die Mehrstellenformel

$$y_{i+1} - 2\,y_i + y_{i-1} - \frac{h^2}{12}\,(y''_{i+1} + 10\,y''_i + y''_{i-1}) = 0\,. \tag{3.1-12}$$

Wir ersetzen die zweiten Ableitungen nach der Differentialgleichung durch

$$y''_i = r(x_i) - p(x_i)\,y_i = r_i - p_i\,y_i$$

und erhalten dann geordnet

$$a_i = \frac{h^2}{12} p_i, \quad c_i = \frac{h^2}{12} r_i, \quad d_i = c_{i+1} + 10\, c_i + c_{i-1},$$
$$(1 + a_{i+1})\, y_{i+1} - (2 - 10\, a_i)\, y_i + (1 + a_{i-1})\, y_{i-1} = d_i . \tag{3.1-13}$$

Schreiben wir die Differenzengleichungen für $i = 1, 2, \ldots, n-1$, so erhalten wir $(n-1)$ Gleichungen für die $(n+1)$ Unbekannten $y_0, y_1, \ldots, y_n$. Die restlichen zwei Gleichungen gewinnen wir aus den Randbedingungen

$$y_0 = y_a \quad \text{und} \quad b_0\, y_n + b_1\, y'_n = b_2 .$$

Wäre $b_1 = 0$, so könnten wir unmittelbar y_n ausrechnen und das Gleichungssystem (3.1-13) lösen. Für $b_1 \neq 0$ fehlt uns eine finite Gleichung für y'_n. Da wir aber ohnehin neben den y-Werten auch die Ableitungen y' berechnen wollen, benötigen wir stets eine solche Gleichung für y'_n. Wir könnten wie beim gewöhnlichen Differenzenverfahren

$$y'_n = \frac{y_{n+1} - y_{n-1}}{2\,h}$$

setzen, verschwenden dann aber etwas von der höheren Genauigkeit des Mehrstellenverfahrens. Wir ziehen daher zur Berechnung von y'_n auch die zweiten Ableitungen heran und machen den verbesserten Ansatz

$$2\,h\, y'_n = y_{n+1} - y_{n-1} + h^2 (k_1\, y''_{n+1} + k_0\, y''_n + k_{-1}\, y''_{n-1}) .$$

Wir erweitern hiermit das Intervall $[a; b]$ um h nach rechts, d.h. wir setzen die Gültigkeit der Differentialgleichung im Intervall $[a; b + h]$ (und später in $[a - h; b + h]$) voraus und schreiben in (3.1-13) die Differenzengleichung auch noch für $i = n$. Dieses ist natürlich eine Einschränkung. Ist z.B. $r(x) = \sqrt{1 - x}$ und $b = 1$, so ist $r(x)$ für $x = 1 + h$ nicht definiert. In einem solchen Fall müßten wir mit unsymmetrischen Differenzenformeln arbeiten (s. z.B. [6]).

Die Koeffizienten k_1, k_0 und k_{-1} im obigen Ansatz bestimmen wir so, daß $2\,h\,y'_n$ möglichst gut durch den Term der rechten Seite dargestellt wird. Wir schreiben für $y_{n\pm1}$ und $y''_{n\pm1}$ die Taylorentwicklung an der Stelle x_n:

$$y_{n\pm1} = y_n \pm h\, y'_n + \frac{h^2}{2} y''_n \pm \frac{h^3}{6} y'''_n + \frac{h^4}{24} y^{(4)}_n + (h^5) ,$$
$$h^2\, y''_{n\pm1} = h^2\, y''_n \pm h^3\, y'''_n + \frac{h^4}{2} y^{(4)}_n + (h^5) .$$

(h^5) steht für „Terme mit Potenzen von h^5, h^6 usw.". Setzen wir diese Entwicklungen in den Ansatz für y'_n, so erhalten wir

$$2\,h\,y'_n = 2\,h\,y'_n + h^2 (k_1 + k_0 + k_{-1})\, y''_n + h^3 (\tfrac{1}{3} + k_1 - k_{-1})\, y'''_n + \frac{h^4}{2} (k_1 + k_{-1})\, y^{(4)}_n + (h^5) .$$

Ein möglichst hoher Abgleich in den Potenzen von h liefert

$$k_1 = -\tfrac{1}{6}, \quad k_0 = 0, \quad k_{-1} = \tfrac{1}{6}$$

und somit

$$2\,h\,y'_n = y_{n+1} - y_{n-1} - \frac{h^2}{6} (y''_{n+1} - y''_{n-1}) . \tag{3.1-14}$$

Ersetzen wir auch hier die zweiten Ableitungen durch den Term der Differentialgleichung (3.1-11), so erhalten wir mit den in (3.1-13) eingeführten Größen

$$y'_n = [(0{,}5 + a_{n+1})\, y_{n+1} - (0{,}5 + a_{n-1})\, y_{n-1} - c_{n+1} + c_{n-1}]/h . \tag{3.1-15}$$

Mit (3.1-13), (3.1-15) und $R[y] = b_2$ liegen die erforderlichen Gleichungen zur Bestimmung der y_i $(i = 1, 2, \ldots, n+1)$ vor.

Das Programm für das Mehrstellenverfahren wollen wir wie RWA 2 aufbauen. Wir unterteilen das Intervall $[a; b]$ in N Teilintervalle der Breite $\Delta x = (b-a)/N$ und berechnen für die Abszissenwerte $x_\nu = a + \nu\,\Delta x$ die Funktionswerte y_ν und y'_ν. Dazu wird jedes Teilintervall $[x_\nu; x_{\nu+1}]$ in n weitere Teilintervalle unterteilt. Mit der Rechenschrittweite $h = \Delta x/n$ werden dann die Differenzengleichungen (3.1-13) gelöst, wobei wir wieder rekursiv vorgehen. Wir bestimmen zunächst zwei Lösungssysteme (v_i) und (u_i) mit

$$v_0 = 0, \quad v_1 = 1 \quad \text{für} \quad r_i = 0 \quad \text{und} \quad u_0 = y_a, \quad u_1 = 0.$$

Dann wird

$$y_i = u_i + K v_i \quad (i = 0, 1, 2, \ldots, n+1) \quad \text{mit} \quad y_0 = y_a \quad \text{und} \quad y_1 = K.$$

Die Konstante K wird aus der Randbedingung

$$R[y] = R[u] + K\,R[v] = b_2 \quad \text{für} \quad R[v] \neq 0$$

bestimmt. Nachdem wir somit y_0 und y_1 kennen, schreiben wir die Differenzengleichung für $x_0 = a$ (und erweitern damit das Intervall $[a; b]$ über a hinaus bis $a - h$):

$$(1 + a_1)\,y_1 - (2 - 10\,a_0)\,y_0 + (1 + a_{-1})\,y_{-1} = d_0 .$$

Hieraus berechnen wir

$$y_{-1} = [(2 - 10\,a_0)\,y_0 - (1 + a_1)\,y_1 + d_0]/(1 + a_{-1}) \qquad (3.1\text{-}16)$$

und mit diesem Wert nach (3.1-15) $y'_a = y'_0$.

Der Programmablauf sieht ähnlich wie im Flußdiagramm RWA 2 aus. Wir haben lediglich einige Programmfolgen durch die Unterprogramme C und C', die wir im Flußdiagramm RWA 3 aufzeichnen, zusammengefaßt. Durch die Indexverschiebung ergeben sich dabei Formeln, die in ihrer Indizierung nicht mit (3.1-15) und (3.1-16) übereinstimmen. Man muß hier genau beachten, in welchen Speichern sich die Größen a_i, c_i und y_i im Augenblick ihrer Verwendung befinden. Obgleich wir keine Extrapolation herangezogen haben, ist die Anzahl der Programmschritte doch so groß, daß nur der TI-59 das Programm RWA 3 aufnehmen kann.

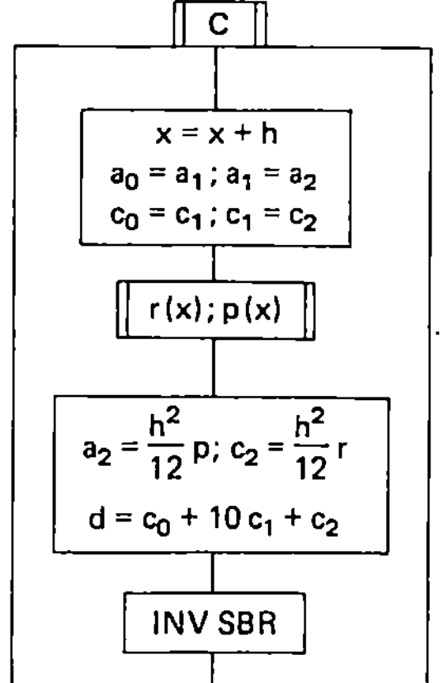

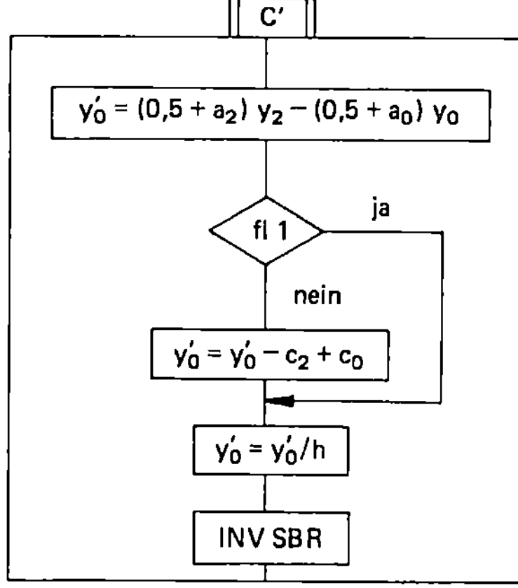

Flußdiagramm RWA 3: Unterprogramme zum Mehrstellenverfahren für lineare Randwertaufgaben zweiter Ordnung (TI-59)

```
000 91 R/S
001 76 LBL
002 13 C
003 43 RCL
004 12 12
005 44 SUM
006 01 01
007 43 RCL
008 15 15
009 48 EXC
010 17 17
011 42 STO
012 19 19
013 43 RCL
014 16 16
015 48 EXC
016 18 18
017 42 STO
018 20 20
019 71 SBR
020 03 03
021 25 25
022 43 RCL
023 22 22
024 49 PRD
025 15 15
026 49 PRD
027 16 16
028 43 RCL
029 15 15
030 85 +
031 01 1
032 00 0
033 65 ×
034 43 RCL
035 17 17
036 85 +
037 43 RCL
038 19 19
039 95 =
040 92 RTN
041 76 LBL
042 18 C'
043 93 .
044 05 5
045 85 +
046 43 RCL
047 16 16
048 95 =
049 65 ×
050 43 RCL
051 03 03
052 75 -
053 53 (
054 93 .
055 05 5
056 85 +
057 43 RCL
058 20 20
059 54 )
060 65 ×
061 43 RCL
062 06 06
063 87 IFF
064 01 01
065 00 00
066 73 73
067 75 -
068 43 RCL
069 15 15
070 85 +
071 43 RCL
072 19 19
073 95 =
074 55 ÷
075 43 RCL
076 12 12
077 95 =
078 92 RTN
079 76 LBL
080 11 A
081 47 CMS
082 42 STO
083 04 04
084 94 +/-
085 42 STO
086 11 11
087 91 R/S
088 42 STO
089 05 05
090 81 RST
091 76 LBL
092 12 B
093 44 SUM
094 11 11
095 91 R/S
096 42 STO
097 08 08
098 91 R/S
099 42 STO
100 09 09
101 91 R/S
102 42 STO
103 10 10
104 91 R/S
105 76 LBL
106 14 D
107 42 STO
108 14 14
109 22 INV
110 49 PRD
111 11 11
112 91 R/S
113 76 LBL
114 15 E
115 42 STO
116 13 13
117 98 ADV
118 99 PRT
119 98 ADV
120 55 ÷
121 43 RCL
122 11 11
123 95 =
124 35 1/X
125 42 STO
126 12 12
127 33 X²
128 55 ÷
129 01 1
130 02 2
131 95 =
132 42 STO
133 22 22
134 86 STF
135 01 01
136 43 RCL
137 04 04
138 99 PRT
139 00 0
140 42 STO
141 02 02
142 01 1
143 42 STO
144 03 03
145 43 RCL
146 04 04
147 75 -
148 02 2
149 65 ×
150 43 RCL
151 12 12
152 95 =
153 42 STO
154 01 01
155 13 C
156 13 C
157 13 C
158 22 INV
159 87 IFF
160 02 02
161 02 02
162 00 00
163 85 +
164 53 (
165 02 2
166 75 -
167 01 1
168 00 0
169 65 ×
170 43 RCL
171 18 18
172 54 )
173 65 ×
174 43 RCL
175 02 02
176 99 PRT
177 75 -
178 53 (
179 01 1
180 85 +
181 43 RCL
182 16 16
183 54 )
184 65 ×
185 43 RCL
186 03 03
187 95 =
188 55 ÷
189 53 (
190 01 1
191 85 +
192 43 RCL
193 20 20
194 54 )
195 95 =
196 42 STO
197 06 06
198 18 C'
199 99 PRT
200 43 RCL
201 14 14
202 42 STO
203 07 07
204 43 RCL
205 13 13
206 42 STO
207 00 00
208 13 C
209 22 INV
210 87 IFF
211 01 01
212 02 02
213 15 15
214 00 0
215 75 -
216 53 (
217 01 1
218 85 +
219 43 RCL
220 20 20
221 54 )
222 65 ×
223 43 RCL
224 02 02
225 42 STO
226 06 06
227 85 +
228 53 (
229 02 2
230 75 -
231 01 1
232 00 0
233 65 ×
234 43 RCL
235 18 18
236 54 )
237 65 ×
238 43 RCL
239 03 03
240 42 STO
241 02 02
242 95 =
243 55 ÷
244 53 (
245 01 1
246 85 +
247 43 RCL
248 16 16
249 54 )
250 95 =
251 42 STO
252 03 03
253 97 DSZ
254 00 00
255 02 02
256 08 08
257 22 INV
258 87 IFF
259 02 02
260 02 02
261 75 75
262 98 ADV
263 43 RCL
264 01 01
265 75 -
266 43 RCL
267 12 12
268 95 =
269 99 PRT
270 43 RCL
271 02 02
272 99 PRT
273 18 C'
274 99 PRT
275 97 DSZ
276 07 07
277 02 02
278 04 04
279 87 IFF
280 02 02
281 00 00
282 90 90
283 18 C'
284 65 ×
285 43 RCL
286 09 09
287 85 +
288 43 RCL
289 08 08
290 65 ×
291 43 RCL
292 05 05
293 48 EXC
294 02 02
295 95 =
296 87 IFF
297 01 01
298 03 03
299 14 14
300 94 +/-
301 85 +
302 43 RCL
303 10 10
304 95 =
305 55 ÷
306 43 RCL
307 21 21
308 95 =
309 86 STF
310 02 02
311 61 GTO
312 01 01
313 43 43
314 42 STO
315 21 21
316 22 INV
317 86 STF
318 01 01
319 00 0
320 61 GTO
321 01 01
322 43 43
323 76 LBL
324 71 SBR
```

Programm RWA 3: Mehrstellenverfahren für eine Randwertaufgabe mit $y'' + p(x)\,y = r(x)$ (TI-59)

Für das Programm RWA 3 gilt dieselbe Benutzeranleitung wie für RWA 2 mit folgenden Änderungen:

$$y'' + p(x)\,y = r(x), \quad y(a) = y_a, \quad b_0\,y(b) + b_1\,y'(b) = b_2.$$

(1) ...: [R/S] in PSS 1 9 9, 2 6 9, 2 7 2 und 2 7 4.

(2) [GTO] [SBR] [LRN]; Tastenfolge zur Berechnung von r(x) und p(x) mit $x = (R_1)$ eingeben und r(x) nach R_{15}, p(x) nach R_{16} speichern; [INV] [SBR] [LRN]

Als Beispiel für das Mehrstellenverfahren mit dem Programm RWA 3 wählen wir (B3-5) mit n = 1, 2, 4 und 8. Vergleichen wir die Resultate im Beispiel RWA 3/1 mit den exakten (Beispiel 3.1) und den mit dem gewöhnlichen Differenzenverfahren ermittelten Werten (Beispiel RWA 2/1), so stellen wir die wesentlich höhere Genauigkeit dieses Verfahrens fest. Wir könnten das Programm RWA 3 leicht so abändern, daß wir unmittelbare Aussagen über das quantitative Fehlerverhalten beim Mehrstellenverfahren erhalten. Wir begnügen uns hier mit einer manuellen Rechnung für die Randwertaufgabe (B3-5) an der Stelle x = 0,8. Mit den früheren Bezeichnungen y_{1k} und y'_{1k} für die Näherungen erhalten wir die Tabelle 3.1.1. Bei Halbierung der Rechenschrittweite h geht damit der Fehler auf etwa 1/16 zurück, d.h. wir erhalten die Fehlerdarstellung

$$\begin{aligned} y(x) &= y_{1k} + C_4\,h^4 + C_6\,h^6 + \ldots \\ y'(x) &= y'_{1k} + C'_4\,h^4 + C'_6\,h^6 + \ldots \end{aligned} \tag{3.1-17}$$

Dieses sehr günstige Fehlerverhalten hätten wir nach der weiter oben durchgeführten Reihenentwicklung für y'_n vermuten können. Insbesondere kann hieraus das Auftreten von nur geraden Exponenten gefolgert werden. Die Darstellung (3.1-17) könnte man für ein Extrapolationsverfahren ausnutzen. Wir wollen darauf verzichten. Die Besitzer eines TI-59 mögen sich selbst an den Rechner setzen und ihm die Extrapolation beibringen. Wir werden später an anderer Stelle darauf zurückkommen.

1.00000000	2.00000000	4.00000000	8.00000000
0.00000000	0.00000000	0.00000000	0.00000000
0.00000000	0.00000000	0.00000000	0.00000000
-0.00250000	-0.00250000	-0.00250000	-0.00250000
0.20000000	0.20000000	0.20000000	0.20000000
-0.00050000	-0.00050000	-0.00050000	-0.00050000
-0.00249989	-0.00250000	-0.00249999	-0.00249999
0.40000000	0.40000000	0.40000000	0.40000000
-0.00100003	-0.00099999	-0.00099999	-0.00099998
-0.00250493	-0.00249986	-0.00249971	-0.00249969
0.60000000	0.60000000	0.60000000	0.60000000
-0.00149882	-0.00149935	-0.00149917	-0.00149916
-0.00227355	-0.00249160	-0.00248379	-0.00248326
0.80000000	0.80000000	0.80000000	0.80000000
-0.00205437	-0.00195967	-0.00195457	-0.00195423
-0.01291175	-0.00197929	-0.00160791	-0.00158563
1.00000000	1.00000000	1.00000000	1.00000000
0.00000000	0.00000006	0.00000023	0.00000017
0.47621413	0.02977567	0.04660104	0.04744868

Beispiel RWA 3/1: Mehrstellenverfahren für (B3-5)

Tabelle 3.1.1: Fehlerverhalten beim Mehrstellenverfahren

k	y_{1k}	$y(0{,}8) - y_{1k}$	y'_{1k}	$y'(0{,}8) - y'_{1k}$
1	−0,00205437	0,00010016	−0,01291175	0,01132753
2	−0,00195967	0,00000546	−0,00197929	0,00039507
3	−0,00195457	0,00000036	−0,00160791	0,00002369
4	−0,00195423	0,00000002	−0,00158563	0,00000141

Bei der Anwendung des Mehrstellenverfahrens wurde in der linearen Differentialgleichung $q(x) = 0$ vorausgesetzt. Die Randwertaufgabe

$$y'' + q(x)\, y' + p(x)\, y = r(x), \quad y(a) = y_a, \quad b_0\, y(b) + b_1\, y'(b) = b_2$$

können wir in vielen Fällen auf die folgende Art mit dem Mehrstellenverfahren lösen. Mit dem Ansatz

$$y(x) = w(x)\, z(x), \quad y' = w z' + w' z, \quad y'' = w z'' + 2 w' z' + w'' z$$

wird aus der Differentialgleichung für y

$$w z'' + (2 w' + q w)\, z' + (p w + q w' + w'')\, z = r\,.$$

Die Funktion $w(x)$ bestimmen wir so, daß der Koeffizient von z' Null wird:

$$w' = -\frac{q}{2} w \qquad \text{oder} \qquad w = w_0 \exp\left(-\tfrac{1}{2} \int q(x)\, dx\right). \tag{3.1-18}$$

Die Integrationskonstante w_0 wird dabei passend gewählt, wenn möglich z.B. aus $w(a) = 1$. Mit dieser Funktion $w(x)$ erhalten wir für $z(x)$ die folgende Randwertaufgabe:

$$\begin{aligned} & z'' + \left(p - \tfrac{1}{4} q^2 - \tfrac{1}{2} q'\right) z = \frac{r}{w}, \quad z(a) = y_a / w(a), \\ & \left(b_0 - \tfrac{1}{2} b_1\, q(b)\right) z(b) + b_1\, z'(b) = b_2 / w(b)\,. \end{aligned} \tag{3.1-19}$$

Auf dieses Problem können wir das Mehrstellenverfahren anwenden. Durch Rücktransformation gewinnen wir die gesuchten Größen

$$y = z w \qquad \text{und} \qquad y' = \left(z' - \tfrac{1}{2} q z\right) w\,. \tag{3.1-20}$$

Wir erläutern diese Methode am Beispiel der Randwertaufgabe (B3-4):

$$y'' - (1 + x^2)\, y' + x y = 0, \quad y(0) = 0, \quad y(2) = 1\,.$$

Es wird mit

$$\begin{aligned} & w(x) = \exp\left(\tfrac{1}{2} \int (1 + x^2)\, dx\right) = \exp\left(\frac{x}{2} + \frac{x^3}{6}\right) \\ & z'' + \left(2x - \tfrac{1}{4} (1 + x^2)^2\right) z = 0, \quad z(0) = 0, \quad z(2) = e^{-7/3}. \end{aligned}$$

Die Rücktransformation

$$y = z \exp\left(\frac{x}{2} + \frac{x^3}{6}\right) \qquad \text{und} \qquad y' = \left(z' + \frac{1 + x^2}{2} z\right) \exp\left(\frac{x}{2} + \frac{x^3}{6}\right)$$

lassen wir ebenfalls vom Rechner ausführen. Dabei beachten wir, daß z im Speicher R_2 zu finden ist und z' über das Unterprogramm C' berechnet wird. Da in unserem Beispiel $y(0) = z(0) = 0$ und $y'(0) = z'(0)$ gilt, können wir diese Werte unmittelbar übernehmen. Für $x > 0$ ändern wir das Programm RWA 3 folgendermaßen ab:

```
268  95  =
269  99  PRT
270  42  STO
271  25  25
272  71  SBR
273  03  03
274  50  50
275  97  DSZ
276  07  07
277  02  02

350  65  ×
351  53  (
352  93  .
353  05  5
354  85  +
355  43  RCL
356  25  25
357  33  X²
358  55  ÷
359  06  6
360  95  =
361  22  INV
362  23  LNX
363  42  STO

364  26  26
365  65  ×
366  43  RCL
367  02  02
368  95  =
369  99  PRT
370  18  C'
371  85  +
372  53  (
373  01  1
374  85  +
375  43  RCL
376  25  25
377  33  X²

378  54  )
379  55  ÷
380  02  2
381  65  ×
382  43  RCL
383  02  02
384  95  =
385  65  ×
386  43  RCL
387  26  26
388  95  =
389  99  PRT
390  92  RTN
391  00  0
```

2.00000000	4.00000000	8.00000000	16.00000000
0.00000000	0.00000000	0.00000000	0.00000000
0.00000000	0.00000000	0.00000000	0.00000000
0.07570826	0.07572550	0.07572659	0.07572666
0.40000000	0.40000000	0.40000000	0.40000000
0.03726405	0.03726886	0.03726917	0.03726919
0.11326585	0.11329719	0.11329918	0.11329930
0.80000000	0.80000000	0.80000000	0.80000000
0.09386088	0.09387109	0.09387176	0.09387180
0.17597619	0.17603806	0.17604199	0.17604223
1.20000000	1.20000000	1.20000000	1.20000000
0.18731740	0.18733491	0.18733605	0.18733613
0.31200074	0.31208838	0.31209394	0.31209428
1.60000000	1.60000000	1.60000000	1.60000000
0.38002153	0.38005550	0.38005771	0.38005785
0.74707427	0.74728950	0.74730274	0.74730356
2.00000000	2.00000000	2.00000000	2.00000000
1.00000000	1.00000000	1.00000000	1.00000000
3.03148345	3.03414621	3.03430681	3.03431677

Beispiel RWA 3/2: Mehrstellenverfahren für (B3-4)

Die Ergebnisse der Rechnung für n = 2, 4, 8 und 16 zeigt das Beispiel RWA 3/2. Durch (passive) Extrapolation nach der Fehlerdarstellung (3.1-17) können wir diese Ergebnisse verbessern:

$$y_{j+1,k} = \frac{4^{j+1}\, y_{jk} - y_{j,k-1}}{4^{j+1} - 1} \qquad (k = 2, 3, \ldots;\ j = 1, 2, \ldots, k-1) \qquad (3.1\text{-}21)$$

Eine entsprechende Darstellung gilt für $y'_{j+1,k}$. Für $y'(1)$ z.B. erhalten wir die Ergebnisse der Tabelle 3.1.2.

Tabelle 3.1.2: Mehrstellenverfahren mit Extrapolation

k	$y'_{1k}(1)$	$y'_{2k}(1)$	$y'_{3k}(1)$	$y'_{4k}(1)$
1	3,03148345	–	–	–
2	3,03414621	3,03432373	–	–
3	3,03430681	3,03431752	3,03431742	–
4	3,03431677	3,03431743	3,03431743	3,03431743

3.1.3 Der Sonderfall $y'' = r(x)$

Wir behandeln in diesem Abschnitt den in der Technischen Mechanik häufig auftretenden Sonderfall einer Randwertaufgabe

$$y'' = r(x), \quad y(a) = 0, \quad y(b) = 0. \tag{3.1-22}$$

Diese Aufgabe kann im Prinzip durch zweimalige Integration gelöst werden. Doch die auftretenden Integrale sind oft nicht geschlossen darstellbar, oder die Erfüllung der Randbedingungen bereitet Schwierigkeiten. Selbstverständlich könnten wir das Problem (3.1-22) auch mit einem der Programme RWA 1 bis RWA 3 lösen. Wir wollen aber die Besonderheit dieser Randwertaufgabe ausnutzen und für den TI-58/59 ein Programm entwickeln, das kürzer und schneller als die bisherigen Programme ist. Wir wählen dazu das sehr genaue Mehrstellenverfahren in der Form, wie es im Abschnitt 3.1.2 beschrieben wurde. Wir bestimmen zunächst v_i aus

$$v_{i+1} - 2v_i + v_{i-1} = 0, \quad v_0 = 0, \quad v_1 = 1.$$

Die Lösung dieser Differenzengleichungen kann mit $v_i = i$ geschlossen angegeben werden. Von allen v_i-Werten benötigen wir nur den Wert am Rand $x = b$, d.h. $v(b) = nN$. Die u_i werden aus den Differenzengleichungen

$$u_{i+1} - 2u_i + u_{i-1} = \frac{h^2}{12}(r_{i+1} + 10r_i + r_{i-1}) = d_i, \quad u_0 = 0, \quad u_1 = 0$$

ermittelt. Mit der Lösung dieser Gleichungen am Rand $x = b$ wird wie früher

$$y_1 = K = -u(b)/v(b).$$

Die y_i genügen denselben Differenzengleichungen wie die u_i mit $y_0 = 0$ und $y_1 = K$. Die Ableitungen berechnen wir nach (3.1-15) mit $a_i = 0$:

$$y'_n = [(y_{n+1} - y_{n-1})/2 - c_{n+1} + c_{n-1}]/h.$$

```
000 91 R/S
001 76 LBL
002 13 C
003 43 RCL
004 12 12
005 44 SUM
006 01 01
007 71 SBR
008 02 02
009 06 06
010 65 ×
011 43 RCL
012 10 10
013 95 =
014 85 +
015 48 EXC
016 15 15
017 48 EXC
018 16 16
019 42 STO
020 17 17
021 85 +
022 01 1
023 00 0
024 65 ×
025 43 RCL
026 16 16
027 95 =
028 92 RTN
029 76 LBL
030 18 C'
031 43 RCL
032 03 03
033 75 -
034 43 RCL
035 06 06
036 95 =
037 55 ÷
038 02 2
039 85 +
040 43 RCL
041 17 17
042 75 -
043 43 RCL
044 15 15
045 95 =
046 55 ÷
047 43 RCL
048 12 12
049 95 =
050 99 PRT
051 92 RTN
052 76 LBL
053 11 A
054 47 CMS
055 42 STO
056 04 04
057 22 INV
058 44 SUM
059 11 11
060 81 RST
061 76 LBL
062 12 B
063 44 SUM
064 11 11
065 91 R/S
066 76 LBL
067 14 D
068 42 STO
069 14 14
070 22 INV
071 49 PRD
072 11 11
073 91 R/S
074 76 LBL
075 15 E
076 42 STO
077 13 13
078 98 ADV
079 99 PRT
080 98 ADV
081 55 ÷
082 43 RCL
083 11 11
084 95 =
085 35 1/X
086 42 STO
087 12 12
088 33 X²
089 55 ÷
090 01 1
091 02 2
092 95 =
093 42 STO
094 10 10
095 43 RCL
096 04 04
097 99 PRT
098 00 0
099 99 PRT
100 42 STO
101 03 03
102 00 0
103 42 STO
104 02 02
105 43 RCL
106 04 04
107 75 -
108 02 2
109 65 ×
110 43 RCL
111 12 12
112 95 =
113 42 STO
114 01 01
115 13 C
116 13 C
117 13 C
118 22 INV
119 87 IFF
120 02 02
121 01 01
122 35 35
123 85 +
124 02 2
125 65 ×
126 43 RCL
127 02 02
128 75 -
129 43 RCL
130 03 03
131 95 =
132 42 STO
133 06 06
134 18 C'
135 43 RCL
136 14 14
137 42 STO
138 07 07
139 43 RCL
140 13 13
141 42 STO
142 00 00
143 13 C
144 75 -
145 43 RCL
146 02 02
147 42 STO
148 06 06
149 85 +
150 02 2
151 65 ×
152 43 RCL
153 03 03
154 42 STO
155 02 02
156 95 =
157 42 STO
158 03 03
159 97 DSZ
160 00 00
161 01 01
162 43 43
163 22 INV
164 87 IFF
165 02 02
166 01 01
167 80 80
168 98 ADV
169 43 RCL
170 01 01
171 75 -
172 43 RCL
173 12 12
174 95 =
175 99 PRT
176 43 RCL
177 02 02
178 99 PRT
179 18 C'
180 97 DSZ
181 07 07
182 01 01
183 39 39
184 87 IFF
185 02 02
186 00 00
187 60 60
188 43 RCL
189 02 02
190 94 +/-
191 95 =
192 55 ÷
193 43 RCL
194 13 13
195 55 ÷
196 43 RCL
197 14 14
198 95 =
199 86 STF
200 02 02
201 61 GTO
202 01 01
203 00 00
204 76 LBL
205 71 SBR
```

Programm RWA 4: Mehrstellenverfahren für eine Randwertaufgabe mit $y'' = r(x)$

Benutzeranleitung RWA 4: $y'' = r(x)$, $y(a) = 0$, $y(b) = 0$.

Im Intervall $[a; b]$ werden die Funktionswerte y_ν und y'_ν $(\nu = 1, 2, \dots, N)$ für äquidistante Abszissenwerte $x_\nu = a + \nu\,\Delta x$ bestimmt. In jedem Intervall $[x_\nu; x_{\nu+1}]$ werden die Näherungswerte für y_ν und y'_ν nach dem Mehrstellenverfahren mit der Schrittweite $h = \Delta x/n$ berechnet.

(1) Programm RWA 5 einlesen. Ohne Drucker: [R/S] in PSS 0 5 0, 1 7 5 und 1 7 8. Beim TI-58 bei Bedarf mit 2 [*Op] 1 7 Speicherbereichseinteilung 319.19 wählen.

(2) [GTO] [SBR] [LRN]; Tastenfolge zur Berechnung der Funktionswerte $r(x)$ mit $x = (R_1)$ eingeben und mit [INV] [SBR] [LRN] abschließen.

(3) Eingabe: a [A] b [B] N [D] n [E]

(4) Ausgabe: n; x_ν, y_ν, y'_ν für $\nu \in \mathbb{N}_{0,N}$.

(5) Für dieselbe Randwertaufgabe mit neuer Rechenschrittweite: n [E]

Wir bringen zum Programm RWA 4 zwei Anwendungsbeispiele aus der Technischen Mechanik. Für einen Träger, der an seinen Enden gelenkig gelagert ist, wird die Durchbiegung $w = w(x)$ aus der Randwertaufgabe

$$E\,I(x)\,\frac{d^2w}{dx^2} = -M_b(x), \quad w(0) = 0, \quad w(l) = 0$$

bestimmt. Hierin bedeuten $M_b(x)$ das Biegemoment an der Stelle x, E den Elastizitätsmodul und $I(x)$ das Flächenträgheitsmoment für die Querschnittsfläche.

Beispiel 1: Für einen Träger mit einem veränderlichen Flächenträgheitsmoment

$$I(x) = I_0\left(1 + \left(\frac{x}{l}\right)^2\right)$$

und einer Dreiecksbelastung $q(x) = q_0 \frac{x}{l}$ gilt

$$E\,I_0\left(1 + \left(\frac{x}{l}\right)^2\right)\frac{d^2w}{dx^2} = -\left(F_A\,x - \frac{1}{2}\,q(x)\,x\,\frac{x}{3}\right).$$

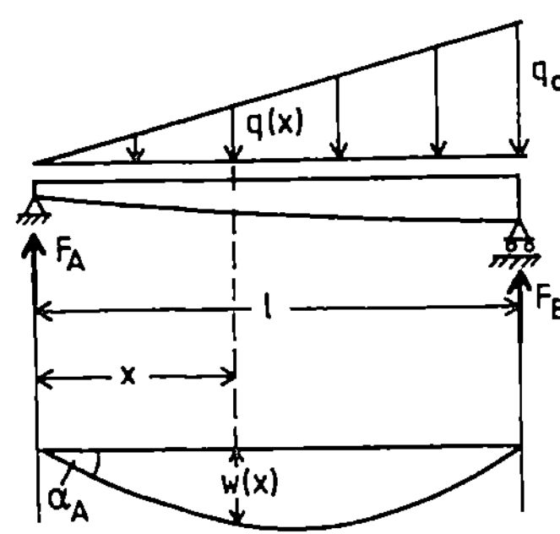

Mit $F_A = \frac{1}{6}\,q_0\,l$, $\xi = \frac{x}{l}$ und $\frac{dw}{dx} = \frac{1}{l}\frac{dw}{d\xi}$ wird

$$E\,I_0\,(1 + \xi^2)\,\frac{1}{l^2}\,\frac{d^2w}{d\xi^2} = \frac{1}{6}\,q_0\,l^2\,(\xi^3 - \xi^2)\,.$$

Setzen wir noch $y = \frac{6\,E\,I_0}{q_0\,l^4}\,w$, so erhalten wir für $y = y(\xi)$ die Randwertaufgabe

$$\text{(B3-8)} \quad \frac{d^2y}{d\xi^2} = \frac{\xi\,(\xi^2 - 1)}{\xi^2 + 1}, \quad y(0) = 0, \quad y(1) = 0.$$

Beispiel RWA 4/1 zeigt die Ergebnisse mit N = 8 für n = 1 und n = 2. Danach beträgt die maximale Durchbiegung bei $x \approx \frac{l}{2}$ $(\xi \approx 0{,}5)$

$$w_{max} \cong 0{,}031\,\frac{q_0\,l^4}{6\,E\,I_0} = 0{,}0052\,\frac{q_0\,l^4}{E\,I_0}$$

```
1.000000              0.500000        2.000000              0.500000
                      0.030607                              0.030605
                     -0.000860                             -0.000866

0.000000              0.625000        0.000000              0.625000
0.000000              0.028196        0.000000              0.028194
0.097232             -0.037151        0.097274             -0.037163

0.125000              0.750000        0.125000              0.750000
0.011838              0.021554        0.011837              0.021553
0.089546             -0.067746        0.089583             -0.067759

0.250000              0.875000        0.250000              0.875000
0.021812              0.011670        0.021810              0.011669
0.067879             -0.088403        0.067901             -0.088415

0.375000              1.000000        0.375000              1.000000
0.028388              0.000000        0.028386              0.000000
0.036007             -0.095860        0.036013             -0.095870
```

Beispiel RWA 4/1: Durchbiegung eines Trägers mit veränderlichem Flächenträgheitsmoment und der Neigungswinkel am linken Auflager

$$\alpha_A = \left(\frac{dw}{dx}\right)_{x=0} = \frac{1}{l}\left(\frac{dy}{d\xi}\right)_{\xi=0} \cong 0{,}0973\,\frac{q_0\,l^3}{6\,E\,I_0} = 0{,}0162\,\frac{q_0\,l^3}{E\,I_0}\,.$$

Beispiel 2: Ein I-Träger 280 mit konstanter Biegesteifigkeit

$$E\,I = 21\cdot 10^3\ \text{kN/cm}^2\cdot 7590\ \text{cm}^4 = 159{,}39\cdot 10^6\ \text{kN cm}^2$$

wird durch Einzellasten und eine Streckenlast wie abgebildet beansprucht.

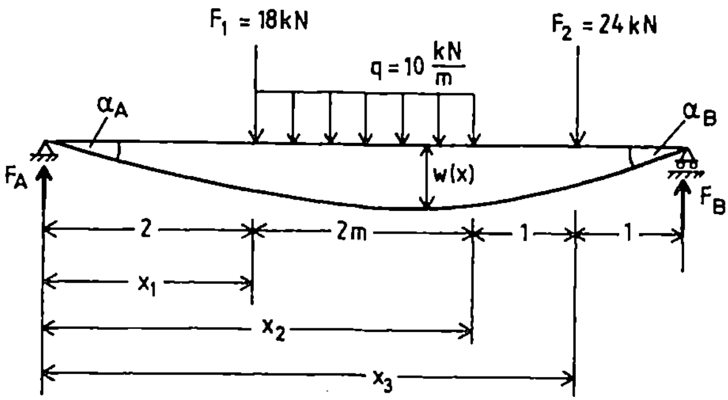

Für die Funktion $y(x) = E\,I\,w(x)$ lautet mit der intervallweisen Darstellung des Biegemomentes die Differentialgleichung

$$\text{(B3-9)}\qquad -y'' = M_b(x) = \begin{cases} M_{b1} = F_A\,x & \text{für} \quad x \leqq x_2\,, \\ M_{b2} = M_{b1} - F_1\,(x-x_1) - \frac{q}{2}\,(x-x_1)^2 & \text{für} \quad x_1 \leqq x \leqq x_2\,, \\ M_{b3} = M_{b2} + \frac{q}{2}\,(x-x_2)^2 & \text{für} \quad x_2 \leqq x \leqq x_3\,, \\ M_{b4} = M_{b3} - F_2\,(x-x_3) & \text{für} \quad x_3 \leqq x\,. \end{cases}$$

Geben wir alle Kräfte in kN und alle Längenabmessungen in m ein, so sieht das Unterprogramm für die Funktion $-M_b(x)$ mit $F_A = 26$ kN z.B. folgendermaßen aus:

```
204  76  LBL
205  71  SBR
206  02   2
207  06   6
208  65   x
209  43  RCL
210  01   01
211  85   +
212  53   (
213  02   2
214  75   -
215  43  RCL
216  01   01
217  54   )
218  42  STO
219  18   18
220  77   GE
221  02   02
222  60   60
223  65   x
224  01   1
225  08   8
226  85   +
227  05   5
228  65   x
229  43  RCL
230  18   18
231  33  X²
232  75   -
233  53   (
234  04   4
235  75   -
236  43  RCL
237  01   01
238  54   )
239  77   GE
240  02   02
241  60   60
242  33  X²
243  65   x
244  05   5
245  85   +
246  53   (
247  05   5
248  75   -
249  43  RCL
250  01   01
251  54   )
252  77   GE
253  02   02
254  60   60
255  65   x
256  02   2
257  04   4
258  85   +
259  01   1
260  65   x
261  00   0
262  95   =
263  94  +/-
264  92  RTN
```

Nehmen wir w etwa in der Größenordnung von einem Zentimeter an, so wird $y \approx 160\cdot 10^6$ kN cm^3 = 160 kN m^3. Wir lassen uns daher die errechneten Werte für y und y' auf *zwei Nachkommastellen ausdrucken.* Mit $N = 6$ erhalten wir für $n = 1, 2, 4$ und 8 die Resultate im Beispiel RWA 4/2.

Es wird z.B.

$$w(3\,\text{m}) = \frac{y(3)}{EI} = \frac{305{,}6\ \text{kN m}^3}{159{,}39 \cdot 10^6\ \text{kN cm}^2} = 1{,}92\ \text{cm}\,,$$

$$\alpha_A = w'(0) = \frac{y'(0)}{EI} = \frac{140{,}0\ \text{kN m}^2}{159{,}39 \cdot 10^6\ \text{kN cm}^2} = 0{,}00878 = 0{,}50^\circ,$$

$$\alpha_B = -w'(l) = -\frac{y'(1)}{EI} = \frac{265{,}4\ \text{kN m}^2}{159{,}39 \cdot 10^6\ \text{kN cm}^2} = 0{,}0167 = 0{,}95^\circ.$$

```
   1.00        2.00        4.00        8.00

   0.00        0.00        0.00        0.00
   0.00        0.00        0.00        0.00
 141.33      140.33      140.08      140.02

   1.00        1.00        1.00        1.00
 137.00      136.00      135.75      135.69
 128.33      127.33      127.08      127.02

   2.00        2.00        2.00        2.00
 248.00      246.00      245.50      245.38
  88.79       88.17       88.04       88.01

   3.00        3.00        3.00        3.00
 308.08      306.21      305.74      305.62
  30.17       30.29       30.32       30.33

   4.00        4.00        4.00        4.00
 302.33      300.58      300.15      300.04
 -45.71      -45.40      -45.35      -45.34

   5.00        5.00        5.00        5.00
 208.17      206.54      206.14      206.03
-148.50     -147.62     -147.41     -147.35

   6.00        6.00        6.00        6.00
   0.00        0.00        0.00        0.00
-267.50     -265.87     -265.47     -265.37
```

Beispiel RWA 4/2:
Durchbiegung eines Trägers mit Einzelkräften und Streckenlast

3.2 Das Schießverfahren bei nichtlinearen Randwertaufgaben zweiter Ordnung

Wir betrachten die Randwertaufgabe

$$y'' = f(x, y, y'), \quad y(a) = y_a, \quad R[y] = b_0\, y(b) + b_1\, y'(b) = b_2 . \tag{3.2-1}$$

Zur Bestimmung der Lösung von (3.2-1), deren Existenz wir hier selbstverständlich voraussetzen, können wir uns das Problem für den Sonderfall $R[y] = y(b) = y_b$ anschaulich folgendermaßen vorstellen. Wir betrachten die Schar aller Kurven, die durch den Punkt $P_A(a, y_a)$ gehen und deren Funktion eine Lösung der Differentialgleichung

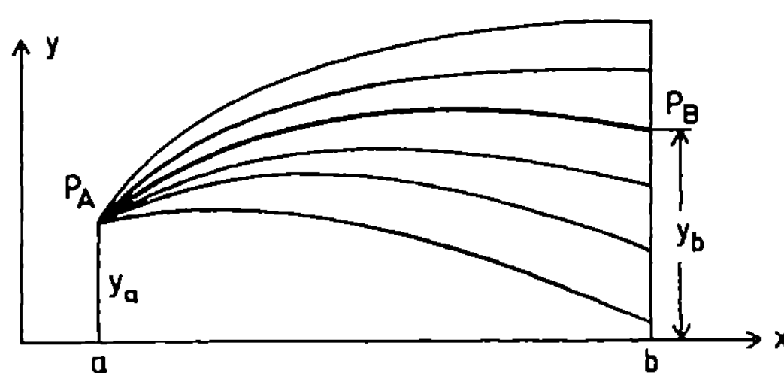

$y'' = f(x, y, y')$ ist. Um aus dieser Kurvenschar diejenige Kurve herauszufinden, die auch durch den Punkt $P_B(b, y_b)$ geht, müssen wir die Anfangssteigung y'_0 *passend* wählen. Diese Anfangssteigung variieren wir in geeigneter Form so lange, bis die Bedingung $y(b) = y_b$ mit hinreichender Genauigkeit erfüllt wird. Wir schießen sozusagen vom Anfangspunkt P_A auf den Endpunkt P_B. Stellen Sie sich vor, Sie hätten in P_A einen Gartenschlauch in der Hand und sollten mit dem Wasserstrahl den Punkt P_B treffen.

Dieses *Schießverfahren* (*shooting*-Verfahren) wird im Prinzip in folgender Weise durchgeführt. Mit einem numerischen Verfahren berechnen wir aus der Anfangswertaufgabe

$$y'' = f(x, y, y'), \quad y(a) = y_a, \quad y'(b) = t \tag{3.2-2}$$

mit einer geschätzten Anfangssteigung t für y(b) und y'(b) Näherungswerte y und y', die selbstverständlich eine Funktion von t sind: $y = y(b, t)$ und $y' = y'(b, t)$. Mit diesen Näherungswerten überprüfen wir, ob die Randbedingung $R[y] - b_2$ genau genug Null ergibt. Setzen wir

$$g = g(t) = R[y] - b_2\,, \tag{3.2.-3}$$

so haben wir die Veränderliche t so zu wählen, daß $g(t) = 0$ wird. Zur Bestimmung der Nullstelle der Funktion g(t) benutzen wir das Sekantenverfahren. Sind t_1 und t_2 Näherungen für die gesuchte Nullstelle t_0, so wird unter gewissen Bedingungen

$$t_3 = t_2 - \frac{t_1 - t_2}{g_1 - g_2}\, g_2 = t_2 - \Delta t \tag{3.2-4}$$

eine bessere Näherung für t_0 werden. Im nächsten Iterationsschritt setzen wir $t_1 = t_2$, $t_2 = t_3$ und berechnen hiermit erneut t_3 nach (3.2-4).

Diese Iteration brechen wir ab, wenn $|t_3 - t_2| = |\Delta t| < \epsilon$ wird (wir setzen dabei voraus, daß die Folge $t_1, t_2, t_3 \ldots$ konvergiert). Mit dem letzten Wert $t_3 = t = y'_0$ wird dann im zweiten Teil des Algorithmus mit dem gewählten numerischen Verfahren die Anfangswertaufgabe (3.2-2) gelöst.

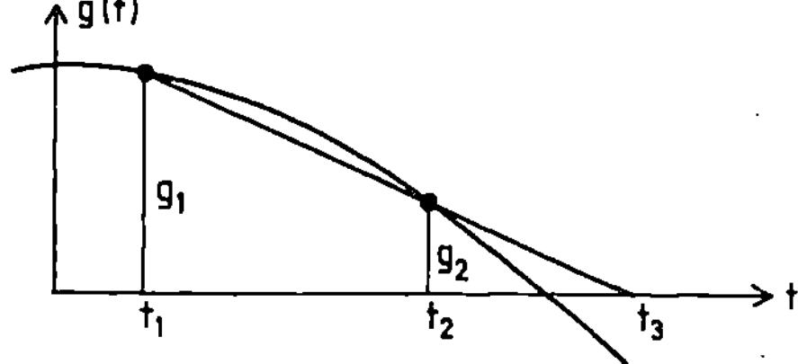

Als Algorithmus wählen wir das verbesserte Polygonzugverfahren. Wir werden zunächst ein einfaches Programm entwickeln, das auch von einem TI-58 bewältigt werden kann. Ein Programm mit Ausnutzung der Extrapolation schreiben wir für den TI-59. Hier werden selbstverständlich die Rechenzeiten bei nichtlinearen Problemen mit zunehmender Genauigkeitsforderung stark anwachsen. – Für einen Sonderfall der Differentialgleichung (3.2-1) werden wir das gewöhnliche Differenzenverfahren (ohne Extrapolation) benutzen.

Als Beispiele behandeln wir in diesem Abschnitt die folgenden Randwertaufgaben, die zum Teil bereits früher als Anfangswertaufgaben (s. Abschnitt 2.2) gelöst wurden.

(B3-10) $y'' = \dfrac{1 - y'^2}{y}, \quad y(0) = 1, \quad y(2) = \sqrt{5};$

Lösung: $y = \sqrt{1 + x^2}, \quad y' = \dfrac{x}{\sqrt{1 + x^2}};$

(B3-11) $y'' = \dfrac{3x}{1 + x^3}\, y - \dfrac{9x^4}{4y^3}, \quad y(0) = 1, \quad y(2) - y'(2) = 1;$

Lösung: $y = \sqrt{1 + x^3}, \quad y' = \dfrac{3x^2}{2\sqrt{1 + x^3}};$

(B3-12) $y'' = 6\,x\,y^2,\quad y(0) = 1,\quad y(1) = 1$ (Collatz [6]);

(B3-13) $y'' = -y' - \sin y,\quad y(0) = 1,\quad y'(1) = 0.$

Die Lösungsfunktionen der beiden letzten Randwertaufgaben lassen sich nicht geschlossen in analytischer Form angeben.

3.2.1 Verbessertes Polygonzugverfahren

Der Algorithmus für dieses Verfahren lautet (s. Abschnitt 2.1.2)

$$\begin{aligned} y'_{i+1/2} &= y'_i + \frac{h}{2} f_i\,, \quad y_{i+1/2} = y_i + \frac{h}{2} y'_i\,, \quad x_{i+1/2} = x_i + \frac{h}{2}\,, \\ y'_{i+1} &= y'_i + h\,f_{i+1/2}\,, \quad y_{i+1} = y_{i+1/2} + \frac{h}{2} y'_{i+1}\,, \quad x_{i+1} = x_{i+1/2} + \frac{h}{2}\,. \end{aligned} \tag{3.2-5}$$

```
000 91 R/S
001 76 LBL
002 11 A
003 47 CMS
004 42 STO
005 04 04
006 22 INV
007 44 SUM
008 11 11
009 91 R/S
010 42 STO
011 05 05
012 81 RST
013 76 LBL
014 12 B
015 44 SUM
016 11 11
017 91 R/S
018 42 STO
019 08 08
020 91 R/S
021 42 STO
022 09 09
023 91 R/S
024 42 STO
025 10 10
026 91 R/S
027 76 LBL
028 13 C
029 42 STO
030 06 06
031 91 R/S
032 42 STO
033 15 15
034 91 R/S
035 76 LBL
036 14 D
037 42 STO
038 14 14
039 22 INV
040 49 PRD
041 11 11
042 91 R/S
043 76 LBL
044 15 E
045 42 STO
046 13 13
047 98 ADV
048 99 PRT
049 98 ADV
050 35 1/X
051 65 ×
052 43 RCL
053 11 11
054 55 ÷
055 02 2
056 95 =
057 42 STO
058 12 12
059 43 RCL
060 04 04
061 99 PRT
062 43 RCL
063 05 05
064 99 PRT
065 43 RCL
066 04 04
067 42 STO
068 01 01
069 43 RCL
070 05 05
071 42 STO
072 02 02
073 43 RCL
074 06 06
075 42 STO
076 03 03
077 43 RCL
078 14 14
079 42 STO
080 07 07
081 43 RCL
082 13 13
083 42 STO
084 00 00
085 71 SBR
086 02 02
087 25 25
088 65 ×
089 43 RCL
090 12 12
091 44 SUM
092 01 01
093 95 =
094 48 EXC
095 03 03
096 44 SUM
097 03 03
098 42 STO
099 17 17
100 65 ×
101 43 RCL
102 12 12
103 95 =
104 44 SUM
105 02 02
106 71 SBR
107 02 02
108 25 25
109 65 ×
110 43 RCL
111 12 12
112 44 SUM
113 01 01
114 65 ×
115 02 2
116 85 +
117 43 RCL
118 17 17
119 95 =
120 42 STO
121 03 03
122 65 ×
123 43 RCL
124 12 12
125 95 =
126 44 SUM
127 02 02
128 97 DSZ
129 00 00
130 00 00
131 85 85
132 22 INV
133 87 IFF
134 00 00
135 01 01
136 47 47
137 98 ADV
138 43 RCL
139 01 01
140 99 PRT
141 43 RCL
142 02 02
143 99 PRT
144 43 RCL
145 03 03
146 99 PRT
147 97 DSZ
148 07 07
149 00 00
150 81 81
151 87 IFF
152 00 00
153 00 00
154 12 12
155 43 RCL
156 08 08
157 65 ×
158 43 RCL
159 02 02
160 85 +
161 43 RCL
162 09 09
163 65 ×
164 43 RCL
165 03 03
166 75 -
167 43 RCL
168 10 10
169 95 =
170 87 IFF
171 01 01
172 01 01
173 87 87
174 42 STO
175 16 16
176 43 RCL
177 15 15
178 48 EXC
179 06 06
180 42 STO
181 15 15
182 86 STF
183 01 01
184 61 GTO
185 00 00
186 65 65
187 48 EXC
188 16 16
189 75 -
190 43 RCL
191 16 16
192 95 =
193 35 1/X
194 65 ×
195 53 (
196 43 RCL
197 15 15
198 75 -
199 43 RCL
200 06 06
201 42 STO
202 15 15
203 54 )
204 65 ×
205 43 RCL
206 16 16
207 95 =
208 22 INV
209 44 SUM
210 06 06
211 50 I×I
212 77 GE
213 00 00
214 65 65
215 86 STF
216 00 00
217 43 RCL
218 06 06
219 99 PRT
220 61 GTO
221 00 00
222 65 65
223 76 LBL
224 71 SBR
```

Programm RWA 5: Schießverfahren (verbessertes Polygonzugverfahren) für nichtlineare Randwertaufgaben zweiter Ordnung (TI-58)

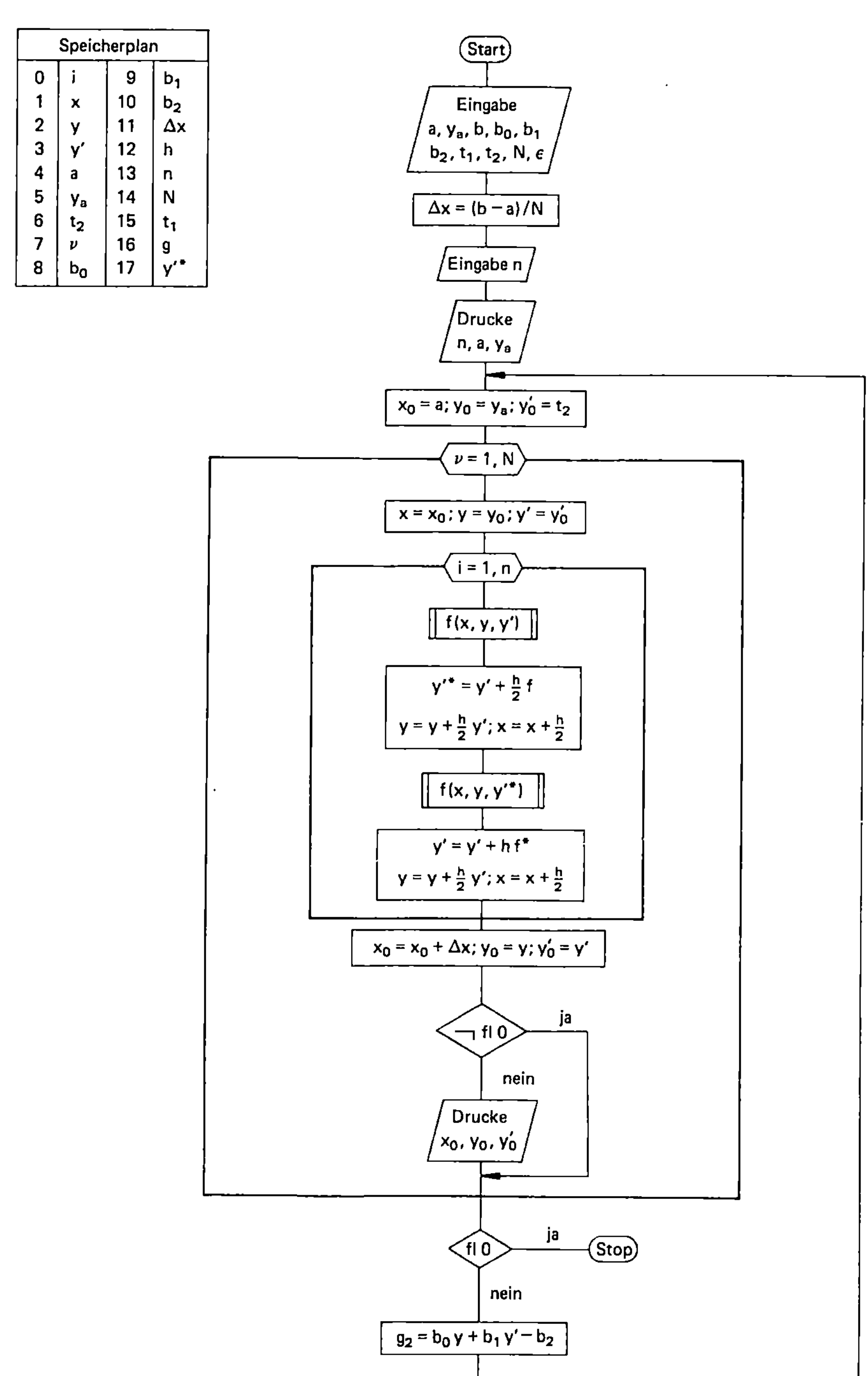

Speicherplan			
0	i	9	b_1
1	x	10	b_2
2	y	11	Δx
3	y'	12	h
4	a	13	n
5	y_a	14	N
6	t_2	15	t_1
7	ν	16	g
8	b_0	17	y'^*

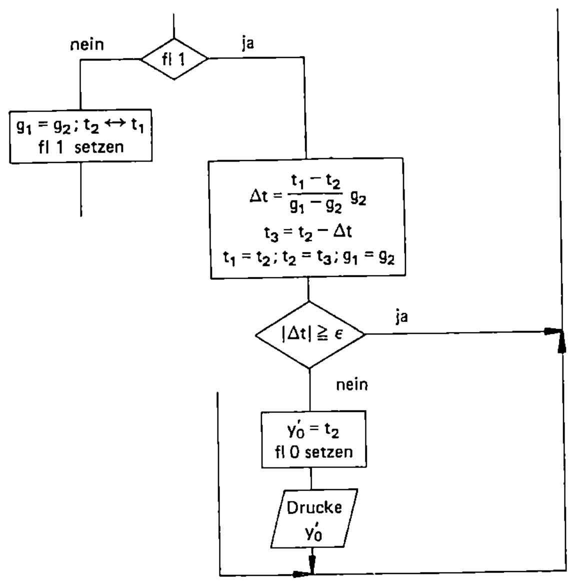

Flußdiagramm RWA 5: Schießverfahren (verbessertes Polygonzugverfahren) für nichtlineare Randwertaufgaben zweiter Ordnung (TI-58)

Mit den Näherungswerten am Rand $x = b$ berechnen wir $g(t) = R[y] - b_2$ für zwei Startwerte $y_0' = t_1$ und $y_0' = t_2$ und hiermit nach (3.2-4) t_3. Wir schreiben zunächst ein Programm für den TI-58, mit dem die Näherungswerte y_ν und y_ν' in jedem Teilintervall der Breite Δx mit der Rechenschrittweite $h = \Delta x/n$ berechnet werden. Der gesamte Algorithmus ist im Flußdiagramm RWA 5 aufgezeichnet.

Benutzeranleitung RWA 5: Nichtlineare Randwertaufgaben zweiter Ordnung

$$y'' = f(x, y, y'), \quad y(a) = y_a, \quad b_0\, y(b) + b_1\, y'(b) = b_2 .$$

Im Intervall $[a; b]$ werden die Funktionswerte y_ν und y_ν' $(\nu = 1, 2, \ldots, N)$ für äquidistante Abszissenwerte $x_\nu = a + \nu\, \Delta x$ bestimmt. In jedem Teilintervall $[x_\nu; x_{\nu+1}]$ werden die Näherungswerte y_ν und y_ν' nach dem Schießverfahren mit dem verbesserten Polygonzug- und dem Sekantenverfahren (Startwerte t_1 und t_2, Genauigkeit ϵ) mit der Schrittweite $h = \Delta x/n$ berechnet.

(1) Programm RWA 5 eintasten. Ohne Drucker: [R/S] in PSS 1 4 0, 1 4 3, 1 4 6 und 2 1 9. Beim TI-58 mit 2 [*Op] 1 7 Speicherbereichseinteilung 319.19 wählen.

(2) [GTO] [SBR] [LRN] ; Tastenfolge zur Berechnung der Funktionswerte $f(x, y, y')$ mit $x = (R_1)$, $y = (R_2)$ und $y' = (R_3)$ eingeben und mit [INV] [SBR] [LRN] abschließen.

(3) Eingabe: a [A] y_a [R/S] b [B] b_0 [R/S] b_1 [R/S] b_2 [R/S] t_1 [C] t_2 [R/S]
ϵ [x⇄t] N [D] n [E]

(4) Ausgabe: n; x_ν, y_ν, y_ν' für $\nu \in \mathbb{N}_{0,N}$.

(5) Für dieselbe Randwertaufgabe mit anderer Rechenschrittweite: n [E]

Beispiel RWA 5/1 zeigt die Ergebnisse der Randwertaufgaben (B3-10) und (B3-13) für $n = 2$ und $n = 4$. Gerechnet wurde in beiden Fällen mit $\epsilon = 10^{-6}$, $t_1 = 0$ und $t_2 = 0{,}5$. Durch (passive) Extrapolation können wir diese Werte noch verbessern. Zum Beispiel

(B3-10): $y'(0) \cong (4 \cdot 0{,}00069154 - 0{,}00289584)/3 = -0{,}00004323;$
$y'(1) \cong (4 \cdot 0{,}89422069 - 0{,}89348000)/3 = 0{,}89446759;$
(exakte Werte: $y'(0) = 0$; $y'(1) = 0{,}89442719$);

(B3-13): $y'(0) \cong (4 \cdot 1{,}68719536 - 1{,}68435586)/3 = 1{,}68814186;$
$y(1) \cong (4 \cdot 1{,}71203815 - 1{,}71171656)/3 = 1{,}71214535;$
(exakte Werte sind hier unbekannt, s. aber Beispiel RWA 6).

(B3-10)		(B3-13)	
2.00000000	4.00000000	2.00000000	4.00000000
0.00000000	0.00000000	0.00000000	0.00000000
1.00000000	1.00000000	1.00000000	1.00000000
0.00289584	0.00069154	1.68435586	1.68719536
0.40000000	0.40000000	0.20000000	0.20000000
1.07805833	1.07727902	1.28891973	1.28920997
0.37624527	0.37254631	1.21372759	1.21596738
0.80000000	0.80000000	0.40000000	0.40000000
1.28202631	1.28095301	1.49096127	1.49140141
0.62692809	0.62524006	0.81577829	0.81730525
1.20000000	1.20000000	0.60000000	0.60000000
1.56315309	1.56230389	1.62044687	1.62092140
0.76826160	0.76825410	0.48725424	0.48813218
1.60000000	1.60000000	0.80000000	0.80000000
1.88734875	1.88692237	1.69037831	1.69080369
0.84721767	0.84783523	0.21890927	0.21927551
2.00000000	2.00000000	1.00000000	1.00000000
2.23606798	2.23606798	1.71171656	1.71203815
0.89348000	0.89422069	0.00000000	0.00000000

Beispiel RWA 5/1: Schießverfahren für nichtlineare Randwertaufgaben zweiter Ordnung (TI-58)

Anwendungsbeispiel: Wir betrachten eine aufgelagerte Reißschiene (Querschnitt $50 \cdot 2{,}2\ \text{mm}^2$, Länge $l = 800$ mm, Elastizitätsmodul $E = 1{,}2 \cdot 10^3\ \text{kN/cm}^2$) unter der Belastung des Eigengewichts ($q = 0{,}75$ N/m) und einer Einzellast ($F = 5$ N) in der Mitte. Die Durchbiegung $w(x)$ wird aus der folgenden Randwertaufgabe bestimmt:

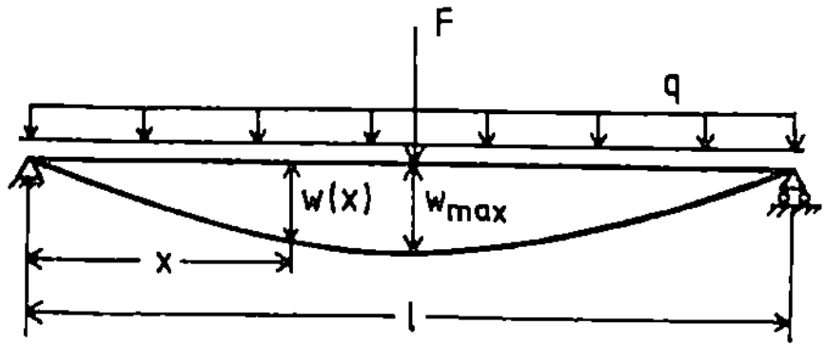

$$\frac{E I w''}{(1 + w'^2)^{3/2}} = -M_b(x) = -\frac{1}{2}(F + q l)\, x + \frac{q x^2}{2}, \quad w(0) = 0, \quad w'(\tfrac{l}{2}) = 0\,.$$

Die linearisierte Differentialgleichung (w'^2 wird gegenüber 1 vernachlässigt) liefert die maximale Durchbierung in der Mitte

$$f = \frac{F\,l^3}{48\,EI} + \frac{5\,q\,l^4}{384\,EI} = \frac{F\,l^3}{48\,EI}\left(1 + \frac{5\,q\,l}{8\,F}\right).$$

Wir wollen berechnen, um wieviel größer die Durchbiegung $w_{max} = w\left(\frac{l}{2}\right)$ gegenüber f wird. Wir normieren zunächst die obige Differentialgleichung mit

$$\xi = \frac{x}{l}, \quad y = \frac{w}{f}, \quad w' = f\,\frac{dy}{d\xi}\,\frac{d\xi}{dx} = \frac{f}{l}\,\dot{y} \quad \text{und} \quad w'' = \frac{f}{l^2}\,\ddot{y}$$

$$\frac{f\,EI}{l^2}\,\ddot{y} = \frac{F\,l}{2}\,\xi\left[\frac{q\,l}{F}\,\xi - \left(1 + \frac{q\,l}{F}\right)\right]\left(1 + \left(\frac{f}{l}\right)^2 \dot{y}^2\right)^{3/2}.$$

Mit

$$f\,EI = \frac{F\,l^3}{48}\left(1 + \frac{5\,q\,l}{8\,F}\right), \quad \frac{q\,l}{F} = 0{,}12 \quad \text{und} \quad \left(\frac{f}{l}\right)^2 = 0{,}01568$$

lautet schließlich unsere Randwertaufgabe

(B3-14) $$\ddot{y} = \frac{24}{1{,}075}\,\xi\,(0{,}12\,\xi - 1{,}12)\,(1 + 0{,}01568\,\dot{y}^2)^{3/2}, \quad y(0) = 0, \quad \dot{y}(0{,}5) = 0.$$

Für das linearisierte Problem gilt $w'(0) \approx \frac{4f}{l}$ und damit $\dot{y}(0) = \frac{l}{f}\,w'(0) \approx 4$. Wir starten daher das Sekantenverfahren mit $t_1 = 3{,}5$ und $t_2 = 4$. Da uns lediglich $w_{max} = f\,y(0{,}5)$ interessiert, wählen wir $N = 1$ und erhalten mit $\epsilon = 0{,}0001$ für $n = 2, 4, 8$ und 16 die Ergebnisse im Beispiel RWA 5/2. Durch Extrapolation nach

$$y_{j,k+1} = \frac{2^{j+1}\,y_{jk} - y_{j,k-1}}{2^{j+1} - 1}$$

verbessern wir die Näherungswerte und erhalten

$$w_{max} = 1{,}053\,f,$$

d.h. die maximale Durchbiegung im nichtlinearen Fall ist um etwa 5,3 % größer als die linearisierte Durchbiegung. (Übrigens läßt sich diese Aufgabe unter Ausnutzung der Symmetrie auch als Anfangswertaufgabe behandeln.)

```
2.000000        4.000000        8.000000        16.000000

0.000000        0.000000        0.000000         0.000000
0.000000        0.000000        0.000000         0.000000
3.355262        3.274154        3.259208         3.255750

0.500000        0.500000        0.500000         0.500000
1.012269        1.041654        1.050302         1.052563
0.000000        0.000000        0.000000         0.000000
```

k	y_{1k}	y_{2k}	y_{3k}	y_{4k}
1	1,012269	–	–	–
2	1,041654	1,051449	–	–
3	1,050302	1,053185	1,053433	–
4	1,052563	1,053317	1,053336	1,053329

Beispiel RWA 5/2: Durchbiegung mit nichtlinearer Differentialgleichung

```
000  91 R/S
001  76 LBL
002  16 A'
003  02 2
004  49 PRD
005  13 13
006  22 INV
007  49 PRD
008  12 12
009  42 STO
010  10 10
011  92 RTN
012  76 LBL
013  17 B'
014  00 0
015  72 ST*
016  27 27
017  72 ST*
018  28 28
019  01 1
020  94 +/-
021  44 SUM
022  27 27
023  44 SUM
024  28 28
025  97 DSZ
026  00 00
027  00 00
028  14 14
029  92 RTN
030  76 LBL
031  18 C'
032  02 2
033  09 9
034  42 STO
035  27 27
036  03 3
037  09 9
038  42 STO
039  28 28
040  02 2
041  49 PRD
042  10 10
043  43 RCL
044  10 10
045  75 -
046  01 1
047  44 SUM
048  27 27
049  44 SUM
050  28 28
051  44 SUM
052  00 00
053  95 =
054  42 STO
055  29 29
056  22 INV
057  87 IFF
058  00 00
059  00 00
060  84 84
061  43 RCL
062  02 02
063  63 EX*
064  27 27
065  67 EQ
066  00 00
067  84 84
068  42 STO
069  25 25
070  94 +/-
071  85 +
072  73 RC*
073  27 27
074  65 ×
075  43 RCL
076  10 10
077  95 =
078  55 ÷
079  43 RCL
080  29 29
081  95 =
082  42 STO
083  02 02
084  43 RCL
085  03 03
086  63 EX*
087  28 28
088  67 EQ
089  01 01
090  10 10
091  42 STO
092  26 26
093  94 +/-
094  85 +
095  73 RC*
096  28 28
097  65 ×
098  43 RCL
099  10 10
100  95 =
101  55 ÷
102  43 RCL
103  29 29
104  95 =
105  42 STO
106  03 03
107  61 GTO
108  00 00
109  40 40
110  73 RC*
111  28 28
112  75 -
113  43 RCL
114  26 26
115  95 =
116  50 I×I
117  75 -
118  43 RCL
119  09 09
120  95 =
121  92 RTN
122  76 LBL
123  11 A
124  47 CMS
125  29 CP
126  42 STO
127  04 04
128  98 ADV
129  99 PRT
130  22 INV
131  44 SUM
132  11 11
133  91 R/S
134  42 STO
135  05 05
136  99 PRT
137  81 RST
138  76 LBL
139  12 B
140  44 SUM
141  11 11
142  91 R/S
143  42 STO
144  15 15
145  91 R/S
146  42 STO
147  16 16
148  91 R/S
149  42 STO
150  17 17
151  91 R/S
152  76 LBL
153  13 C
154  42 STO
155  06 06
156  91 R/S
157  42 STO
158  18 18
159  91 R/S
160  76 LBL
161  14 D
162  42 STO
163  14 14
164  22 INV
165  49 PRD
166  11 11
167  91 R/S
168  76 LBL
169  15 E
170  42 STO
171  08 08
172  91 R/S
173  76 LBL
174  10 E'
175  42 STO
176  09 09
177  02 2
178  22 INV
179  49 PRD
180  11 11
181  43 RCL
182  11 11
183  42 STO
184  12 12
185  01 1
186  42 STO
187  13 13
188  86 STF
189  01 01
190  16 A'
191  43 RCL
192  14 14
193  42 STO
194  07 07
195  22 INV
196  87 IFF
197  00 00
198  02 02
199  08 08
200  43 RCL
201  11 11
202  42 STO
203  12 12
204  01 1
205  42 STO
206  13 13
207  16 A'
208  43 RCL
209  04 04
210  42 STO
211  01 01
212  43 RCL
213  05 05
214  42 STO
215  02 02
216  43 RCL
217  06 06
218  42 STO
219  03 03
220  43 RCL
221  13 13
222  42 STO
223  00 00
224  71 SBR
225  04 04
226  19 19
227  65 ×
228  43 RCL
229  12 12
230  44 SUM
231  01 01
232  95 =
233  48 EXC
234  03 03
235  44 SUM
236  03 03
237  42 STO
238  26 26
239  65 ×
240  43 RCL
241  12 12
242  95 =
243  44 SUM
244  02 02
245  71 SBR
246  04 04
247  19 19
248  65 ×
249  43 RCL
250  12 12
251  44 SUM
252  01 01
253  65 ×
254  02 2
255  85 +
256  43 RCL
257  26 26
258  95 =
259  42 STO
260  03 03
261  65 ×
262  43 RCL
263  12 12
264  95 =
265  44 SUM
266  02 02
267  97 DSZ
268  00 00
269  02 02
270  24 24
271  87 IFF
272  00 00
273  02 02
274  82 82
275  97 DSZ
276  07 07
277  02 02
278  20 20
279  61 GTO
280  03 03
281  33 33
282  18 C'
283  77 GE
284  02 02
285  07 07
286  73 RC*
287  27 27
288  75 -
289  43 RCL
290  25 25
291  95 =
292  50 I×I
293  75 -
294  43 RCL
295  08 08
296  95 =
297  77 GE
298  02 02
299  07 07
300  43 RCL
301  11 11
302  44 SUM
303  04 04
304  44 SUM
305  04 04
306  43 RCL
307  04 04
308  98 ADV
309  99 PRT
310  73 RC*
311  27 27
312  99 PRT
313  42 STO
314  05 05
315  73 RC*
316  28 28
317  99 PRT
318  42 STO
319  06 06
```

```
320  17 B'     340  16  16    360  95  =     380  75  -     400  17 B'
321  97 DSZ    341  65  ×     361  35 1/X    381  43 RCL    401  86 STF
322  07  07    342  43 RCL    362  65  ×     382  09  09    402  00  00
323  02  02    343  03  03    363  53  (     383  95  =     403  42 STO
324  00  00    344  75  -     364  43 RCL    384  77  GE    404  19  19
325  98 ADV    345  43 RCL    365  18  18    385  01  01    405  43 RCL
326  43 RCL    346  17  17    366  75  -     386  91  91    406  18  18
327  08  08    347  95  =     367  43 RCL    387  43 RCL    407  48 EXC
328  99 PRT    348  67  EQ    368  06  06    388  06  06    408  06  06
329  43 RCL    349  03  03    369  42 STO    389  42 STO    409  42 STO
330  09  09    350  87  87    370  18  18    390  03  03    410  18  18
331  99 PRT    351  87 IFF    371  54  )     391  18 C'     411  22 INV
332  81 RST    352  01  01    372  65  ×     392  77  GE    412  86 STF
333  43 RCL    353  04  04    373  43 RCL    393  01  01    413  01  01
334  15  15    354  03  03    374  19  19    394  88  88    414  61 GTO
335  65  ×     355  48 EXC    375  95  =     395  73 RC*    415  01  01
336  43 RCL    356  19  19    376  22 INV    396  28  28    416  91  91
337  02  02    357  75  -     377  44 SUM    397  42 STO    417  76 LBL
338  85  +     358  43 RCL    378  06  06    398  18  18    418  71 SBR
339  43 RCL    359  19  19    379  50 I×I    399  99 PRT
```

Programm RWA 6: Schießverfahren (verbessertes Polygonzugverfahren) für nichtlineare Randwertaufgaben zweiter Ordnung (TI-59)

Ohne weiteren Kommentar geben wir das Programm RWA 6 an, in dem die berechneten Funktionswerte durch Extrapolation nach (2.1-10) verbessert werden.

Benutzeranleitung RWA 6: Nichtlineare Randwertaufgabe zweiter Ordnung $y'' = f(x, y, y')$, $y(a) = y_a$, $b_0\, y(b) + b_1\, y'(b) = b_2$.

Im Intervall $[a, b]$ werden y_ν und y'_ν $(\nu = 1, 2, \ldots, N)$ für äquidistante Abszissenwerte $x_\nu = a + \nu\,\Delta x$ $(\Delta x = (b-a)/N)$ mit einer Genauigkeit ϵ (für y) und ϵ' (für y') nach dem Schießverfahren mit dem verbesserten Polygonzug- und dem Sekantenverfahren (Startwerte für y'_0: t_1 und t_2) berechnet.

(1) Programm RWA 6 einlesen. Bei Bedarf mit 5 [*Op] 1 7 Speicherbereichseinteilung 559.49 wählen. Ohne Drucker: [R/S] in PSS 3 0 9, 3 1 2, 3 1 7 und 3 9 9.

(2) [GTO] [SBR] [LRN]; Tastenfolge zur Berechnung der Funktionswerte $f(x, y, y')$ mit $x = (R_1)$, $y = (R_2)$ und $y' = (R_3)$ eingeben und mit [INV] [SBR] [LRN] abschließen.

(3) Eingabe: a [A] y_a [R/S] b [B] b_0 [R/S] b_1 [R/S] b_2 [R/S] t_1 [C] t_2 [R/S] N [D] ϵ [E] ϵ' [E']

(4) Ausgabe: x_ν, y_ν, y'_ν für $\nu \in \mathbb{N}_{0,N}$; ϵ, ϵ'.

Speicherplan zum Programm RWA 6:

0	i	6	t_2	12	h/2	18	t_1	24	frei	30	y_{1k}
1	x	7	ν	13	n	19	g	25	y_{jk}	31	y_{2k}
2	y	8	ϵ	14	N	20	frei	26	y'_{jk}, y'^*	...	...
3	y'	9	ϵ'	15	b_0	21	frei	27	29 + j	40	y'_{1k}
4	a, x_0	10	C	16	b_1	22	frei	28	39 + j	41	y'_{2k}
5	y_a, y_0	11	$\Delta x/2$	17	b_2	23	frei	29	C − 1	...	...

Die Hauptschwierigkeit bei der Anwendung des obigen Verfahrens bereitet die passende Wahl der Näherungswerte t_1 und t_2 für y'_0. Wählt man einen dieser Werte z.B. bei der Randwertaufgabe (B3-10) oder (B3-11) negativ und betragsmäßig zu groß, so können die nach dem Polygonzugverfahren berechneten Näherungswerte für y zu sehr in die Nähe der singulären Stelle $y = 0$ kommen und die Ergebnisse total verfälschen. Im Beispiel RWA 6 haben wir für die Randwertaufgaben (B3-10) bis (B3-13) $t_1 = 0{,}1$ und $t_2 = -0{,}1$ gewählt. Die Rechenzeiten betragen hier etwa:

(B3-10): $\frac{3}{4}$ h, (B3-11): $1\frac{1}{3}$ h, (B3-12): $\frac{3}{4}$ h, (B3-13): 1 h.

(B3-10)	(B3-11)	(B3-12)	(B3-13)
0. 00000000 1. 00000000 0. 00000001	0. 00000000 1. 00000000 0. 00000000	0. 00000000 1. 00000000 -0. 65677423	0. 00000000 1. 00000000 1. 68810191
0. 40000000 1. 07703296 0. 37139068	0. 40000000 1. 03150375 0. 23267002	0. 20000000 0. 87565682 -0. 55614122	0. 20000000 1. 28929975 1. 21668082
0. 80000000 1. 28062485 0. 62469505	0. 80000000 1. 22963409 0. 78072006	0. 40000000 0. 78692518 -0. 31251021	0. 40000000 1. 49153555 0. 81779113
1. 20000000 1. 56204994 0. 76822128	1. 20000000 1. 65166583 1. 30777059	0. 60000000 0. 75767462 0. 03909581	0. 60000000 1. 62106324 0. 48841146
1. 60000000 1. 88679623 0. 84799831	1. 60000000 2. 25743217 1. 70104779	0. 80000000 0. 81274623 0. 54785660	0. 80000000 1. 69092708 0. 21939202
2. 00000000 2. 23606798 0. 89442719	2. 00000000 3. 00000000 2. 00000000	1. 00000000 0. 99999988 1. 41705577	1. 00000000 1. 71212623 -0. 00000001
0. 00000100 0. 00000100	0. 00000100 0. 00000100	0. 00000100 0. 00000100	0. 00000100 0. 00000100

Beispiel RWA 6: Verbessertes Polygonzugverfahren für nichtlineare Randwertaufgaben zweiter Ordnung (TI-59)

Für die Durchbiegungsaufgabe (B3-14) wählen wir $N = 1$, $t_1 = 3{,}5$ und $t_2 = 4$. Je nach geforderter Genauigkeit liefert uns der Rechner nach etwa 7 bzw. 28 min (hier sehen wir ganz deutlich, daß Genauigkeit ihre Rechenzeit fordert) die Ergebnisse

0. 0000 0. 0000 3. 2551	0. 000000 0. 000000 3. 254642
0. 5000 1. 0535 0. 0001	0. 500000 1. 053328 0. 000013
0. 0100 0. 0100	0. 000100 0. 000100

3.2.2 Gewöhnliches Differenzenverfahren

Den Sonderfall einer nichtlinearen Randwertaufgabe

$$y'' = f(x, y), \quad y(a) = y_a, \quad b_0\, y(b) + b_1\, y'(b) = b_2 \tag{3.2-6}$$

lösen wir mit dem gewöhnlichen Differenzenverfahren. Mit den Formeln des Abschnitts 3.1.1 und $y_0' = t$ wird

$$\begin{aligned} & y_0 = y_a, \quad y_1 = y_0 + h\,t + \frac{h^2}{2} f_0, \\ & y_{i+1} = 2\,y_i - y_{i-1} + h^2 f_i \qquad (i = 1, 2, \ldots, n), \\ & y_n' = \frac{y_{n+1} - y_{n-1}}{2h}. \end{aligned} \tag{3.2-7}$$

```
000  91 R/S      048  91 R/S      096  48 EXC      144  01  01      192  61 GTO
001  76 LBL      049  76 LBL      097  02  02      145  75  -       193  00  00
002  18 C'       050  14  D       098  44 SUM      146  43 RCL      194  70  70
003  43 RCL      051  42 STO      099  02  02      147  12  12      195  48 EXC
004  02  02      052  14  14      100  42 STO      148  95  =       196  10  10
005  75  -       053  22 INV      101  03  03      149  98 ADV      197  75  -
006  43 RCL      054  49 PRD      102  43 RCL      150  99 PRT      198  43 RCL
007  04  04      055  11  11      103  14  14      151  43 RCL      199  10  10
008  95  =       056  91 R/S      104  42 STO      152  03  03      200  95  =
009  55  ÷       057  76 LBL      105  07  07      153  99 PRT      201  35 1/X
010  02  2       058  15  E       106  43 RCL      154  18 C'       202  65  x
011  55  ÷       059  42 STO      107  13  13      155  99 PRT      203  53  (
012  43 RCL      060  13  13      108  42 STO      156  97 DSZ      204  43 RCL
013  12  12      061  98 ADV      109  00  00      157  07  07      205  09  09
014  95  =       062  99 PRT      110  71 SBR      158  01  01      206  75  -
015  92 RTN      063  55  ÷       111  02  02      159  06  06      207  43 RCL
016  76 LBL      064  43 RCL      112  40  40      160  87 IFF      208  08  08
017  11  A       065  11  11      113  65  x       161  00  00      209  42 STO
018  42 STO      066  95  =       114  43 RCL      162  00  00      210  09  09
019  05  05      067  35 1/X      115  12  12      163  26  26      211  54  )
020  94 +/-      068  42 STO      116  44 SUM      164  18 C'       212  65  x
021  42 STO      069  12  12      117  01  01      165  65  x       213  43 RCL
022  11  11      070  43 RCL      118  33 X²       166  43 RCL      214  10  10
023  91 R/S      071  05  05      119  75  -       167  16  16      215  95  =
024  42 STO      072  42 STO      120  43 RCL      168  85  +       216  22 INV
025  06  06      073  01  01      121  03  03      169  43 RCL      217  44 SUM
026  81 RST      074  43 RCL      122  42 STO      170  15  15      218  08  08
027  76 LBL      075  06  06      123  04  04      171  65  x       219  50 I×I
028  12  B       076  42 STO      124  85  +       172  43 RCL      220  77  GE
029  44 SUM      077  02  02      125  02  2       173  03  03      221  00  00
030  11  11      078  71 SBR      126  65  x       174  75  -       222  70  70
031  91 R/S      079  02  02      127  43 RCL      175  43 RCL      223  98 ADV
032  42 STO      080  40  40      128  02  02      176  17  17      224  43 RCL
033  15  15      081  65  x       129  42 STO      177  95  =       225  05  05
034  91 R/S      082  43 RCL      130  03  03      178  87 IFF      226  99 PRT
035  42 STO      083  12  12      131  95  =       179  01  01      227  43 RCL
036  16  16      084  44 SUM      132  42 STO      180  01  01      228  06  06
037  91 R/S      085  01  01      133  02  02      181  95  95      229  99 PRT
038  42 STO      086  55  ÷       134  97 DSZ      182  42 STO      230  43 RCL
039  17  17      087  02  2       135  00  00      183  10  10      231  08  08
040  91 R/S      088  85  +       136  01  01      184  43 RCL      232  99 PRT
041  76 LBL      089  43 RCL      137  10  10      185  08  08      233  86 STF
042  13  C       090  08  08      138  22 INV      186  48 EXC      234  00  00
043  42 STO      091  95  =       139  87 IFF      187  09  09      235  61 GTO
044  08  08      092  65  x       140  00  00      188  42 STO      236  00  00
045  91 R/S      093  43 RCL      141  01  01      189  08  08      237  70  70
046  42 STO      094  12  12      142  56  56      190  86 STF      238  76 LBL
047  09  09      095  95  =       143  43 RCL      191  01  01      239  71 SBR
```

Programm RWA 7: Schießverfahren (gewöhnliches Differenzenverfahren) für nichtlineare Randwertaufgaben zweiter Ordnung (TI-58)

Das Programm RWA 7 für den Algorithmus (3.2-7) ist ganz ähnlich wie das Programm RWA 5 aufgebaut. Es gilt auch dieselbe Benutzeranleitung (ohne Drucker: R/S in PSS 1 5 0, 1 5 3, 1 5 5 und 2 3 2). Für diejenigen Leser, die das Programm im einzelnen verfolgen wollen, geben wir den Speicherplan an:

0	i	5	a	10	g	15	b_0
1	x	6	y_a	11	Δx	16	b_1
2	y_0, y_1	7	ν	12	h	17	b_2
3	y_1, y_0	8	t_1	13	n	18	frei
4	y_{-1}	9	t_2	14	N	19	frei

2.00000000	4.00000000	2.00000000	4.00000000
0.00000000	0.00000000	0.00000000	0.00000000
1.00000000	1.00000000	1.00000000	1.00000000
0.01451217	0.00362642	-0.64770316	-0.65449896
0.40000000	0.40000000	0.20000000	0.20000000
1.02954074	1.03101812	0.87570730	0.87567038
0.24402689	0.23550807	-0.54921209	-0.55440109
0.80000000	0.80000000	0.40000000	0.40000000
1.22789652	1.22920201	0.78732999	0.78702833
0.78204060	0.78105781	-0.30618612	-0.31092164
1.20000000	1.20000000	0.60000000	0.60000000
1.65168255	1.65167105	0.75848785	0.75788123
1.30618488	1.30737164	0.04693277	0.04106481
1.60000000	1.60000000	0.80000000	0.80000000
2.25912534	2.25786130	0.81371642	0.81299310
1.70150880	1.70116581	0.56071044	0.55108971
2.00000000	2.00000000	1.00000000	1.00000000
3.00365929	3.00092782	1.00000000	1.00000000
2.00365929	2.00092782	1.44321314	1.42365928
(B3-11)		(B3-12)	

Beispiel RWA 7/1: Schießverfahren (gewöhnliches Differenzenverfahren) für nichtlineare Randwertaufgaben zweiter Ordnung (TI-58)

Im Beispiel RWA 7/1 haben wir die Randwertaufgaben (B3-11) und (B3-12) mit N = 5, $t_1 = 0{,}1$ $t_2 = -0{,}1$, $\epsilon = 10^{-6}$ und n = 2 und 4 durchgerechnet. Durch (passive) Extrapolation erhalten wir z. B.

(B3-11): $y(2) \cong (4 \cdot 3{,}00092782 - 3{,}00365929)/3 = 3{,}00001733;$

$y'(0) \cong (4 \cdot 0{,}00362642 - 0{,}01451217)/3 = -0{,}00000216;$

(B3-12): $y'(0) \cong (-4 \cdot 0{,}65449896 + 0{,}64770316)/3 = -0{,}65676423;$

$y'(1) \cong (4 \cdot 1{,}42365928 - 1{,}44321314)/3 = 1{,}41714133.$

Eine Differentialgleichung, die linear von y' abhängt, läßt sich durch den Ansatz

$$y(x) = w(x)\, z(x) \quad \text{auf} \quad z'' = f(x, z)$$

zurückführen (s. Abschnitt 3.1.2). Wir zeigen dieses am Beispiel

(B3-13) $y'' = -y' - \sin y, \quad y(0) = 1, \quad y'(1) = 0.$

Hier muß $w(x)$ eine Lösung der Differentialgleichung $w' = -\frac{w}{2}$ sein. Mit $w(x) = e^{-x/2}$ erhalten wir für $z(x)$ nach einer Zwischenrechnung die Randwertaufgabe

(B3-13′) $$z'' = \frac{z}{4} - e^{x/2} \sin(e^{-x/2} z), \quad z(0) = 1, \quad z(1) - 2z'(1) = 0.$$

Dieses Problem können wir mit dem Programm RWA 7 lösen. Uns interessieren aber nicht die Werte z und z′, sondern nur y und y′. Mit einem Unterprogramm lassen wir z und z′ in y und y′ umrechnen. Es gilt

$$y(x) = e^{-x/2} z(x), \quad y'(x) = e^{-x/2} \left(z' - \frac{z}{2}\right), \quad y(0) = z(0),$$

$$y'(0) = z'(0) - \frac{1}{2} z(0) = z'(0) - 0{,}5.$$

Die Unterprogramme zur Berechnung von $f(x, z)$ und zur Umrechnung auf y und y′ schreiben wir so:

```
240  43  RCL
241  01  01
242  55  ÷
243  02  2
244  95  =
245  22  INV
246  23  LNX
247  42  STO
248  18  18
249  35  1/X
250  65  ×
251  43  RCL
252  02  02
253  95  =
254  38  SIN
255  65  ×
256  43  RCL
257  18  18
258  75  -
259  43  RCL
260  02  02
261  55  ÷
262  04  4
263  95  =
264  94  +/-
265  92  RTN
266  55  ÷
267  02  2
268  95  =
269  94  +/-
270  22  INV
271  23  LNX
272  42  STO
273  19  19
274  65  ×
275  43  RCL
276  03  03
277  95  =
278  99  PRT
279  18  C'
280  75  -
281  43  RCL
282  03  03
283  55  ÷
284  02  2
285  95  =
286  65  ×
287  43  RCL
288  19  19
289  95  =
290  92  RTN
291  43  RCL
292  08  08
293  75  -
294  93  .
295  05  5
296  95  =
297  99  PRT
298  92  RTN
```

Im Programm RWA 7 geben wir [SBR] 2 6 6 [*Nop] in die PSS 1 5 1 bis 1 5 4 und [SBR] 2 9 1 in die PSS 2 3 0 bis 2 3 2.

Mit $N = 5$, $\epsilon = 10^{-6}$, $t_1 = 0{,}1$, $t_2 = -0{,}1$ erhalten wir für $n = 1, 2, 4$ und 8 die Ergebnisse im Beispiel RWA 7/2.

1. 00000000	2. 00000000	4. 00000000	8. 00000000
0. 00000000	0. 00000000	0. 00000000	0. 00000000
1. 00000000	1. 00000000	1. 00000000	1. 00000000
1. 68856489	1. 68822260	1. 68813240	1. 68810956
0. 20000000	0. 20000000	0. 20000000	0. 20000000
1. 29019280	1. 28952530	1. 28935625	1. 28931386
1. 21784647	1. 21697362	1. 21675412	1. 21669916
0. 40000000	0. 40000000	0. 40000000	0. 40000000
1. 49299492	1. 49190464	1. 49162806	1. 49155867
0. 81903091	0. 81810120	0. 81786867	0. 81781053
0. 60000000	0. 60000000	0. 60000000	0. 60000000
1. 62293998	1. 62153801	1. 62118226	1. 62109299
0. 48935099	0. 48864614	0. 48847013	0. 48842614
0. 80000000	0. 80000000	0. 80000000	0. 80000000
1. 69317345	1. 69149511	1. 69106947	1. 69096269
0. 21987364	0. 21951224	0. 21942207	0. 21939954
1. 00000000	1. 00000000	1. 00000000	1. 00000000
1. 71474017	1. 71278668	1. 71229176	1. 71216762
0. 00000000	0. 00000000	0. 00000000	0. 00000000

Beispiel RWA 7/2: Schießverfahren (gewöhnliches Differenzenverfahren) für die Randwertaufgabe (B3-13)

3.3 Eigenwertaufgaben zweiter Ordnung

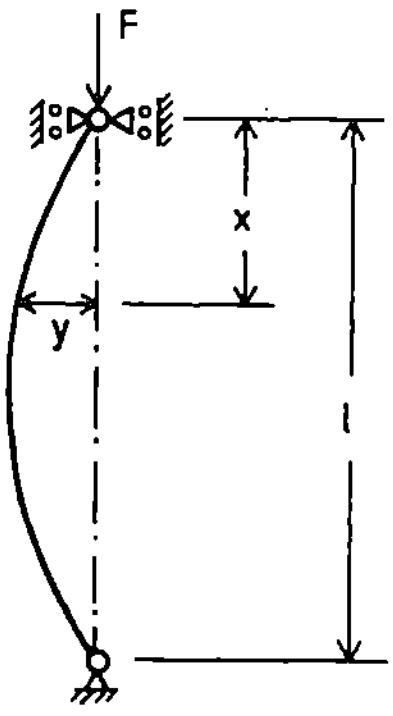

Eine besondere Art von Randwertaufgaben sind die Eigenwertaufgaben. Wir erläutern die Problemstellung an dem einfachen Beispiel des an seinen Enden gelenkig gelagerten Stabes, der durch eine Kraft F in Längsrichtung belastet wird, und fragen nach der Kraft F_K, die den Stab zum Ausknicken bringt. Für einen Stab mit einem beliebigen Querschnitt gilt

$$EI(x)\,y'' = -M_b(x, y) = -F\,y$$

oder

$$y'' + \frac{F}{EI(x)}\,y = 0\,.$$

Hinzu kommen die Rand- oder Lagerungsbedingungen $y(0) = y(l) = 0$. Für einen Stab mit konstantem Querschnitt ist $\lambda = \frac{F}{EI}$ eine positive Konstante. Unser zu lösendes Problem lautet dann

$$y'' + \lambda y = 0, \quad y(0) = 0, \quad y(l) = 0. \qquad (3.3\text{-}1)$$

Statt $y(l) = 0$ hätten wir aus Symmetriegründen hier auch $y'(\frac{l}{2}) = 0$ fordern können. Diese *voll-homogene* Randwertaufgabe (3.3-1) besitzt stets die Lösungsfunktion $y(x) \equiv 0$, die als *triviale* Lösung bezeichnet wird. In diesem Fall knickt der Stab nicht aus. Wir untersuchen, ob es λ-Werte gibt, für die *nicht-triviale* Lösungen, also von Null verschiedene Lösungen, existieren. Die allgemeine Lösung der obigen Differentialgleichung lautet

$$y = C_1 \sin(\sqrt{\lambda}\,x) + C_2 \cos(\sqrt{\lambda}\,x)\,.$$

Aus den Randbedingungen folgt

$$y(0) = C_2 = 0 \quad \text{und} \quad y(l) = C_1 \sin(\sqrt{\lambda}\,l) = 0\,.$$

Mit $C_1 \neq 0$ (sonst hätten wir wieder nur die triviale Lösung) folgt aus $\sin(\sqrt{\lambda}\,l) = 0$

$$\sqrt{\lambda_m}\,l = m\pi \quad \text{oder} \quad \lambda_m = m^2 \frac{\pi^2}{l^2} \qquad (m \in \mathbb{N})\,.$$

Diese Werte λ_m heißen die *Eigenwerte* und $y_m = \sin\frac{m\pi x}{l}$ die *Eigenfunktionen* des Eigenwertproblems (3.3-1). Die Eigenfunktionen sind nicht eindeutig definiert. Mit y_m ist auch $C_m y_m$ mit einer beliebigen Konstanten $C_m \neq 0$ eine Eigenfunktion. Zur eindeutigen Bestimmung von y_m könnten wir eine weitere Zusatzbedingung stellen, z.B.

$$y_m'(0) = 1 \quad \text{oder} \quad \int_0^l y_m^2\,dx = 1 \quad \text{usw.}$$

Ist beim obigen Knickstab die Biegesteifigkeit $EI(x)$ nicht konstant, so wird es im allgemeinen nicht möglich sein, eine Lösungsfunktion der Differentialgleichung in analytischer Darstellung anzugeben. Damit wird man auch die Eigenwerte nicht in der oben beschriebenen Form ermitteln können. In diesem Fall müssen numerische Methoden zur Berechnung der Eigenwerte herangezogen werden.

Wir behandeln in diesem Abschnitt die folgende Eigenwertaufgabe zweiter Ordnung:

$$y'' + (q(x) + \lambda p(x))\,y = 0, \quad y(a) = 0, \quad b_0\,y(b) + b_1\,y'(b) = 0. \qquad (3.3\text{-}2)$$

Die etwas allgemeinere Eigenwertaufgabe

$$y'' + q_1(x)\,y' + (q(x) + \lambda p(x))\,y = 0 \qquad (3.3\text{-}3)$$

mit den Randbedingungen wie in (3.3-2) führen wir wie früher (s. Abschnitt 3.1.2 oder 3.2.2) mit dem Ansatz

$$y = w(x)\,z(x) \quad \text{und} \quad w' = -\tfrac{1}{2} q_1 w$$

auf das Problem (3.3-2) zurück:

$$\begin{aligned} &z'' + (q - \tfrac{1}{4} q_1^2 - \tfrac{1}{2} q_1' + \lambda p)\,z = 0, \quad z(a) = 0, \\ &(b_0 - \tfrac{1}{2} b_1 q_1(b))\,z(b) + b_1 z'(b) = 0. \end{aligned} \qquad (3.3\text{-}4)$$

Mit den weiter unten erläuterten numerischen Verfahren werden wir die folgenden Eigenwertaufgaben lösen:

(B3-15) $y'' + \lambda y = 0, \quad y(0) = 0, \quad y'(\tfrac{1}{2}) = 0;$

Eigenwerte: $\lambda_m = (2m-1)^2 \pi^2$.

(B3-16) $y'' + \left(\dfrac{3}{16x^2} + \dfrac{\lambda}{x}\right) y = 0, \quad y(1) = 0, \quad y(2) = 0;$

Eigenwerte: $\lambda_m = \left(\dfrac{m\pi}{2(\sqrt{2}-1)}\right)^2$.

(B3-17) $y'' + \lambda(9 + 4x - 4x^2)\,y = 0, \quad y(0) = 0, \quad y'(\tfrac{1}{2}) = 0;$

Erster Eigenwert: $\lambda_1 = 1$.

(B3-18) $y'' + \dfrac{1}{x} y' + \left(-\dfrac{1}{x^2} + \lambda\right) y = 0, \quad y(0) = 0, \quad y(1) + y'(1) = 0;$

Die Eigenwerte lassen sich aus den Nullstellen der Besselfunktion $J_0(x)$ berechnen. Aus $J_0(\sqrt{\lambda}) = 0$ erhalten wir z.B. für die ersten beiden Eigenwerte $\lambda_1 = 2{,}4048^2 = 5{,}7831$ und $\lambda_2 = 5{,}5201^2 \doteq 30{,}4715$.

Die Eigenwertaufgabe (B3-18) führen wir mit $q_1 = \frac{1}{x}$ nach (3.3-4) zurück auf

(B3-18') $z'' + \left(-\dfrac{3}{4x^2} + \lambda\right) z = 0, \quad z(0) = 0, \quad z(1) + 2z'(1) = 0.$

(B3-19) $y'' + \dfrac{\lambda}{(1 - \frac{x^2}{2})^4}\, y = 0, \quad y'(0) = 0, \quad y(1) = 0;$

Diese Eigenwertaufgabe tritt beim Knicken eines Stabes mit kreisförmigem Querschnitt und parabelförmigem Längsschnitt auf. Die exakten Eigenwerte sind nicht bekannt.

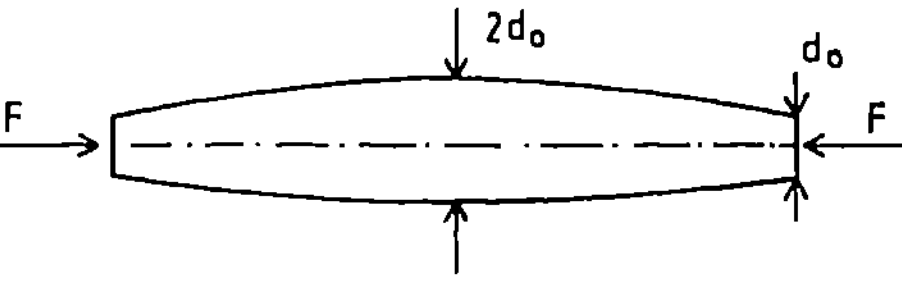

(B3-20) $y'' + \lambda p(x)\,y = 0, \quad y(0) = y(1) = 0 \quad \text{mit} \quad p(x) = \begin{cases} 2 & \text{für } 0 \leqq x < 0{,}5 \\ 1{,}5 & \text{für } x = 0{,}5 \\ 1 & \text{für } 0{,}5 < x \leqq 1. \end{cases}$

Hier handelt es sich um das Knicken eines Stabes, dessen Flächenträgheitsmoment in der rechten Hälfte halb so groß wie in der linken Hälfte ist. Die Eigenwerte können aus der transzendenten Gleichung

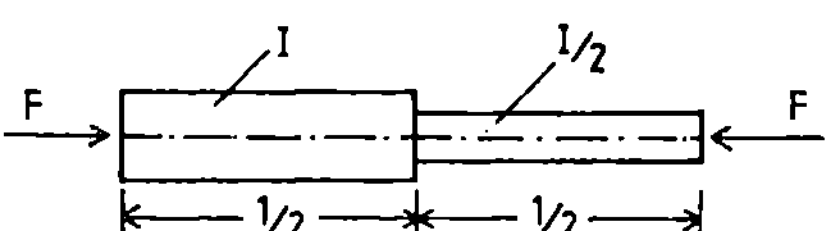

$\sqrt{2}\tan\frac{\sqrt{\lambda}}{2} + \tan(\sqrt{\frac{\lambda}{2}}) = 0$ ermittelt werden. Der erste positive Eigenwert (und nur der interessiert bei diesem Knickproblem) beträgt $\lambda_1 = 6{,}40770149$.

(B3-21) $y'' + \lambda x^2 y = 0, \quad y'(0) = 0, \quad y(1) = 0;$

Diese Eigenwertaufgabe tritt beim Kippen eines eingespannten Balkens auf. Durch y wird im wesentlichen die Verdrehung eines Querschnitts beschrieben, und aus y' kann das Torsionsmoment M_t berechnet werden. Der exakte Wert beträgt $\lambda = 16{,}1010$.

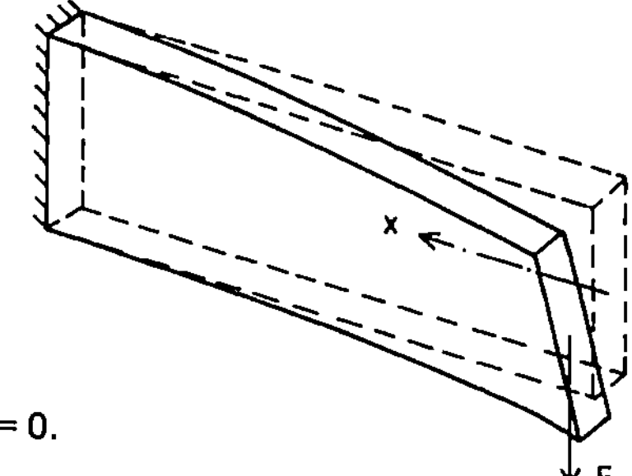

(B3-22) $y'' + (\cos x - \frac{x}{2} + \lambda)\, y = 0, \quad y(0) = 0, \quad y(\pi) = 0.$

3.3.1 Gewöhnliches Differenzenverfahren

Wir unterteilen das Intervall [a; b] in n Teilintervalle der Schrittweite $h = (b-a)/n$ und ersetzen in der Differentialgleichung (3.3-2) die zweite Ableitung durch den Differenzenquotienten

$$y''(x_i) \cong y_i'' = \frac{y_{i+1} - 2y_i + y_{i-1}}{h^2}.$$

Damit erhalten wir die finiten Gleichungen

$$y_{i+1} - (2 - h^2(q_i + \lambda p_i))\, y_i + y_{i-1} = 0 \qquad (i = 1, 2, 3, \dots, n). \qquad (3.3\text{-}5)$$

Wir schreiben diese Gleichung auch noch für i = n, um mit y_{n+1} am Rand x = b die Ableitung

$$y'(b) \cong y_n' = \frac{y_{n+1} - y_{n-1}}{2h}$$

berechnen zu können. (Tritt y'(b) in der Randbedingung nicht auf, ist also $b_1 = 0$, so wäre die Berechnung von y_{n+1} überflüssig. Zur Behandlung etwas allgemeinerer Eigenwertprobleme wollen wir aber den Fall $b_1 \neq 0$ zunächst mit berücksichtigen. Weiter unten geben wir das Programm EWA 3 für den Sonderfall $b_1 = 0$ an.) Wir setzen somit voraus, daß die Funktionen q(x) und p(x) im Intervall]a; b] (bzw. [a; b[ ) definiert sind. Zum Beispiel ist in (B3-18') die Funktion $q(x) = -3/(4x^2)$ für x = 0 nicht erklärt, wohl aber im Intervall]0; 1]. Ob wir mit unserem Verfahren, das wir im folgenden beschreiben, trotz der Unbeschränktheit von q(x) in]0; 1] noch brauchbare Ergebnisse für die Eigenwerte erhalten, werden wir weiter unten numerisch untersuchen.
(3.3-5) und die Randbedingungen

$$y_0 = 0 \quad \text{und} \quad b_0 y_n + b_1 \frac{y_{n+1} - y_{n-1}}{2h} = 0$$

liefern uns ein System von (n + 2) linearen Gleichungen für die (n + 2) Unbekannten $y_0, y_1, \dots y_n, y_{n+1}$. Dieses homogene Gleichungssystem besitzt für beliebige λ stets die triviale Lösung $y_i = 0$. Unsere Aufgabe beim Eigenwertproblem besteht darin, λ so zu wählen, daß nichttriviale Lösungen existieren. Dieses ist genau dann der Fall, wenn die Determinante des Gleichungssystems den Wert Null annimmt. Aus der so erhaltenen Gleichung könnten wir die Näherungswerte der Eigenwerte λ berechnen. Dieser Weg, der im allgemeinen auf eine algebraische Gleichung (n − 1)-ten Grades (für $b_1 = 0$) oder n-ten Grades (für $b_1 \neq 0$) führt, ist aber sehr mühsam und zumindest für programmierbare Taschenrechner nicht praktikabel.

Wir benutzen zur Berechnung von λ wieder das Schießverfahren, das wir bereits bei den Randwertaufgaben mit gutem Erfolg kennengelernt haben. Da die Lösung des homogenen Gleichungssystems nicht eindeutig bestimmt ist, setzen wir $y_1 = 1$ (willkürlich, wir hätten auch einen anderen Wert nehmen können, z. B. $y_1 = h$) und bestimmen die y_i aus (3.3-5) rekursiv:

$$y_{i+1} = -y_{i-1} + (2 - h^2 (q_i + \lambda p_i))\, y_i \quad (i \in \mathbb{N}_n), \quad y_0 = 0, \quad y_1 = 1. \tag{3.3-6}$$

Alle y_i $(i \geqq 2)$ sind Funktionen des noch unbekannten Eigenwertes λ: $y_i = y_i(\lambda)$. Wir versuchen λ so zu bestimmen, daß die Randbedingung für x = b erfüllt wird:

$$g(\lambda) = b_0\, y_n(\lambda) + b_1 \frac{y_{n+1}(\lambda) - y_{n-1}(\lambda)}{2h} = 0. \tag{3.3-7}$$

Die Nullstelle der Funktion $g(\lambda)$ ermitteln wir nach dem Verfahren von *Newton-Raphson*. Ist λ_0 eine Näherungslösung für die Nullstelle, so wird im allgemeinen

$$\lambda_1 = \lambda_0 - \frac{g(\lambda_0)}{\dot g(\lambda_0)} = \lambda_0 - \Delta\lambda \qquad \left(\text{mit } \cdot = \frac{d}{d\lambda}\right) \tag{3.3-8}$$

eine bessere Näherung für die gesuchte Nullstelle sein. Zur Berechnung von

$$\dot g(\lambda) = b_0\, \dot y_n + b_1 \frac{\dot y_{n+1} - \dot y_{n-1}}{2h}$$

differenzieren wir (3.3-6) nach λ und erhalten mit

$$v_i = \dot y_i, \quad v_0 = \dot y_0 = 0 \quad \text{und} \quad v_1 = \dot y_1 = 0$$

$$v_{i+1} = -v_{i-1} + (2 - h^2 (q_i + \lambda p_i))\, v_i - h^2 p_i y_i \qquad (i \in \mathbb{N}_n) \tag{3.3-9}$$

und mit diesen Werten schließlich

$$\dot g(\lambda) = b_0\, v_n + b_1 \frac{v_{n+1} - v_{n-1}}{2h}. \tag{3.3-10}$$

Die Iteration nach (3.3-8) brechen wir ab, wenn $|\Delta\lambda|$ eine vorgegebene Genauigkeitsschranke ϵ unterschreitet. Mit (3.3-6) bis (3.3-10) wird der Algorithmus zur Berechnung eines Näherungswertes für einen Eigenwert der Aufgabe (3.3-2) beschrieben. Im Flußdiagramm EWA 1 ist dieser Algorithmus im Zusammenhang dargestellt. Es ist zu erwarten, daß der berechnete Näherungswert umso besser ausfällt, je größer n gewählt wird. Einige experimentelle Untersuchungen hierzu werden wir weiter unten durchführen.

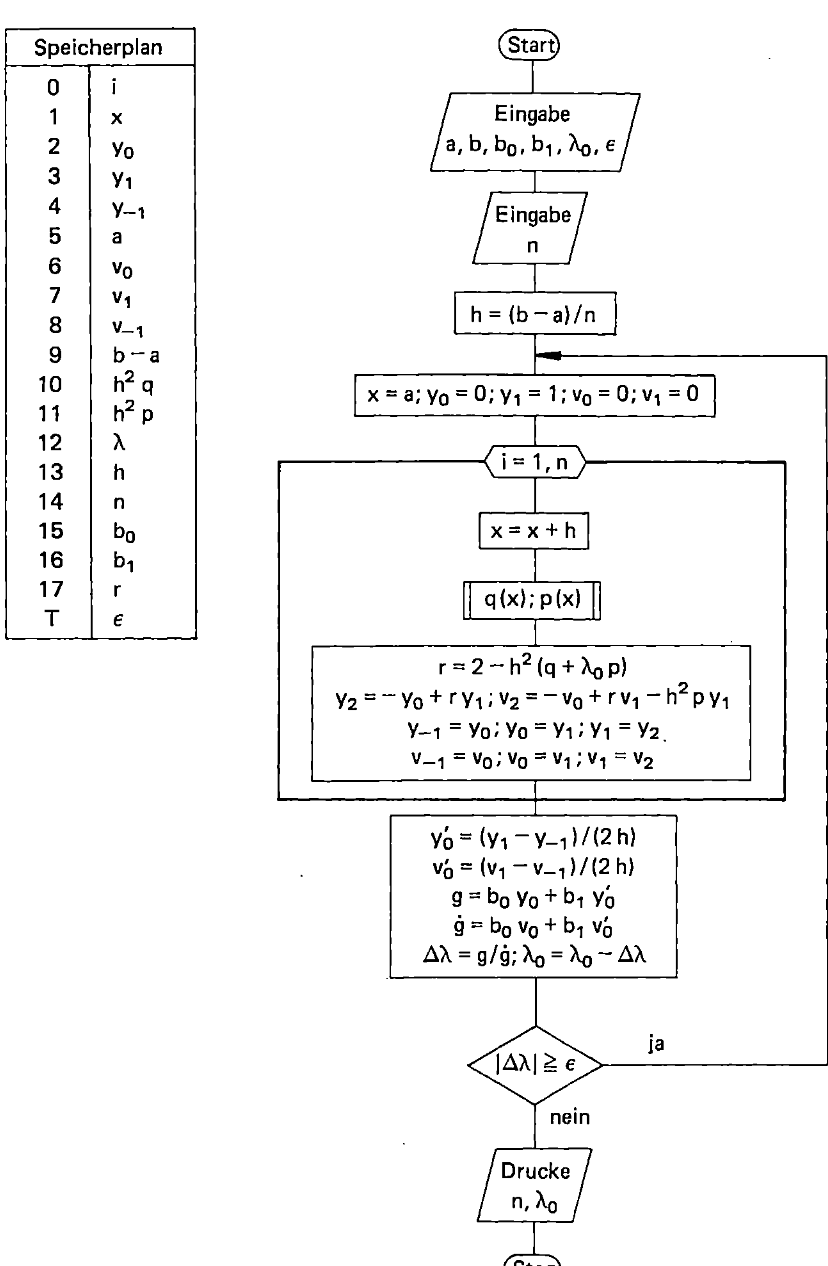

Flußdiagramm EWA 1: Gewöhnliches Differenzenverfahren für Eigenwertaufgaben zweiter Ordnung (TI-58)

```
000 76 LBL
001 11 A
002 47 CMS
003 42 STO
004 05 05
005 22 INV
006 44 SUM
007 09 09
008 91 R/S
009 76 LBL
010 12 B
011 44 SUM
012 09 09
013 91 R/S
014 42 STO
015 15 15
016 91 R/S
017 42 STO
018 16 16
019 91 R/S
020 76 LBL
021 13 C
022 42 STO
023 12 12
024 91 R/S
025 76 LBL
026 15 E
027 98 ADV
028 99 PRT
029 42 STO
030 14 14
031 35 1/X
032 65 ×
033 43 RCL
034 09 09
035 95 =
036 42 STO
037 13 13
038 43 RCL
039 05 05
040 42 STO
041 01 01
042 00 0
043 42 STO
044 02 02
045 42 STO
046 06 06
047 42 STO
048 07 07
049 01 1
050 42 STO
051 03 03
052 43 RCL
053 14 14
054 42 STO
055 00 00
056 43 RCL
057 13 13
058 44 SUM
059 01 01
060 71 SBR
061 01 01
062 84 84
063 65 ×
064 43 RCL
065 13 13
066 33 X²
067 49 PRD
068 10 10
069 95 =
070 42 STO
071 11 11
072 43 RCL
073 02 02
074 94 +/-
075 42 STO
076 04 04
077 85 +
078 53 (
079 02 2
080 75 -
081 43 RCL
082 10 10
083 75 -
084 43 RCL
085 12 12
086 65 ×
087 43 RCL
088 11 11
089 54 )
090 42 STO
091 17 17
092 65 ×
093 43 RCL
094 03 03
095 42 STO
096 02 02
097 95 =
098 42 STO
099 03 03
100 43 RCL
101 06 06
102 94 +/-
103 42 STO
104 08 08
105 85 +
106 43 RCL
107 17 17
108 65 ×
109 43 RCL
110 07 07
111 42 STO
112 06 06
113 75 -
114 43 RCL
115 11 11
116 65 ×
117 43 RCL
118 02 02
119 95 =
120 42 STO
121 07 07
122 97 DSZ
123 00 00
124 00 00
125 56 56
126 43 RCL
127 03 03
128 44 SUM
129 04 04
130 43 RCL
131 07 07
132 44 SUM
133 08 08
134 02 2
135 65 ×
136 43 RCL
137 13 13
138 95 =
139 35 1/X
140 49 PRD
141 04 04
142 49 PRD
143 08 08
144 43 RCL
145 15 15
146 65 ×
147 43 RCL
148 02 02
149 85 +
150 43 RCL
151 16 16
152 65 ×
153 43 RCL
154 04 04
155 95 =
156 55 ÷
157 53 (
158 43 RCL
159 15 15
160 65 ×
161 43 RCL
162 06 06
163 85 +
164 43 RCL
165 16 16
166 65 ×
167 43 RCL
168 08 08
169 54 )
170 95 =
171 22 INV
172 44 SUM
173 12 12
174 50 I×I
175 77 GE
176 00 00
177 38 38
178 43 RCL
179 12 12
180 99 PRT
181 91 R/S
182 76 LBL
183 71 SBR
```

Programm EWA 1: Gewöhnliches Differenzenverfahren für Eigenwertaufgaben zweiter Ordnung (TI-58)

Benutzeranleitung EWA 1: $y'' + (q(x) + \lambda p(x))\, y = 0, \; y(a) = 0, \; b_0\, y(b) + b_1\, y'(b) = 0.$

Die Eigenwerte λ_m werden näherungsweise nach dem Schießverfahren mit dem gewöhnlichen Differenzenverfahren und Newton-Raphson (Startwert λ_0, Genauigkeit ϵ für die Iteration) mit der Schrittweite $h = (b-a)/n$ berechnet ($n > 1$ für $b_1 = 0$).

(1) Programm EWA 1 eintasten.

(2) [GTO] [SBR] [LRN]; Tastenfolge zur Berechnung der Funktionswerte $q(x)$ mit $x = (R_1)$ eingeben; $q(x)$ nach R_{10} speichern; Tastenfolge zur Berechnung von $p(x)$ eingeben und mit [INV] [SBR] [LRN] abschließen.

(3) Eingabe: a [A] b [B] b_0 [R/S] b_1 [R/S] ϵ [x⇄t] λ_0 [C] n [E]
Wird [C] nicht betätigt, so beginnt die Iteration mit $\lambda_0 = 0$; hiermit wird nur der erste Eigenwert erreicht.

(4) Ausgabe: n, λ.

(5) Für dieselbe Eigenwertaufgabe mit anderer Rechenschrittweite: n [E]

Als Startwert λ_0 für einen höheren Eigenwert gibt uns die asymptotische Aussage (s. z.B. Collatz [7]) $\lim\limits_{m\to\infty} \frac{\lambda_m}{m^2}$ = konst., also $\frac{\lambda_{m+1}}{(m+1)^2} \approx \frac{\lambda_m}{m^2}$ für „nicht zu kleine m", einen Anhaltspunkt. Näheres hierüber finden Sie beim Programm EWA 6. Außerdem müssen wir bei den höheren Eigenwerten n genügend groß wählen. So erhalten wir für n = 2 z.B. eine Gleichung 1. oder 2. Grades, aus der auf keinen Fall der 2. bzw. 3. Eigenwert berechnet werden kann.

Die Konvergenz des obigen Verfahrens wird hier nicht untersucht. Sie ist im allgemeinen recht gut. Mit dem Startwert $\lambda_0 = 0$ wurde bei allen Beispielen (auch bei den vielen anderen, die nicht in diesem Buch aufgeführt werden) der erste Eigenwert immer erreicht. Bei den höheren Eigenwerten ist es möglich, daß der Startwert zu weit vom nächsten Näherungswert für λ_m entfernt liegt und das Verfahren einen anderen Eigenwert als den erwarteten berechnet. Mit dem Mehrstellenverfahren, das weiter unten beschrieben wird, werden wir hier bessere Ergebnisse erhalten.

Die numerischen Resultate (mit $\lambda_0 = 0$ und $\epsilon = 10^{-8}$) für den ersten positiven Eigenwert der Aufgaben (B3-15) bis (B3-21) zeigt das Beispiel EWA 1. In (B3-20) haben wir die Funktion p(x) in folgender Weise dargestellt:

$$p(x) = 1 + 0{,}5\,[\mathrm{Int}(x + 0{,}5) + \mathrm{Int}(2x - h)]\,.$$

```
 1.000000        1.000000        1.000000        2.000000
 8.000000        3.750000        2.000000        5.333333

 2.000000        2.000000        2.000000        4.000000
 9.372583        5.216765        1.708161        6.111456

 4.000000        4.000000        4.000000        8.000000
 9.743420        5.616939        1.642580        6.332128

 8.000000        8.000000        8.000000       16.000000
 9.837936        5.735731        1.642943        6.388715

16.000000       16.000000       16.000000       32.000000
 9.861680        5.769912        1.646733        6.402949
```

(B3-15) (B3-18) (B3-19) (B3-20)

```
 2.000000        2.00000000      1.00000000
16.000000       11.87500000      0.80000000

 4.000000        4.00000000      2.00000000
15.666507       13.64825340      0.94909084

 8.000000        8.00000000      4.00000000
15.979229       14.19236328      0.98717867

16.000000       16.00000000      8.00000000
16.069899       14.33356612      0.99678845

32.000000       32.00000000     16.00000000
16.093153       14.36917209      0.99919672
```

(B3-21) (B3-16) (B3-17)

Beispiel EWA 1: Gewöhnliches Differenzenverfahren für Eigenwertaufgaben zweiter Ordnung (TI-58)

Tabelle 3.3.1: Fehlerverhalten des gewöhnlichen Differenzenverfahrens bei Eigenwertaufgaben zweiter Ordnung

k	λ_{1k}	$F_{1k}=\lambda_1-\lambda_{1k}$	$F_{1,k-1}/F_k$	λ_{2k}	$F_{2k}=\lambda_2-\lambda_{2k}$	$F_{2,k-1}/F_k$
1	11,87500000	2,50606750	–	–	–	–
2	13,64825340	0,73291410	3,42	14,23933787	0,14172963	–
3	14,19236328	0,18870422	3,88	14,37373324	0,00733426	19,32
4	14,33356612	0,04750138	3,97	14,38063373	0,00043377	16,91
5	14,36917209	0,01189541	3,99	14,38104075	0,00002675	16,21
1	0,80000000	0,20000000	–	–	–	–
2	0,94909084	0,05090916	3,93	0,99878779	0,00121221	–
3	0,98717867	0,01282133	3,97	0,99987461	0,00012539	9,67
4	0,99678845	0,00321155	3,99	0,99999171	0,00000829	15,13
5	0,99919672	0,00080328	4,00	0,99999948	0,00000052	15,84

Um das Fehlerverhalten des gewöhnlichen Differenzenverfahrens bei der Eigenwertberechnung zu erkennen, werten wir die Ergebnisse für die Eigenwertaufgaben (B3-16) und (B3-17) aus. Mit den exakten ersten Eigenwerten $\lambda_1 = \left(\frac{\pi}{2(\sqrt{2}-1)}\right)^2 = 14{,}38106750$ bzw. $\lambda_1 = 1$ dieser Aufgaben berechnen wir für die Näherungswerte λ_{1k}

$$F_{1k} = \lambda_1 - \lambda_{1k} \quad \text{und} \quad F_{1,k-1}/F_{1k}.$$

Die Ergebnisse sind in der Tabelle 3.3.1 zusammengestellt. Wir erkennen hieraus

$$F_{1,k-1}/F_{1k} \cong 4, \quad \text{d.h.} \quad F_{1k} = \lambda_1 - \lambda_{1k} \cong C_2 h^2.$$

Wie früher bei der Extrapolation können wir aus diesem Fehlergesetz bessere Näherungswerte

$$\lambda_{2k} = \frac{4\lambda_{1k} - \lambda_{1,k-1}}{3}$$

berechnen. Diese Werte stehen in der rechten Hälfte der Tabelle 3.3.1. Auch für diese Näherungswerte werden die Fehler

$$F_{2k} = \lambda_1 - \lambda_{2k} \quad \text{und} \quad F_{2,k-1}/F_{2k}$$

untersucht. Wir erhalten hier mit $F_{2,k-1}/F_{2k} \cong 16$ das Ergebnis

$$F_{2k} = \lambda_1 - \lambda_{2k} \cong C_4 h^4.$$

Insgesamt ist die folgende Reihendarstellung für λ_1 zu erwarten:

$$\lambda_1 = \lambda_{1k} + C_2 h^2 + C_4 h^4 + C_6 h^6 + \ldots \tag{3.3-11}$$

Durch fortlaufende Extrapolation erhalten wir hieraus

$$\lambda_{j+1,k} = \frac{4^j \lambda_{jk} - \lambda_{j,k-1}}{4^j - 1} \qquad (k = 2, 3, \ldots;\ j = 1, 2, \ldots, k-1). \tag{3.3-12}$$

Für das gewöhnliche Differenzenverfahren mit anschließender Extrapolation nach (3.3-12) wurde das Programm EWA 2 für den TI-59 entwickelt. Wir beschränken uns auf die Berechnung des ersten positiven Eigenwertes (für die höheren Eigenwerte s. Programm EWA 6) und starten die Iteration für das Verfahren von Newton-Raphson stets mit $\lambda_0 = 0$. Wir beginnen die Rechnung mit der Intervalleinteilung $n = 4$ und halbieren in jedem folgenden Rechengang die Schrittweite h, bis wir den Eigenwert λ auf eine vorgegebene Genauigkeit ϵ ermittelt haben. Wie früher bei der Extrapolation fordern wir auch hier $|\lambda_{kk} - \lambda_{k-1,k-1}| < \epsilon$, in der hoffnungsvollen Erwartung, daß dann auch $|\lambda - \lambda_{kk}| < \epsilon$ gilt. Das Programm ist so aufgebaut, daß wir uns alle λ_{jk} ausdrucken lassen können oder auch nur den letzten Wert λ_{kk}.

```
000 76 LBL
001 11 A
002 47 CMS
003 29 CP
004 42 STO
005 05 05
006 22 INV
007 44 SUM
008 13 13
009 91 R/S
010 76 LBL
011 12 B
012 44 SUM
013 13 13
014 91 R/S
015 42 STO
016 15 15
017 91 R/S
018 42 STO
019 16 16
020 91 R/S
021 76 LBL
022 15 E
023 42 STO
024 09 09
025 99 PRT
026 02 2
027 42 STO
028 14 14
029 22 INV
030 49 PRD
031 13 13
032 02 2
033 49 PRD
034 14 14
035 22 INV
036 49 PRD
037 13 13
038 04 4
039 42 STO
040 18 18
041 43 RCL
042 05 05
043 42 STO
044 01 01
045 00 0
046 42 STO
047 02 02
048 42 STO
049 06 06
050 42 STO
051 07 07
052 01 1
053 42 STO
054 03 03
055 43 RCL
056 14 14
057 42 STO
058 00 00
059 43 RCL
060 13 13
061 44 SUM
062 01 01
063 71 SBR
064 02 02
065 48 48
066 65 ×
067 43 RCL
068 13 13
069 33 X²
070 49 PRD
071 10 10
072 95 =
073 42 STO
074 11 11
075 43 RCL
076 02 02
077 94 +/-
078 42 STO
079 04 04
080 85 +
081 53 (
082 02 2
083 75 -
084 43 RCL
085 10 10
086 75 -
087 43 RCL
088 12 12
089 65 ×
090 43 RCL
091 11 11
092 54 )
093 42 STO
094 17 17
095 65 ×
096 43 RCL
097 03 03
098 42 STO
099 02 02
100 95 =
101 42 STO
102 03 03
103 43 RCL
104 06 06
105 94 +/-
106 42 STO
107 08 08
108 85 +
109 43 RCL
110 17 17
111 65 ×
112 43 RCL
113 07 07
114 42 STO
115 06 06
116 75 -
117 43 RCL
118 11 11
119 65 ×
120 43 RCL
121 02 02
122 95 =
123 42 STO
124 07 07
125 97 DSZ
126 00 00
127 00 00
128 59 59
129 43 RCL
130 03 03
131 44 SUM
132 04 04
133 43 RCL
134 07 07
135 44 SUM
136 08 08
137 02 2
138 65 ×
139 43 RCL
140 13 13
141 95 =
142 35 1/X
143 49 PRD
144 04 04
145 49 PRD
146 08 08
147 43 RCL
148 15 15
149 65 ×
150 43 RCL
151 02 02
152 85 +
153 43 RCL
154 16 16
155 65 ×
156 43 RCL
157 04 04
158 95 =
159 55 ÷
160 53 (
161 43 RCL
162 15 15
163 65 ×
164 43 RCL
165 06 06
166 85 +
167 43 RCL
168 16 16
169 65 ×
170 43 RCL
171 08 08
172 54 )
173 95 =
174 22 INV
175 44 SUM
176 12 12
177 50 I×I
178 75 -
179 43 RCL
180 09 09
181 95 =
182 77 GE
183 00 00
184 41 41
185 02 2
186 00 0
187 42 STO
188 19 19
189 98 ADV
190 01 1
191 44 SUM
192 19 19
193 43 RCL
194 12 12
195 99 PRT
196 63 EX*
197 19 19
198 67 EQ
199 02 02
200 27 27
201 42 STO
202 20 20
203 94 +/-
204 85 +
205 43 RCL
206 18 18
207 65 ×
208 73 RC*
209 19 19
210 95 =
211 55 ÷
212 53 (
213 43 RCL
214 18 18
215 75 -
216 01 1
217 54 )
218 95 =
219 42 STO
220 12 12
221 04 4
222 49 PRD
223 18 18
224 61 GTO
225 01 01
226 90 90
227 43 RCL
228 12 12
229 75 -
230 43 RCL
231 20 20
232 95 =
233 50 I×I
234 75 -
235 43 RCL
236 09 09
237 95 =
238 77 GE
239 00 00
240 32 32
241 98 ADV
242 43 RCL
243 12 12
244 68 NOP
245 91 R/S
246 76 LBL
247 71 SBR
```

Programm EWA 2: Gewöhnliches Differenzenverfahren mit Extrapolation für Eigenwertaufgaben zweiter Ordnung (TI-59)

Benutzeranleitung EWA 2: $y'' + (q(x) + \lambda p(x))\, y = 0,\;\; y(a) = 0,\;\; b_0\, y(b) + b_1\, y'(b) = 0.$

Der erste positive Eigenwert λ wird nach dem Schießverfahren mit dem gewöhnlichen Differenzenverfahren nach Newton-Raphson mit einer Genauigkeit ϵ berechnet.

(1) Programm EWA 2 eintasten. Ohne Drucker: [R/S] in PSS 1 9 5 oder 2 4 4.

(2) [GTO] [SBR] [LRN]; Tastenfolge zur Berechnung von $q(x)$ mit $x = (R_1)$ eingeben; $q(x)$ nach R_{10} speichern; Tastenfolge zur Berechnung von $p(x)$ eingeben und mit [INV] [SBR] [LRN] abschließen.

(3) Eingabe: a [A] b [B] b_0 [R/S] b_1 [R/S] ϵ [E]

(4) Ausgabe: ϵ, λ_{jk} für $j \leqq k$ und $k = 1, 2, \ldots$ bis $|\lambda_{kk} - \lambda_{k-1,k-1}| < \epsilon$. Wird nur der letzte λ-Wert gewünscht, so wird [*Nop] in PSS 1 8 9 und 1 9 5 und [*Prt] in 2 4 4 gegeben.

Speicherplan zum Programm EWA 2:

0	i	5	a	10	$h^2 q$	15	b_0	20	λ_{jk}
1	x	6	v_0	11	$h^2 p$	16	b_1	21	λ_{1k}
2	y_0	7	v_1	12	λ	17	r	22	λ_{2k}
3	y_1	8	v_{-1}	13	h	18	4^j	23	λ_{3k}
4	y_{-1}	9	ϵ	14	n	19	ind.	24	usw.

Im Beispiel EWA 2 wurden die Eigenwertaufgaben (B3-15) bis (B3-21) mit verschiedener Genauigkeitsanforderung durchgerechnet und die Ergebnisse in unterschiedlicher Form ausgedruckt. Die Rechenzeiten bei diesen Aufgaben betragen etwa:

(B3-15): 10 min, (B3-16): 11 min, (B3-17): 14 min, (B3-18): 38 min,
(B3-19): 19 min, (B3-20): 12 min, (B3-21): 18 min.

Die besonders lange Rechenzeit bei der Aufgabe (B3-18) dürfte an der Singularität der Funktion $q(x)$ an der Stelle $x = 0$ liegen. Eine genauere Untersuchung des Fehlers der extrapolierten Näherungswerte λ_{2k} zeigt, daß die Extrapolationsformel (3.3-12) bei dieser Eigenwertaufgabe keine Gültigkeit besitzt. Eine Extrapolation nach

$$\lambda_{j+1,k} = (4\lambda_{jk} - \lambda_{j,k-1})/3$$

wäre in diesem Fall günstiger. Ersetzen wir im Programm EWA 2 die 4 in der PSS 2 2 1 durch eine 1, so erhalten wir die Ergebnisse (B3-18a). Die Rechenzeit beträgt jetzt etwa 20 min. Wir sehen an diesem Beispiel insbesondere, daß es wünschenswert wäre, genauere theoretische Kenntnisse über die Voraussetzungen für die Gültigkeit der Extrapolationsvorschrift (3.3-12) zu besitzen oder im Fall der Nichtgültigkeit eine entsprechende andere Formel angeben zu können. Hier ist sicherlich noch ein weites Arbeitsfeld für den theoretischen Numeriker.

```
0.00000100

9.74341984

9.83793643
9.86944196

9.86167977
9.86959422
9.86960437

9.86762275
9.86960374
9.86960438
9.86960438
```

(B3-15)

```
0.00000001

0.98717867

0.99678845
0.99999171

0.99919672
0.99999948
0.99999999

0.99979915
0.99999997
1.00000000
1.00000000
```

(B3-16)

```
0.000100

13.648253

14.192363
14.373733

14.333566
14.380634
14.381094

14.369172
14.381041
14.381068
14.381067
```

(B3-17)

```
0.000100

1.648497
```

(B3-19)

```
0.000100

6.407701
```

(B3-20)

```
0.000100

5.616939

5.735731
5.775328

5.769912
5.781306
5.781705

5.779523
5.782726
5.782821
5.782839

5.782185
5.783072
5.783095
5.783099
5.783100

5.782914
5.783158
5.783163
5.783164
5.783165
5.783165
```

(B3-18)

```
0.000100

5.616939

5.735731
5.775328

5.769912
5.781306
5.783299

5.779523
5.782726
5.783200
5.783166

5.782185
5.783072
5.783187
5.783183
5.783189
```

(B3-18a)

```
0.000100
16.100953
```

(B3-21)

Beispiel EWA2: Gewöhnliches Differenzenverfahren mit Extrapolation bei Eigenwertaufgaben zweiter Ordnung (TI-59)

Das Programm EWA 2 kann nur von TI-59-Besitzern benutzt werden. Für eine spezielle Eigenwertaufgabe geben wir für die Berechnung des ersten positiven Eigenwertes das Programm EWA 3 für den TI-58 an.

Benutzeranleitung EWA3: $y'' + \lambda p(x)\, y = 0,\ y(a) = y(b) = 0.$

Der erste positive Eigenwert wird nach dem Schießverfahren mit dem gewöhnlichen Differenzenverfahren und Newton-Raphson mit einer Genauigkeit ϵ berechnet.

(1) Programm EWA 3 eintasten. Bei Bedarf mit 2 [*Op] 1 7 Speicherbereichserweiterung 319.19 wählen.

(2) [GTO] [SBR] [LRN] ; Tastenfolge zur Berechnung der Funktionswerte p(x) mit $x = (R_1)$ eingeben und mit [INV] [SBR] [LRN] abschließen.

(3) Eingabe: a [A] b [B] ϵ [E]

(4) Ausgabe: ϵ, λ.

```
000 76 LBL
001 11 A
002 47 CMS
003 29 CP
004 42 STO
005 05 05
006 22 INV
007 44 SUM
008 13 13
009 91 R/S
010 76 LBL
011 12 B
012 44 SUM
013 13 13
014 91 R/S
015 76 LBL
016 15 E
017 42 STO
018 09 09
019 99 PRT
020 02 2
021 42 STO
022 08 08
023 22 INV
024 49 PRD
025 13 13
026 02 2
027 49 PRD
028 08 08
029 22 INV
030 49 PRD
031 13 13
032 04 4
033 42 STO
034 04 04
035 43 RCL
036 05 05
037 42 STO
038 01 01
039 00 0
040 42 STO
041 02 02
042 42 STO
043 06 06
044 42 STO
045 07 07
046 01 1
047 42 STO
048 03 03
049 43 RCL
050 08 08
051 75 -
052 01 1
053 95 =
054 42 STO
055 00 00
056 43 RCL
057 13 13
058 44 SUM
059 01 01
060 71 SBR
061 01 01
062 96 96
063 65 ×
064 43 RCL
065 13 13
066 33 X²
067 95 =
068 42 STO
069 11 11
070 43 RCL
071 02 02
072 94 +/-
073 85 +
074 53 (
075 02 2
076 75 -
077 43 RCL
078 12 12
079 65 ×
080 43 RCL
081 11 11
082 54 )
083 42 STO
084 10 10
085 65 ×
086 43 RCL
087 03 03
088 42 STO
089 02 02
090 95 =
091 42 STO
092 03 03
093 43 RCL
094 06 06
095 94 +/-
096 85 +
097 43 RCL
098 10 10
099 65 ×
100 43 RCL
101 07 07
102 42 STO
103 06 06
104 75 -
105 43 RCL
106 11 11
107 65 ×
108 43 RCL
109 02 02
110 95 =
111 42 STO
112 07 07
113 97 DSZ
114 00 00
115 00 00
116 56 56
117 43 RCL
118 03 03
119 55 ÷
120 43 RCL
121 07 07
122 95 =
123 22 INV
124 44 SUM
125 12 12
126 50 I×I
127 75 -
128 43 RCL
129 09 09
130 95 =
131 77 GE
132 00 00
133 35 35
134 01 1
135 03 3
136 42 STO
137 10 10
138 01 1
139 44 SUM
140 10 10
141 43 RCL
142 12 12
143 63 EX*
144 10 10
145 67 EQ
146 01 01
147 74 74
148 42 STO
149 11 11
150 94 +/-
151 85 +
152 43 RCL
153 04 04
154 65 ×
155 73 RC*
156 10 10
157 95 =
158 55 ÷
159 53 (
160 43 RCL
161 04 04
162 75 -
163 01 1
164 54 )
165 95 =
166 42 STO
167 12 12
168 04 4
169 49 PRD
170 04 04
171 61 GTO
172 01 01
173 38 38
174 73 RC*
175 10 10
176 75 -
177 43 RCL
178 11 11
179 95 =
180 50 I×I
181 75 -
182 43 RCL
183 09 09
184 95 =
185 77 GE
186 00 00
187 26 26
188 98 ADV
189 73 RC*
190 10 10
191 99 PRT
192 98 ADV
193 91 R/S
194 76 LBL
195 71 SBR
```

Programm EWA 3: Gewöhnliches Differenzenverfahren mit Extrapolation für die Eigenwertaufgabe $y'' + \lambda p(x)\, y = 0$ mit $y(a) = y(b) = 0$ (TI-58)

Das Programm EWA 3 ist natürlich etwas schneller als EWA 2. So werden z.B. bei der Eigenwertaufgabe (B3-20) für $\epsilon = 0{,}0001$ etwa 9 min gegenüber 12 min bei EWA 2 benötigt. Allerdings ist (B3-20) von allen obigen Aufgaben die einzige, auf die unmittelbar das Programm EWA 3 angewendet werden kann. Einige der Eigenwertaufgaben können wir aber unter Ausnutzung der Symmetrie auf den Typ in EWA 3 zurückführen, z.B.

(B3-17) $y'' + \lambda(9 + 4x - 4x^2)\, y = 0,\ y(0) = y(1) = 0,$ weil $p(x)$ symmetrisch zur Stelle $x = 0{,}5$ ist;

(B3-21) $y'' + \lambda x^2 y = 0,\ y(-1) = y(1) = 0.$

Da wir hierbei das Intervall verdoppelt haben, steigt die Rechenzeit im allgemeinen gegenüber EWA 2 an:

(B3-15): 17 min, (B3-17): 24 min, (B3-19): 33 min, (B3-21): 18 min.

3.3.2 Mehrstellenverfahren

Wir beschränken uns bei diesem Verfahren zunächst auf die Berechnung der Eigenwerte des Problems

$$y'' + (q(x) + \lambda p(x))\, y = 0, \quad y(a) = y(b) = 0. \qquad (3.3\text{-}13)$$

Weiter unten werden wir wieder allgemeinere Randbedingungen zulassen.

Wenden wir die Mehrstellenformel (3.1-12) auf die obige Differentialgleichung an, so erhalten wir

$$a_{i+1}\, y_{i+1} - (12 - 10\, a_i)\, y_i + a_{i-1}\, y_{i-1} = 0 \qquad (i = 1, 2, 3, \ldots, n-1)$$

mit

$$a_i = 1 + \frac{h^2}{12}(q_i + \lambda p_i).$$

Diese linearen Gleichungen können wir durch Einführung der neuen Unbekannten $\eta_i = a_i\, y_i$ wesentlich vereinfachen:

$$\eta_{i+1} - \left(\frac{12}{a_i} - 10\right)\eta_i + \eta_{i-1} = 0.$$

Das Gleichungssystem für (η_i) behandeln wir wieder rekursiv. Mit $\eta_0 = 0$ (wegen der Randbedingung $y(a) = y_0 = 0$) und $\eta_1 = 1$ (willkürlich) berechnen wir für einen vorgegebenen λ-Wert $\eta_n(\lambda)$. Dieser Wert muß wegen der Randbedingung $y(b) = y_n = 0$ bei richtig gewähltem λ Null werden. Die Nullstelle der Funktion $g(\lambda) = \eta_n(\lambda)$ bestimmen wir wie beim gewöhnlichen Differenzenverfahren iterativ nach Newton-Raphson. Setzen wir

$$v_i = \dot{\eta}_i = \frac{d\eta_i}{d\lambda} \quad \text{und beachten noch} \quad \dot{a}_i = \frac{h^2}{12}\, p_i,$$

so erhalten wir für das Eigenwertproblem (3.3-13) insgesamt den folgenden Algorithmus:

$$\begin{aligned}
a_i &= 1 + \frac{h^2}{12}(q_i + \lambda p_i), \\
\eta_{i+1} &= -\eta_{i-1} + \left(\frac{12}{a_i} - 10\right)\eta_i, \quad \eta_0 = 0, \quad \eta_1 = 1 \qquad (i = 1, 2, \ldots, n-1), \\
v_{i+1} &= -v_{i-1} + \left(\frac{12}{a_i} - 10\right) v_i - \frac{h^2\, p_i}{a_i^2}\,\eta_i, \quad v_0 = 0, \quad v_1 = 0, \\
\Delta\lambda &= \frac{\eta_n(\lambda_0)}{v_n(\lambda_0)}, \quad \lambda_1 = \lambda_0 - \Delta\lambda.
\end{aligned} \qquad (3.3\text{-}14)$$

Die Funktionswerte $q(x)$ und $p(x)$ werden bei diesem Aufbau des Mehrstellenverfahrens nur im Innern des Intervalls $[a; b]$ herangezogen. Dieses liegt an der Einführung der Größen $\eta_i = a_i\, y_i$.

Für den Algorithmus (3.3-14) schreiben wir das Programm EWA 4, mit dem für eine vorgegebene Intervalleinteilung ein Näherungswert für den gesuchten Eigenwert λ berechnet wird. Die Iteration nach Newton-Raphson brechen wir ab, sobald $|\Delta\lambda| < \epsilon$ wird. Für das Programm EWA 4 gilt dieselbe Benutzeranleitung wie für EWA 1, wobei selbstverständlich die Eingabe von b_0 und b_1 entfällt.

```
000  76 LBL    031  13  13    062  13  13    093  08  08    124  02  02
001  11  A     032  43 RCL    063  33 X²     094  75  -     125  55  ÷
002  47 CMS    033  04  04    064  49 PRD    095  01  1     126  43 RCL
003  42 STO    034  42 STO    065  10  10    096  00  0     127  08  08
004  04  04    035  01  01    066  95  =     097  54  )     128  33 X²
005  22 INV    036  00  0     067  42 STO    098  42 STO    129  95  =
006  44 SUM    037  42 STO    068  09  09    099  11  11    130  42 STO
007  07  07    038  02  02    069  65  ×     100  65  ×     131  06  06
008  91 R/S    039  42 STO    070  43 RCL    101  43 RCL    132  97 DSZ
009  76 LBL    040  05  05    071  12  12    102  03  03    133  00  00
010  12  B     041  42 STO    072  85  +     103  42 STO    134  00  00
011  44 SUM    042  06  06    073  43 RCL    104  02  02    135  53  53
012  07  07    043  01  1     074  10  10    105  95  =     136  43 RCL
013  91 R/S    044  42 STO    075  95  =     106  42 STO    137  03  03
014  76 LBL    045  03  03    076  55  ÷     107  03  03    138  55  ÷
015  13  C     046  43 RCL    077  01  1     108  43 RCL    139  43 RCL
016  42 STO    047  14  14    078  02  2     109  05  05    140  06  06
017  12  12    048  75  -     079  85  +     110  94 +/-    141  95  =
018  91 R/S    049  01  1     080  01  1     111  85  +     142  22 INV
019  76 LBL    050  95  =     081  95  =     112  43 RCL    143  44 SUM
020  15  E     051  42 STO    082  42 STO    113  11  11    144  12  12
021  42 STO    052  00  00    083  08  08    114  65  ×     145  50 I×I
022  14  14    053  43 RCL    084  43 RCL    115  43 RCL    146  77  GE
023  98 ADV    054  13  13    085  02  02    116  06  06    147  00  00
024  99 PRT    055  44 SUM    086  94 +/-    117  42 STO    148  32  32
025  35 1/X    056  01  01    087  85  +     118  05  05    149  43 RCL
026  65  ×     057  71 SBR    088  53  (     119  75  -     150  12  12
027  43 RCL    058  01  01    089  01  1     120  43 RCL    151  99 PRT
028  07  07    059  55  55    090  02  2     121  09  09    152  91 R/S
029  95  =     060  65  ×     091  55  ÷     122  65  ×     153  76 LBL
030  42 STO    061  43 RCL    092  43 RCL    123  43 RCL    154  71 SBR
```

Programm EWA 4: Mehrstellenverfahren für die Eigenwertaufgabe $y'' + (q(x) + \lambda p(x))\, y = 0$, $y(a) = y(b) = 0$ (TI-58)

```
 2.00000000     3.00000000     2.00000000     3.00000000
 9.60000000    36.00000000    14.27500000    54.12457101
 0.26960440     3.47841760     0.10606750     3.39969899

 4.00000000     6.00000000     4.00000000     6.00000000
 9.85359135    39.27272727    14.37017288    57.24564587
 0.01601805     0.20569033     0.01089462     0.27862413

 8.00000000    12.00000000     8.00000000    12.00000000
 9.86862051    39.46592221    14.38034059    57.50688052
 0.00098390     0.01249539     0.00072691     0.01738948

16.00000000    24.00000000    16.00000000    24.00000000
 9.86954318    39.47764279    14.38102146    57.52318633
 0.00006122     0.00077481     0.00004605     0.00108367

32.00000000    48.00000000    32.00000000    48.00000000
 9.86960058    39.47836929    14.38106462    57.52420234
 0.00000382     0.00004832     0.00000288     0.00006767
```

(B3-15') (B3-16)

Beispiel EWA 4: Mehrstellenverfahren für die Eigenwertaufgaben (B3-15') und (B3-16) (TI-58)

Mit dem Programm EWA 4 haben wir die ersten beiden Eigenwerte der Aufgaben (B3-15) und (B3-16) berechnet. Dabei haben wir

(B3-15′) $y'' + \lambda y = 0, \quad y(0) = 0, \quad y(1) = 0 \quad (\text{statt } y'(\tfrac{1}{2}) = 0)$

geschrieben. Diese Aufgabe besitzt die Eigenwerte $\lambda_m = m^2 \pi^2$. In den Ergebnissen im Beispiel EWA 4 haben wir uns die Fehler $F_k = \lambda - \lambda_{1k}$ mit ausdrucken lassen. Wir lesen hieraus das Fehlergesetz

$$F_{k-1}/F_k \cong 16$$

ab, d.h. es gilt (s. auch Abschnitt 3.1.2)

$$\lambda = \lambda_{1k} + C_4 h^4 + C_6 h^6 + C_8 h^8 + \ldots \qquad (3.3\text{-}15)$$

```
000 76 LBL
001 11 A
002 47 CMS
003 29 CP
004 42 STO
005 04 04
006 22 INV
007 44 SUM
008 07 07
009 91 R/S
010 76 LBL
011 12 B
012 44 SUM
013 07 07
014 91 R/S
015 76 LBL
016 13 C
017 42 STO
018 12 12
019 91 R/S
020 76 LBL
021 14 D
022 85 +
023 01 1
024 95 =
025 42 STO
026 09 09
027 22 INV
028 49 PRD
029 07 07
030 91 R/S
031 76 LBL
032 15 E
033 82 HIR
034 08 08
035 99 PRT
036 02 2
037 49 PRD
038 09 09
039 22 INV
040 49 PRD
041 07 07
042 43 RCL
043 04 04
044 42 STO
045 01 01
046 00 0
047 42 STO
048 02 02
049 42 STO
050 05 05
051 42 STO
052 06 06
053 01 1
054 42 STO
055 03 03
056 43 RCL
057 09 09
058 75 -
059 01 1
060 95 =
061 42 STO
062 00 00
063 43 RCL
064 07 07
065 44 SUM
066 01 01
067 71 SBR
068 02 02
069 29 29
070 65 ×
071 43 RCL
072 07 07
073 33 X²
074 49 PRD
075 10 10
076 95 =
077 82 HIR
078 07 07
079 65 ×
080 43 RCL
081 12 12
082 85 +
083 43 RCL
084 10 10
085 95 =
086 55 ÷
087 01 1
088 02 2
089 85 +
090 01 1
091 95 =
092 42 STO
093 08 08
094 43 RCL
095 02 02
096 94 +/-
097 85 +
098 53 (
099 01 1
100 02 2
101 55 ÷
102 43 RCL
103 08 08
104 75 -
105 01 1
106 00 0
107 54 )
108 42 STO
109 11 11
110 65 ×
111 43 RCL
112 03 03
113 42 STO
114 02 02
115 95 =
116 42 STO
117 03 03
118 43 RCL
119 05 05
120 94 +/-
121 85 +
122 43 RCL
123 11 11
124 65 ×
125 43 RCL
126 06 06
127 42 STO
128 05 05
129 75 -
130 82 HIR
131 17 17
132 65 ×
133 43 RCL
134 02 02
135 55 ÷
136 43 RCL
137 08 08
138 33 X²
139 95 =
140 42 STO
141 06 06
142 97 DSZ
143 00 00
144 00 00
145 63 63
146 43 RCL
147 03 03
148 55 ÷
149 43 RCL
150 06 06
151 95 =
152 22 INV
153 44 SUM
154 12 12
155 50 I×I
156 75 -
157 82 HIR
158 18 18
159 95 =
160 77 GE
161 00 00
162 42 42
163 04 4
164 42 STO
165 00 00
166 01 1
167 02 2
168 42 STO
169 08 08
170 98 ADV
171 04 4
172 49 PRD
173 00 00
174 01 1
175 44 SUM
176 08 08
177 43 RCL
178 12 12
179 99 PRT
180 63 EX*
181 08 08
182 67 EQ
183 02 02
184 08 08
185 42 STO
186 11 11
187 94 +/-
188 85 +
189 43 RCL
190 00 00
191 65 ×
192 73 RC*
193 08 08
194 95 =
195 55 ÷
196 53 (
197 43 RCL
198 00 00
199 75 -
200 01 1
201 54 )
202 95 =
203 42 STO
204 12 12
205 61 GTO
206 01 01
207 71 71
208 43 RCL
209 12 12
210 75 -
211 43 RCL
212 11 11
213 95 =
214 50 I×I
215 75 -
216 82 HIR
217 18 18
218 95 =
219 77 GE
220 00 00
221 36 36
222 98 ADV
223 43 RCL
224 12 12
225 68 NOP
226 91 R/S
227 76 LBL
228 71 SBR
```

Programm EWA 5: Mehrstellenverfahren mit Extrapolation für die Eigenwertaufgabe $y'' + (q(x) + \lambda p(x))\, y = 0, \; y(a) = y(b) = 0$ (TI-58)

Daß in dieser Darstellung nur gerade Potenzen von h auftreten können, erkennt man sofort aus dem symmetrischen Aufbau der Formeln (3.3-14). Aus der Reihendarstellung von λ folgt die Extrapolationsvorschrift

$$\lambda_{j+1,k} = \frac{4^{j+1}\lambda_{jk} - \lambda_{j,k-1}}{4^{j+1} - 1} \qquad (k = 2, \ldots;\ j = 1, 2, \ldots, k-1). \qquad (3.3\text{-}16)$$

Für den Algorithmus (3.3-14) mit anschließender Extrapolation (3.3-16) und der Stoppbedingung $|\lambda_{kk} - \lambda_{k-1,k-1}| < \epsilon$ schreiben wir das Programm EWA 5 zur Bestimmung der Eigenwerte λ_m der Aufgabe (3.3-12). Damit es auch noch von TI-58-Besitzern benutzt werden kann (Begrenzung der Datenspeicher auf 20), greifen wir auf zwei HIR-Register (s. Abschnitt 3.1.1) zurück.

Benutzeranleitung EWA 5: $y'' + (q(x) + \lambda p(x))\, y = 0,\ y(a) = y(b) = 0.$

Die Eigenwerte λ_m werden nach dem Schießverfahren mit dem Mehrstellenverfahren nach Newton-Raphson (Startwert λ_0 für λ_m) mit einer Genauigkeit ϵ berechnet.

(1) Programm EWA 5 eintasten. Beim TI-58 mit 2 [*Op] 1 7 Speicherbereichseinteilung 319.19 wählen.

(2) [GTO] [SBR] [LRN]; Tastenfolge zur Berechnung von q(x) mit $x = (R_1)$ eingeben; q(x) nach R_{10} speichern; Tastenfolge zur Berechnung von p(x) eingeben und mit [INV] [SBR] [LRN] abschließen.

(3) Eingabe: a [A] b [B] λ_0 [C] m [D] ϵ [E]

(4) Ausgabe: ϵ, λ_{jk} für $j \leq k$ und $k = 1, 2, \ldots$ bis $|\lambda_{kk} - \lambda_{k-1,k-1}| < \epsilon$.
Wird nur der letzte λ-Wert gewünscht, so wird [*Nop] in PSS 1 7 0 und 1 7 9 und [*Prt] in 2 2 5 gegeben.

Speicherplan zum Programm EWA 5:

0	i, 4^{j+1}	8	a_i, ind.	16	...
1	x	9	m, n	HIR 07	h^2 p
2	η_0	10	h^2 q		
3	η_1	11	$12/a_i - 10$		
4	a	12	λ	HIR 08	ϵ
5	v_0	13	λ_{1k}		
6	v_1	14	λ_{2k}		
7	h	15	λ_{3k}		

Beispiel EWA 5 zeigt die Ergebnisse für einige Eigenwertaufgaben. Bei den Aufgaben (B3-15) und (B3-17) wurde mit den Randbedingungen $y(0) = y(1) = 0$ gerechnet. Dadurch treten gegenüber der ursprünglichen Formulierung mit $y(0) = y'(\frac{1}{2}) = 0$ zusätzliche Eigenwerte auf. Die Rechenzeiten für den ersten Eigenwert liegen durchweg unterhalb der entsprechenden Rechenzeiten beim gewöhnlichen Differenzenverfahren (Programm EWA 2 bzw. 3). Schwierigkeiten bereitet die Knickaufgabe (B3-20). Hier liefert das Mehrstellenverfahren wider Erwarten schlechtere Ergebnisse als das gewöhnliche Differenzenverfahren. Dieses macht sich an den extrem langen Rechenzeiten bemerkbar.

```
0.00000100

9.85359135

9.86862051
9.86962245

9.86954318
9.86960469
9.86960441

9.86960057
9.86960440
9.86960440
9.86960440

0.00000100

39.27272727

39.46592221
39.47880187

39.47764279
39.47842416
39.47841817

39.47836928
39.47841771
39.47841761
39.47841761

0.00000100

88.07858198

88.78128249
88.82812920

88.82364514
88.82646931
88.82644296

88.82626541
88.82644010
88.82643963
88.82643962

88.82642885
88.82643975
88.82643974
88.82643974
88.82643974
```

(B3-15')

```
0.000100

14.370173

14.380341
14.381018

14.381021
14.381067
14.381068

0.000100

57.245646

57.506881
57.524296

57.523186
57.524273
57.524273

0.000100

128.312590

129.361282
129.431195

129.425371
129.429643
129.429619

129.429343
129.429608
129.429608
129.429608
```

(B3-16)

```
0.000100

1.648497
```

(B3-19)

```
0.00000001

0.99780834

0.99986714
1.00000440

0.99999176
1.00000007
1.00000000

0.99999949
1.00000000
1.00000000
1.00000000

0.00000001

4.03903547

4.06081376
4.06226564

4.06212375
4.06221108
4.06221022

4.06220480
4.06221020
4.06221019
4.06221019

4.06220985
4.06221018
4.06221018
4.06221018
4.06221018
```

(B3-17')

```
0.000100

16.100953
```

(B3-21)

```
0.00000100

1.58260693

1.58826002
1.58863689

1.58862173
1.58864584
1.58864598

1.58864424
1.58864574
1.58864574
1.58864574

0.00000100

4.82728273

4.85078146
4.85234804

4.85219666
4.85229101
4.85229011

4.85228425
4.85229009
4.85229008
4.85229008

0.00000100

9.74213950

9.81623009
9.82116947

9.82068363
9.82098053
9.82097753

9.82095896
9.82097731
9.82097726
9.82097726
```

(B3-22)

Beispiel EWA 5: Mehrstellenverfahren für Eigenwertaufgaben zweiter Ordnung mit y(a) = y(b) = 0 (T*I*-58)

Unser letztes Programm schreiben wir für die Berechnung der ersten m positiven Eigenwerte λ_μ ($\mu \in \mathbb{N}_m$) der Aufgabe

$$y'' + (q(x) + \lambda p(x))\, y = 0, \quad y(a) = 0, \quad b_0\, y(b) + b_1\, y'(b) = 0 \tag{3.3-17}$$

mit dem Mehrstellenverfahren. Wie aus den Entwicklungen weiter unten zu erkennen sein wird, benötigen wir von den Funktionen q(x) und p(x) die Existenz in]a; b + h] bzw. [a − h; b[im Gegensatz zu]a; b[bei den Randbedingungen y(a) = y(b) = 0. (Die Frage, ob es überhaupt von praktischem Interesse ist, die ersten m Eigenwerte mit dem Taschenrechner zu berechnen, wollen wir hier nicht beantworten. Das Problem ist mathematisch interessant genug, um sich damit zu beschäftigen.)

Zur Berechnung der Eigenwerte benutzen wir wieder das Schießverfahren mit der Nullstellenberechnung nach Newton-Raphson. Die η_i und $v_i = \dot{\eta}_i$ (mit $\cdot = \frac{d}{d\lambda}$) werden für einen Näherungswert λ rekursiv nach (3.3-14) berechnet (wegen der Randbedingungen jetzt: $i = 1, 2, \ldots, n$).
Um die Randbedingung

$$b_0\, y(b) + b_1\, y'(b) = 0$$

in eine finite Gleichung umzusetzen, die dieselbe Genauigkeit wie das Mehrstellenverfahren besitzt, benutzen wir die in (3.1-14) hergeleitete Gleichung

$$2h\, y_n' = y_{n+1} - y_{n-1} - \frac{h^2}{6}(y_{n+1}'' - y_{n-1}'')\,.$$

Setzen wir für y_i'' den Term aus (3.3-17) ein, so erhalten wir mit den bereits oben eingeführten Größen

$$a_i = 1 + \frac{h^2}{12}(q_i + \lambda p_i)$$

nach einigen Umformungen für die Randbedingung an der Stelle $x = b = x_n$

$$b_0\, y_n + \frac{b_1}{h}\left[(a_{n+1} - \tfrac{1}{2})\, y_{n+1} - (a_{n-1} - \tfrac{1}{2})\, y_{n-1}\right] = 0\,.$$

Mit $\eta_i = a_i y_i$ lautet die Gleichung, aus der die Eigenwerte näherungsweise zu bestimmen sind,

$$g(\lambda) = b_0 \frac{\eta_n}{a_n} + \frac{b_1}{h}\left[\left(1 - \frac{1}{2\, a_{n+1}}\right)\eta_{n+1} - \left(1 - \frac{1}{2\, a_{n-1}}\right)\eta_{n-1}\right] = 0\,. \tag{3.3-18}$$

Hieraus gewinnen wir durch Differentiation nach λ

$$\dot{g}(\lambda) = b_0\left(\frac{v_n}{a_n} - \frac{\frac{1}{12}h^2 p_n}{a_n^2}\eta_n\right) + \frac{b_1}{h}\left[\left(1 - \frac{1}{2\, a_{n+1}}\right)v_{n+1} - \right.$$
$$\left.\left(1 - \frac{1}{2\, a_{n-1}}\right)v_{n-1} + \frac{\frac{1}{12}h^2 p_{n+1}}{2\, a_{n+1}^2}\eta_{n+1} - \frac{\frac{1}{12}h^2 p_{n-1}}{2\, a_{n-1}^2}\eta_{n-1}\right]\,. \tag{3.3-19}$$

Starten wir zur Berechnung des μ-ten Eigenwertes λ_μ den Algorithmus (3.3-14), (3.3-18) und (3.3-19) mit $\lambda_{\mu,0}$, so erhalten wir mit

$$\lambda_{\mu,1} = \lambda_{\mu,0} - \Delta\lambda = \lambda_{\mu,0} - \frac{g(\lambda_{\mu,0})}{\dot{g}(\lambda_{\mu,0})} \tag{3.3-20}$$

einen (hoffentlich!) besseren Näherungswert für λ_μ. Die Iteration nach Newton-Raphson brechen wir ab, sobald $|\Delta\lambda| < \epsilon$ wird.

Die Rechnung nach dem obigen Algorithmus führen wir für verschiedene h- bzw. n-Werte aus und bezeichnen die so ermittelten Näherungswerte für λ_μ mit λ_{1k} (einen Index μ lassen wir der Einfachheit halber fort). Aus den λ_{1k} berechnen wir nach einer Extrapolationsvorschrift weitere bessere Näherungen für λ_μ. An dieser Stelle treten (mindestens) zwei Fragen auf:

> Wie finden wir für den μ-ten Eigenwert λ_μ einen geeigneten Startwert $\lambda_{\mu,0}$? Mit welcher Schrittweite h_0 bzw. Intervalleinteilung n_0 berechnen wir den ersten Näherungswert λ_{11} für λ_μ?

Diese Fragen können auf ganz unterschiedliche Art beantwortet werden. Wir wählen hier einen Weg der nicht als absolut sicher bezeichnet werden darf, aber doch in vielen Fällen zu sehr guten Ergebnissen führt. Für den ersten Eigenwert λ_1 wählen wir als Startwert stets $\lambda_{1,0} = 0$. Für die höheren Eigenwerte λ_μ gehen wir von deren asymptotischer Darstellung aus (s. z.B. Collatz [7]):

$$\lim_{\mu\to\infty} \frac{\lambda_\mu}{\mu^2} = \text{konst., d.h. } \lambda_\mu \cong \mu^2 \cdot \text{konst. für „nicht zu kleine } \mu\text{"}. \tag{3.3-21}$$

Wir können den $(\mu + 1)$-ten Eigenwert durch den μ-ten ungefähr ausdrücken durch

$$\lambda_{\mu+1} \cong \frac{(\mu+1)^2}{\mu^2}\lambda_\mu = \left(1 + \frac{1}{\mu}\right)^2 \lambda_\mu .$$

Für die ersten Eigenwerte gilt hiernach

$$\lambda_2 \cong 4\lambda_1, \quad \lambda_3 \cong 2{,}25\lambda_2, \quad \lambda_4 \cong \frac{16}{9}\lambda_3 \cong 1{,}778\lambda_3 \quad \text{usw.}$$

Diese Beziehung ist bei den Eigenwertaufgaben (B3-15') und (B3-16) exakt erfüllt. Bei (B3-15) dagegen gilt

$$\frac{\lambda_{\mu+1}}{\lambda_\mu} = \frac{(2\mu+1)^2}{(2\mu-1)^2} = \left(1 + \frac{1}{\mu - 0{,}5}\right)^2 ,$$

also $\lambda_2 = 9\lambda_1$, $\lambda_3 = \frac{25}{9}\lambda_2 = 2{,}778\lambda_2$ usw.

Für die Eigenwertaufgabe (B3-22) schließlich wird nach den Ergebnissen im Beispiel EWA 5

$$\lambda_2 \cong 3\lambda_1 \quad \text{und} \quad \lambda_3 \cong 2\lambda_2 .$$

Aufgrund dieser theoretischen und praktischen Ergebnisse benutzen wir nach der Berechnung von λ_μ als Startwert für $\lambda_{\mu+1}$

$$\lambda_{\mu+1,0} = \left(1 + \frac{1}{\mu \pm 1/4}\right)^2 \lambda_\mu , \tag{3.3-22}$$

wobei das Minuszeichen für den Fall $\lambda_2 > 4\lambda_1$ und das Pluszeichen für $\lambda_2 \leqq 4\lambda_1$ zu nehmen ist. Um (3.3-22) anwenden zu können, müssen wir vor der Berechnung der Eigenwerte λ_μ eine Grobrechnung durchführen, um das Verhältnis der ersten beiden Eigenwerte ungefähr abschätzen zu können. Oder wir müßten theoretische Kenntnisse besitzen, um aus der Eigenwertaufgabe (3.3-17) unmittelbar $\lambda_2 > 4\lambda_1$ oder $\lambda_2 \leqq 4\lambda_1$ zu erkennen.

Bei der Berechnung der Näherungswerte λ_{1k} $(k = 1, 2, 3, \ldots)$ für λ_μ nach dem Mehrstellenverfahren dürfen wir die Intervalleinteilung n_0, mit der wir den Algorithmus beginnen, nicht zu grob wählen. Es ist selbstverständlich, daß n_0 mindestens gleich μ zu nehmen ist. Aber bei $n_0 = \mu$ oder n_0 nur geringfügig größer als μ besteht die Gefahr, daß wir mit unserem Startwert $\lambda_{\mu,0}$ zu weit von der Nullstelle λ_{11} der Gleichung $g(\lambda) = 0$ entfernt liegen und mit der Iteration bei einem Eigenwert landen, den wir bereits früher berechnet haben oder erst später berechnen wollen. λ_μ und die Nullstelle der für n_0 zu lösenden Gleichung $g(\lambda) = 0$ müssen also nahe genug beisammenliegen. Gesicherte Kenntnisse über die passende Wahl von n_0 sind wahrscheinlich nicht bekannt. Wir versuchen es mit

$$n_0 = 2\mu + 3. \tag{3.3-23}$$

Für $\mu = 4$ wird z.B. $n_0 = 11$. Extrapolieren wir wie bisher durch Verdoppelung der Intervallunterteilung (Halbierung der Schrittweite h), so lautet die Extrapolationsfolge

$$11, 22, 44, 88 \ldots \text{ (gegenüber bisher } 2, 4, 8, 16 \ldots \text{ oder } 4, 8, 16, 32 \ldots).$$

Dadurch steigt der Rechenaufwand enorm an, zumal infolge der Iteration für dieselbe Intervalleinteilung der Algorithmus mehrfach zu durchlaufen ist. Wir benutzen aus diesem Grund keine *geometrische* Extrapolationsfolge, sondern wählen die *arithmetische* Folge

$$n_0,\ n_0+3,\ n_0+6, \ldots : n = 2\mu + 3k \qquad (k \in \mathbb{N}), \tag{3.3-24}$$

in der die 3 selbstverständlich durch eine beliebige andere natürliche Zahl ersetzt werden kann. Wie sieht nun für diese Folge die entsprechende Extrapolationsvorschrift der λ_{jk} aus? Um dieses zu erkennen, gehen wir von der Reihendarstellung (3.3-15) aus. Setzen wir $h = \frac{b-a}{h}$ und nehmen die Potenzen von (b − a) mit in die Konstanten C hinein, so erhalten wir

$$\lambda = \lambda_{1k} + \frac{C_4}{n^4} + \frac{C_6}{n^6} + \frac{C_8}{n^8} + \ldots \tag{3.3-25}$$

(Die Existenz einer solchen Entwicklung wird wie immer vorausgesetzt.)

Bezeichnen wir den mit der vorhergehenden Unterteilung $n-3$ berechneten Näherungswert mit $\lambda_{1,k-1}$, so gilt entsprechend

$$\lambda = \lambda_{1,k-1} + \frac{C_4}{(n-3)^4} + \frac{C_6}{(n-3)^6} + \frac{C_8}{(n-3)^8} + \ldots$$

Eliminieren wir aus den beiden letzten Darstellungen für λ die Terme mit C_4, so wird

$$[n^4 - (n-3)^4]\,\lambda = n^4 \lambda_{1k} - (n-3)^4 \lambda_{1,k-1} + \frac{C_6}{n^2} - \frac{C_6}{(n-3)^2} + \frac{C_8}{n^4} - \frac{C_8}{(n-3)^4} + \ldots$$

oder

$$\lambda = \lambda_{2k} + \frac{C_6}{n^4-(n-3)^4}\left[\frac{1}{n^2} - \frac{1}{(n-3)^2}\right] + C_8(\ldots) + \ldots$$

mit

$$\lambda_{2k} = \frac{C^4\lambda_{1k} - \lambda_{1,k-1}}{C^4-1} \quad \text{und} \quad C = \frac{n}{n-3}.$$

Der Faktor von C_6 wird

$$\frac{(n-3)^2 - n^2}{(n^4-(n-3)^4)\,n^2(n-3)^2} = \frac{-1}{(n^2+(n-3)^2)\,n^2(n-3)^2} = \frac{-1}{2n^6\left(1-\frac{3}{n}+\frac{9}{2n^2}\right)\left(1-\frac{3}{n}\right)^2}$$

oder durch Reihenentwicklung nach Potenzen von $\frac{1}{n}$ $(\leq \frac{1}{5})$

$$\ldots = -\frac{1}{2n^6}\left(1 + \frac{K_1}{n} + \frac{K_2}{n^2} + \ldots\right)$$

Führen wir eine entsprechende Entwicklung für die Faktoren von C_8 usw. durch, so folgt insgesamt die asymptotische Darstellung

$$\lambda = \lambda_{2k} + \frac{C_{6,2}}{n^6} + \frac{C_{7,1}}{n^7} + \frac{C_{8,1}}{n^8} + \ldots$$

Wie oben erhalten wir aus

$$\lambda = \lambda_{2,k-1} + \frac{C_{6,2}}{(n-3)^6} + \frac{C_{7,2}}{(n-3)^7} + \frac{C_{8,2}}{(n-3)^8} + \ldots$$

nach einiger Rechnung

$$\lambda = \lambda_{3k} + \frac{C_{7,3}}{n^7} + \frac{C_{8,3}}{n^8} + \frac{C_{9,3}}{n^9} + \ldots$$

mit

$$\lambda_{3k} = \frac{C^6 \lambda_{2k} - \lambda_{2,k-1}}{C^6 - 1}.$$

So fortfahrend gelangen wir schließlich zu der gesuchten Extrapolationsformel

$$\left.\begin{aligned} & C = \frac{n}{n-3}, \quad C_j = \begin{cases} C^4 & \text{für } j = 1 \\ C^{4+j} & \text{für } j \geqq 2, \end{cases} \\ & \lambda_{j+1,k} = \frac{C_j \lambda_{jk} - \lambda_{j,k-1}}{C_j - 1} \qquad (k = 2, 3, \ldots;\ j = 1, 2, \ldots, k-1). \end{aligned}\right\} \tag{3.3-26}$$

Der gesamte Algorithmus zur Berechnung der ersten m Eigenwerte der Eigenwertaufgabe (3.3-17) wird durch die Formeln (3.3-14) für η_i und v_i, (3.3-18) bis (3.3-20), (3.3-22) und (3.3-26) dargestellt. Das Programm für diesen Algorithmus schreiben wir nach dem in groben Zügen skizzierten Flußdiagramm EWA 6.

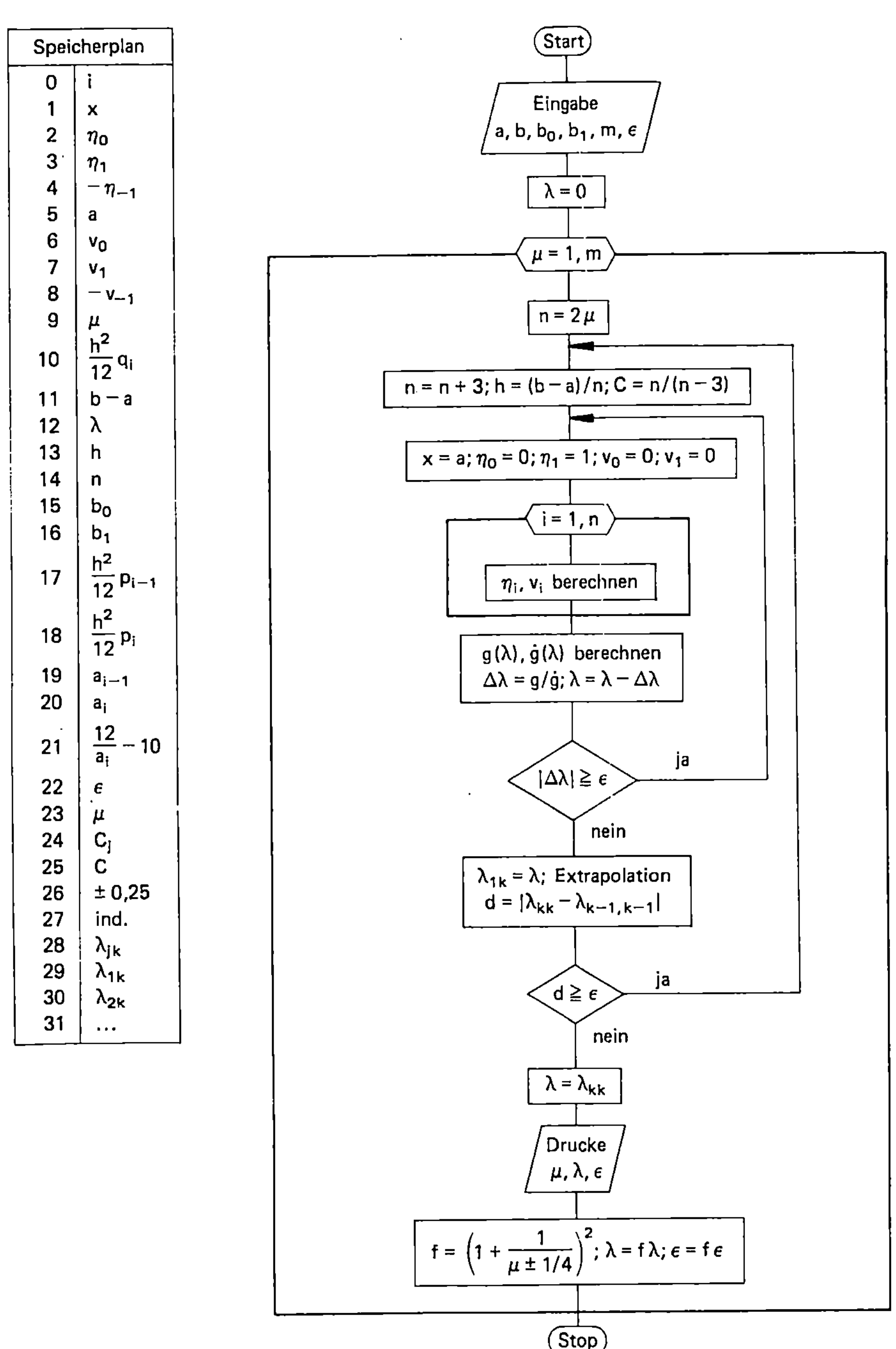

Speicherplan	
0	i
1	x
2	η_0
3	η_1
4	$-\eta_{-1}$
5	a
6	v_0
7	v_1
8	$-v_{-1}$
9	μ
10	$\frac{h^2}{12} q_i$
11	b − a
12	λ
13	h
14	n
15	b_0
16	b_1
17	$\frac{h^2}{12} p_{i-1}$
18	$\frac{h^2}{12} p_i$
19	a_{i-1}
20	a_i
21	$\frac{12}{a_i} - 10$
22	ϵ
23	μ
24	C_j
25	C
26	± 0,25
27	ind.
28	λ_{jk}
29	λ_{1k}
30	λ_{2k}
31	...

Flußdiagramm EWA 6: Mehrstellenverfahren zur Berechnung der ersten m positiven Eigenwerte für Eigenwertaufgaben zweiter Ordnung (TI-59)

000	76	LBL	065	91	R/S	130	01	1	195	01	01	260	55	÷
001	16	A'	066	76	LBL	131	42	STO	196	37	37	261	02	2
002	43	RCL	067	13	C	132	03	03	197	01	1	262	55	÷
003	13	13	068	42	STO	133	43	RCL	198	75	-	263	43	RCL
004	44	SUM	069	09	09	134	14	14	199	93	.	264	20	20
005	01	01	070	91	R/S	135	42	STO	200	05	5	265	33	X²
006	71	SBR	071	76	LBL	136	00	00	201	55	÷	266	95	=
007	04	04	072	14	D	137	16	A'	202	43	RCL	267	44	SUM
008	29	29	073	01	1	138	43	RCL	203	19	19	268	08	08
009	65	×	074	94	+/-	139	02	02	204	95	=	269	43	RCL
010	53	(	075	49	PRD	140	94	+/-	205	49	PRD	270	15	15
011	43	RCL	076	26	26	141	42	STO	206	08	08	271	65	×
012	13	13	077	91	R/S	142	04	04	207	48	EXC	272	43	RCL
013	33	X²	078	76	LBL	143	85	+	208	04	04	273	02	02
014	55	÷	079	15	E	144	53	(	209	49	PRD	274	85	+
015	01	1	080	42	STO	145	01	1	210	04	04	275	43	RCL
016	02	2	081	22	22	146	02	2	211	65	×	276	16	16
017	54	)	082	01	1	147	55	÷	212	43	RCL	277	65	×
018	49	PRD	083	44	SUM	148	43	RCL	213	17	17	278	53	(
019	10	10	084	23	23	149	20	20	214	55	÷	279	43	RCL
020	95	=	085	43	RCL	150	75	-	215	02	2	280	03	03
021	48	EXC	086	23	23	151	01	1	216	55	÷	281	85	+
022	18	18	087	98	ADV	152	00	0	217	43	RCL	282	43	RCL
023	42	STO	088	99	PRT	153	54	)	218	19	19	283	04	04
024	17	17	089	42	STO	154	42	STO	219	33	X²	284	54	)
025	01	1	090	14	14	155	21	21	220	95	=	285	55	÷
026	85	+	091	44	SUM	156	65	×	221	44	SUM	286	43	RCL
027	43	RCL	092	14	14	157	43	RCL	222	08	08	287	13	13
028	10	10	093	03	3	158	03	03	223	43	RCL	288	95	=
029	85	+	094	44	SUM	159	42	STO	224	20	20	289	55	÷
030	43	RCL	095	14	14	160	02	02	225	22	INV	290	53	(
031	12	12	096	43	RCL	161	95	=	226	49	PRD	291	43	RCL
032	65	×	097	11	11	162	42	STO	227	02	02	292	15	15
033	43	RCL	098	55	÷	163	03	03	228	43	RCL	293	65	×
034	18	18	099	43	RCL	164	43	RCL	229	02	02	294	43	RCL
035	95	=	100	14	14	165	06	06	230	65	×	295	06	06
036	48	EXC	101	95	=	166	94	+/-	231	43	RCL	296	85	+
037	20	20	102	42	STO	167	42	STO	232	18	18	297	43	RCL
038	42	STO	103	13	13	168	08	08	233	95	=	298	16	16
039	19	19	104	43	RCL	169	85	+	234	22	INV	299	65	×
040	92	RTN	105	14	14	170	43	RCL	235	44	SUM	300	53	(
041	76	LBL	106	55	÷	171	21	21	236	06	06	301	43	RCL
042	11	A	107	53	(	172	65	×	237	43	RCL	302	07	07
043	47	CMS	108	43	RCL	173	43	RCL	238	20	20	303	85	+
044	29	CP	109	14	14	174	07	07	239	22	INV	304	43	RCL
045	42	STO	110	75	-	175	42	STO	240	49	PRD	305	08	08
046	05	05	111	03	3	176	06	06	241	06	06	306	54	)
047	22	INV	112	54	)	177	75	-	242	16	A'	307	55	÷
048	44	SUM	113	95	=	178	01	1	243	01	1	308	43	RCL
049	11	11	114	42	STO	179	02	2	244	75	-	309	13	13
050	04	4	115	25	25	180	65	×	245	93	.	310	95	=
051	35	1/X	116	33	X²	181	43	RCL	246	05	5	311	22	INV
052	42	STO	117	42	STO	182	18	18	247	55	÷	312	44	SUM
053	26	26	118	24	24	183	55	÷	248	43	RCL	313	12	12
054	91	R/S	119	43	RCL	184	43	RCL	249	20	20	314	50	I×I
055	76	LBL	120	05	05	185	20	20	250	95	=	315	75	-
056	12	B	121	42	STO	186	33	X²	251	49	PRD	316	43	RCL
057	44	SUM	122	01	01	187	65	×	252	07	07	317	22	22
058	11	11	123	00	0	188	43	RCL	253	48	EXC	318	95	=
059	91	R/S	124	42	STO	189	02	02	254	03	03	319	77	GE
060	42	STO	125	02	02	190	95	=	255	49	PRD	320	01	01
061	15	15	126	42	STO	191	42	STO	256	03	03	321	19	19
062	91	R/S	127	06	06	192	07	07	257	65	×	322	02	2
063	42	STO	128	42	STO	193	97	DSZ	258	43	RCL	323	08	8
064	16	16	129	07	07	194	00	00	259	18	18	324	42	STO

```
325  27  27
326  01  1
327  44  SUM
328  27  27
329  44  SUM
330  00  00
331  43  RCL
332  25  25
333  49  PRD
334  24  24
335  43  RCL
336  00  00
337  75  -
338  03  3
339  95  =
340  77  GE
341  03  03
342  47  47
343  43  RCL
344  25  25
345  49  PRD
346  24  24
347  43  RCL
348  12  12
349  68  NOP
350  63  EX*
351  27  27
352  67  EQ
353  03  03
354  75  75
355  42  STO
356  28  28
357  94  +/-
358  85  +
359  43  RCL
360  12  12
361  95  =
362  55  ÷
363  53  (
364  43  RCL
365  24  24
366  75  -
367  01  1
368  54  )
369  95  =
370  44  SUM
371  12  12
372  61  GTO
373  03  03
374  26  26
375  68  NOP
376  43  RCL
377  12  12
378  75  -
379  43  RCL
380  28  28
381  95  =
382  50  I×I
383  75  -
384  43  RCL
385  22  22
386  95  =
387  77  GE
388  00  00
389  93  93
390  43  RCL
391  12  12
392  99  PRT
393  43  RCL
394  22  22
395  99  PRT
396  00  0
397  72  ST*
398  27  27
399  01  1
400  22  INV
401  44  SUM
402  27  27
403  97  DSZ
404  00  00
405  03  03
406  96  96
407  43  RCL
408  23  23
409  85  +
410  43  RCL
411  26  26
412  95  =
413  35  1/X
414  85  +
415  01  1
416  95  =
417  33  X²
418  49  PRD
419  12  12
420  49  PRD
421  22  22
422  97  DSZ
423  09  09
424  00  00
425  82  82
426  91  R/S
427  76  LBL
428  71  SBR
```

Programm EWA 6: Mehrstellenverfahren mit Extrapolation zur Berechnung der ersten m positiven Eigenwerte für Eigenwertaufgaben zweiter Ordnung (TI-59)

Benutzeranleitung EWA 6: $y'' + (q(x) + \lambda p(x))\, y = 0,\ y(a) = 0,\ b_0\, y(b) + b_1\, y'(b) = 0.$

Die ersten m positiven Eigenwerte λ_μ ($\mu \in \mathbb{N}_m$) werden nach dem Schießverfahren mit dem Mehrstellenverfahren nach Newton-Raphson berechnet. Wird für den ersten Eigenwert λ_1 eine Genauigkeit $\epsilon = \epsilon_1$ gefordert, so wird der μ-te Eigenwert λ_μ auf $\epsilon_\mu = (1 + \frac{1}{1 \pm 1/4})^2\, \epsilon_{\mu-1}$ genau ermittelt.

(1) Programm EWA 6 einlesen. Ohne Drucker: [R/S] in PSS 3 9 2 und 3 9 5. Bei Bedarf mit 5 [*Op] 1 7 Speicherbereichseinteilung 559.49 wählen.

(2) [GTO] [SBR] [LRN]; Tastenfolge zur Berechnung von q(x) mit x = (R_1) eingeben; q(x) nach R_{10} speichern; Tastenfolge zur Berechnung von p(x) eingeben und mit [INV] [SBR] [LRN] abschließen.

(3) Eingabe: a [A] b [B] b_0 [R/S] b_1 [R/S] m [C] (falls $\lambda_2 > 4\lambda_1$: [D]) ϵ [E]

(4) Ausgabe: μ, λ_μ, ϵ_μ für $\mu \in \mathbb{N}_m$.

(5) Falls die Ausgabe aller Näherungswerte λ_{jk} für den jeweiligen Eigenwert λ_μ gewünscht wird: [*Prt] in PSS 3 4 9 und [*Adv] in 3 7 5.

Beispiel EWA 6 zeigt die Resultate für die ersten fünf Eigenwerte einiger Eigenwertaufgaben. Die Rechenzeiten betragen bei dieser für die Praxis relativ hohen Genauigkeitsanforderung bis zu zwei Stunden. Die zu λ_μ gehörende Eigenfunktion $y_\mu(x)$ können wir mit einer der im Abschnitt 2 entwickelten Methoden berechnen. So haben wir für den Eigenwert $\lambda_4 = 16{,}80586722$ der Aufgabe (B3-22) mit dem Verfahren AWA 9 (gewöhnliches Differenzenverfahren) die Funktionswerte $y_\mu(x_\nu)$ näherungsweise mit $y_0' = 1$, N = 10 und $\epsilon = \epsilon' = 0{,}0001$ bestimmt (Ergebnisse s. Beispiel EWA 6; die Druckbefehle für y' haben wir durch [*Nop] ersetzt). Aus den Funktionswerten erkennen wir den aus der Theorie bekannten Satz, daß die Eigenfunktion $y_\mu(x)$ in]a; b[($\mu - 1$) Nullstellen besitzt.

(B3-15)	(B3-15')	(B3-17)	(B3-17')
1.00000000	1.00000000	1.0000000	1.00000000
9.86960439	1.00000000	14.3810673	1.58864608
0.00000100	0.00000100	0.0000100	0.00000100
2.00000000	2.00000000	2.0000000	2.00000000
88.82643954	9.16804321	57.5242643	4.85229003
0.00000544	0.00000544	0.0000324	0.00000324
3.00000000	3.00000000	3.0000000	3.00000000
246.7401096	25.50766381	129.4296189	9.82097725
0.00001344	0.00001344	0.0000676	0.00000676
4.00000000	4.00000000	4.0000000	4.00000000
483.6106233	50.01734127	230.0970656	16.80586722
0.00002500	0.00002500	0.0001156	0.00001156
5.00000000	5.00000000	5.0000000	5.00000000
799.4379637	82.69696842	359.5267007	25.79860144
0.00004011	0.00004011	0.0001764	0.00001764

(B3-16)	(B3-18)	(B3-22)
1.00000000	1.00000000	1.000000
9.86960446	1.00000001	5.783006
0.00000100	0.00000100	0.000100
2.00000000	2.00000000	2.000000
39.47841744	4.06221014	30.469845
0.00000324	0.00000324	0.000544
3.00000000	3.00000000	3.000000
88.82644055	9.16804305	74.883473
0.00000676	0.00000676	0.001344
4.00000000	4.00000000	4.000000
157.9136709	16.31657971	139.032247
0.00001156	0.00001156	0.002500
5.00000000	5.00000000	5.000000
246.7401128	25.50766271	222.919247
0.00001764	0.00001764	0.004011

```
 0.0000
 0.0000

 0.3142
 0.2303

 0.6283
 0.1156

 0.9425
-0.1712

 1.2566
-0.2110

 1.5708
 0.0493

 1.8850
 0.2434

 2.1991
 0.1094

 2.5133
-0.1701

 2.8274
-0.2317

 3.1416
 0.0000
```

Beispiel EWA 6: Berechnung der ersten fünf Eigenwerte mit dem Mehrstellenverfahren für Eigenwertaufgaben zweiter Ordnung (TI-59)

Anhang

Zusammenstellung der Verfahren und Programme

Problem	Verfahren	Programm	Seite
$I = \int_a^b f(x)\,dx$	Romberg-Tangententrapezverfahren	INT 1	10
	Romberg-Sehnentrapezverfahren	INT 3	23
	Romberg-Simpsonverfahren	INT 5	33
Integration periodischer Funktionen	Tangententrapezverfahren	INT 2	17
Tabellarische Integration	Romberg-Sehnentrapezverfahren	INT 4	28
$y = y_0 + \int_{x_0}^{x} f(t)\,dt$	Romberg-Simpsonverfahren	INT 6	36
$y' = f(x, y)$ $y(x_0) = y_0$	Eulersches Polygonzugverfahren	AWA 1	46
	Verbessertes Polygonzugverfahren	AWA 2	50
	Verfahren von Heun	AWA 3	53
	Implizites Sehnentrapezverfahren	AWA 4	57
	Runge-Kutta-Verfahren	AWA 5	62
$y'' = f(x, y, y')$ $y(x_0) = y_0$ $y'(x_0) = y'_0$	Eulersches Polygonzugverfahren (TI-59)	AWA 6	73
	Eulersches Polygonzugverfahren (TI-58)	AWA 7	76
	Implizites Sehnentrapezverfahren (TI-59)	AWA 8	78
$y'' = f(x, y)$ $y(x_0) = y_0$ $y'(x_0) = y'_0$	Gewöhnliches Differenzenverfahren (TI-59)	AWA 9	84
	Gewöhnliches Differenzenverfahren (TI-58)	AWA 10	86
$y' = f(x, y, z)$ $z' = g(x, y, z)$ $y(x_0) = y_0$ $z(x_0) = z_0$	Eulersches Polygonzugverfahren (TI-59)	AWA 11	93
	Runge-Kutta-Verfahren (TI-58)	AWA 12	96
$y'' = f(x, y, z, y', z')$ $z'' = g(x, y, z, y', z')$ $y(x_0) = y_0,\ y'(x_0) = y'_0$ $z(x_0) = z_0,\ z'(x_0) = z'_0$	Eulersches Polygonzugverfahren (TI-59)	AWA 13	98
	Eulersches Polygonzugverfahren (TI-58)	AWA 14	101

Problem	Verfahren	Programm	Seite
$y'' + q(x)\,y' + p(x)\,y = r(x)$ $y(a) = y_a$ $b_0\,y(b) + b_1\,y'(b) = b_2$	Gewöhnliches Differenzen-verfahren (TI-59)	RWA 1	113
	Gewöhnliches Differenzen-verfahren (TI-58)	RWA 2	120
$y'' + p(x)\,y = r(x),\ y(a) = y_a$ $b_0\,y(b) + b_1\,y'(b) = b_2$	Mehrstellenverfahren (TI-59)	RWA 3	125
$y'' = r(x)$ $y(a) = 0,\ y(b) = 0$	Mehrstellenverfahren (TI-59)	RWA 4	130
$y'' = f(x, y, y')$ $y(a) = y_a$ $b_0\,y(b) + b_1\,y'(b) = b_2$	Verbessertes Polygonzugverfahren (TI-58)	RWA 5	135
	Verbessertes Polygonzugverfahren (TI-59)	RWA 6	141
$y'' = f(x, y),\ y(a) = y_a$ $b_0\,y(b) + b_1\,y'(b) = b_2$	Gewöhnliches Differenzen-verfahren (TI-58)	RWA 7	143
$y'' + (q(x) + \lambda\,p(x))\,y = 0$ $y(a) = 0$ $b_0\,y(b) + b_1\,y'(b) = 0$	Gewöhnliches Differenzen-verfahren (TI-58)	EWA 1	151
	Gewöhnliches Differenzen-verfahren (TI-59)	EWA 2	154
$y'' + \lambda\,p(x)\,y = 0$ $y(a) = 0,\ y(b) = 0$	Gewöhnliches Differenzen-verfahren (TI-58)	EWA 3	157
$y'' + (q(x) + \lambda\,p(x))\,y = 0$ $y(a) = 0,\ y(b) = 0$	Mehrstellenverfahren (TI-58)	EWA 4	159
	Mehrstellenverfahren (TI-59)	EWA 5	160
$y'' + (q(x) + \lambda\,p(x))\,y = 0$ $y(a) = 0$ $b_0\,y(b) + b_1\,y'(b) = 0$	Mehrstellenverfahren (TI-59)	EWA 6	169

Verzeichnis der Beispiele

Bezeichnung	Problem	Programm (Seite)
(B1-1)	$\int_1^8 \frac{dx}{\sqrt[3]{x}}$	INT 1 (11), INT 3 (24), INT 5 (34)
(B1-2)	$\int_0^{\pi/2} e^x \cos x \, dx$	INT 1 (11), INT 3 (24), INT 5 (34)
(B1-3)	$\int_0^3 (1+x)^{1,5} \, dx$	Test (6), (20), (31)
(B1-4)	$\int_3^7 \frac{x}{1+x^2} dx$	Test (6), (20), (31)
(B1-5)	$\int_0^3 \frac{dx}{1+x^5}$	INT 1 (11), INT 3 (24), INT 5 (34)
(B1-6)	$\int_0^1 \frac{\sin(\pi x)}{x} dx$	INT 1 (11), INT 3 (24), INT 5 (34)
(B1-7)	$\int_0^1 \sqrt{1-x^2} \, dx$	Test (13)
(B1-8)	$\int_0^1 \sqrt[3]{x} \, dx$	Test (13)
(B1-9)	$\int_0^{5\pi/6} \lvert\cos x\rvert \, dx$	Test (13)
(B1-10)	$\int_0^1 \frac{7}{2} x^{2,5} \, dx$	Test (13)

Bezeichnung	Problem	Programm (Seite)
(B1-11)	$\int_0^{\pi/2} \sqrt{\sin x}\, dx$	INT 1 (15)
(B1-12)	$\int_0^1 \sqrt[3]{1-x^2}\, dx$	INT 1 (15)
(B1-13)	$\int_0^3 (24\sqrt{1+x}+x^2)\, dx$	INT 1 (16)
(B1-14)	$\int_0^{\pi/4} (3x+\frac{2}{\pi}x^2-\tan x)\, dx$	INT 1 (16)
(B1-15)	$\int_0^1 \cos(2\sin(\pi x))\, dx$	INT 2 (18)
(B1-16)	$\int_0^{2\pi} e^{\sin x}\, dx$	INT 2 (18)
(B1-17)	$\int_0^{\pi} \frac{dx}{\sqrt{0{,}7+0{,}3\cos 2x}}$	INT 2 (18)
(B1-18)	$\int_0^{\pi} \ln(1+\sin^2 x)\, dx$	INT 2 (18)
–	Bremsen eines Kfz	INT 4 (29)
(B1-19)	$\int_1^x \frac{dt}{t}$	INT 6 (39)
(B1-20)	$0{,}5+\frac{1}{\sqrt{2\pi}}\int_0^x e^{-t^2/2}\, dt$	INT 6 (39)

Bezeichnung	Problem	Programm (Seite)
(B1-21)	Senkrechter Wurf mit Luftwiderstand	INT 6 (39)
(B2-1)	$y' = \frac{y}{x} - y^2,\ y(1) = 2$	Test (43), (49), (56), (61)
(B2-2)	$y' = y - \frac{2x}{y},\ y(0) = 1$	AWA 1 (47), AWA 2 (51), AWA 3 (53), AWA 4 (58), AWA 5 (63)
(B2-3)	$y' = (2y \ln x - 1)\frac{y}{x},\ y(1) = \frac{1}{2}$	AWA 1 (47), AWA 2 (51), AWA 3 (53), AWA 4 (58), AWA 5 (63)
(B2-4)	$y' = y + \cos x,\ y(0) = 0$	Test (43), (49), (56), (61)
(B2-5)	$y' = \sin 2x - y - 2y^3,\ y(0) = 0$	AWA 1 (47), AWA 2 (51), AWA 3 (53), AWA 4 (58), AWA 5 (63)
(B2-6)	$y' = 1 + x + y,\ y(0) = 0$	AWA 1 (47), AWA 2 (51), AWA 3 (53), AWA 4 (58), AWA 5 (63)
(B2-7)	$y' = -20y + \frac{19 + 20x}{(1+x)^2},\ y(0) = 1$	Test (65)
(B2-8)	$y' = 20y - \frac{19 + 20x}{(1+x)^2},\ y(0) = 1$	Test (65)
(B2-9)	$\frac{dv}{dt} = \frac{v_r - b v^2}{m_0/\dot{m} - t} - g,\ v(0) = 0$	AWA 1 (66)
(B2-10)	$\frac{du_c}{dt} = (20(1 - e^{-t/2}) - 5u_c)/0{,}8$ $u_c(0) = 0$	AWA 5 (67)
(B2-11)	$y'' = \frac{x - y}{4},\ y(0) = 1,\ y'(0) = 1$	Test (70), AWA 9 (85)
(B2-12)	$y'' = \frac{3\cos^2 x}{4\sqrt[3]{y}} - \frac{3}{2}\sin x \sqrt[3]{y},$ $y(0) = 1,\ y'(0) = 1{,}5$	AWA 6 (74), AWA 7 (77), AWA 8 (80), AWA 9 (85), AWA 10 (87)
(B2-13)	$y'' = \frac{1 - y'^2}{y},\ y(0) = 1,\ y'(0) = 0$	AWA 6 (74), AWA 8 (80)
(B2-14)	$y'' = -(4x^2 + 2)y - 4xy',$ $y(0) = 0,\ y'(0) = 1$	Test (70)

Bezeichnung	Problem	Programm (Seite)
(B2-15)	$y'' = -y^3,\ y(0) = 0{,}2,\ y'(0) = 0$	AWA 6 (74), AWA 8 (80), AWA 9 (85)
(B2-16)	$y'' = \frac{y'^2}{2y} - \frac{y}{2(1+x)^2},$ $y(0) = 0{,}25,\ y'(0) = 1$	AWA 6 (74), AWA 8 (80), AWA 11 (95)
(B2-17)	$y'' = \frac{3x}{1+x^3} y - \frac{9x^4}{4y^3},\ y(0) = 1,\ y'(0) = 0$	AWA 9 (85)
(B2-18)	$\ddot{h} = \frac{v_r - b\dot{h}^2}{m_0/\dot{m} - t} - g,\ h(0) = 0,\ \dot{h}(0) = 0$	AWA 6 (88)
(B2-18')	(B2-18) mit $b = b(h)$	AWA 6 (88)
(B2-19)	$u_c'' = \frac{1}{f^2 LC}(u(\tau) - u_c) - \frac{R}{fL} u_c',$ $u_c(0) = 0,\ u_c'(0) = 0,\ u(\tau)$ periodisch	AWA 6 (90)
(B2-20)	$\ddot{y} = \frac{1-t}{[1-(1-h_1/h_0)t^2]^3},$ $y(0) = 0,\ \dot{y}(0) = 0$	AWA 9 (92)
(B2-21)	$y' = -\frac{y}{2} - z,\ z' = y - \frac{z}{2},\ y(0) = 2,\ z(0) = 1$	AWA 11 (95)
(B2-22)	$y' = \frac{-xy+z}{1+x^2},\ z' = \frac{-y-xz}{1+x^2},$ $y(0) = 0,\ z(0) = 1$	AWA 11 (95)
(B2-23)	$y' = -yz,\ z' = (z-2y)z,\ y(0) = 0{,}5,$ $z(0) = -1{,}5$	AWA 11 (95), AWA 12 (97)
(B2-24)	$y'' = 2y + 3z',\ z'' = 2z - 3y',$ $y(0) = 0,\ y'(0) = 1,\ z(0) = 1,\ z'(0) = 0$	AWA 13 (100)
(B2-25)	$y''' = -xy,\ y(0) = 0,\ y'(0) = 1,\ y''(0) = 0$	AWA 13 (100)
(B2-26)	$y''' = -yy'',\ y(0) = 0,\ y'(0) = 0,\ y''(0) = 1$	AWA 13 (100)
(B2-27)	$y^{(4)} = -4\sin y,\ y(0) = 1,\ y'(0) = 0,$ $y''(0) = -2,\ y'''(0) = 4$	AWA 13 (100)
(B2-28)	$\frac{d\,i_L}{d\tau} = (u_c - 20\,i_L)/25{,}33,\ i_L(0) = 0$ $\frac{d\,u_c}{d\tau} = (\bar{u}(\tau) - u_c)\frac{40}{3} - 4000\,i_L,\ u_c(0) = 0$	AWA 11 (103)

Bezeichnung	Problem	Programm (Seite)
(B2-29)	$\ddot{x} = -c\sqrt{\dot{x}^2+\dot{y}^2}\,\dot{x},\ x(0)=0,\ \dot{x}(0)=v_0\cos\varphi_0$ $\ddot{y} = -g-c\sqrt{\dot{x}^2+\dot{y}^2}\,\dot{y},\ y(0)=0,$ $\dot{y}(0)=v_0\sin\varphi_0$	AWA 13 (105)
(B3-1)	$y''+\frac{y}{4}=\frac{x}{4},\ y(0)=1,\ y(\frac{\pi}{2})+2y'(\frac{\pi}{2})=\frac{\pi}{2}+2$	RWA 1 (115)
(B3-2)	$y''-\frac{2y}{x^2}=-\frac{1}{x},\ y(2)=0,\ y(3)=0$	RWA 1 (115)
(B3-3)	$y''+4xy'+(4x^2+2)y=0,$ $y(0)=1,\ y(1)-y'(1)=0$	RWA 1 (115)
(B3-4)	$y''-(1+x^2)y'+xy=0,\ y(0)=0,\ y(2)=1$	RWA 1 (115), RWA 3 (128)
(B3-5)	$y''-400y=0,\ y(0)=0,\ y(1)=0$	RWA 1 (116), RWA 2 (121), RWA 3 (126)
(B3-6)	$y''-\frac{3}{x}y'=0,\ y(0)=0,\ y(1)=1$	RWA 1 (116)
(B3-7)	$(1+x^2)y''+(\frac{3}{x}+5x)y'+\frac{4}{3}y=-1$ $y'(0)=0,\ y(2)=0{,}6$	RWA 1 (116), RWA 2 (122)
(B3-8)	$\frac{d^2y}{d\xi^2}=\frac{\xi(\xi^2-1)}{\xi^2+1},\ y(0)=0,\ y(1)=0$	RWA 4 (131)
(B3-9)	Durchbiegung eines Trägers	RWA 4 (133)
(B3-10)	$y''=\frac{1-y'^2}{y},\ y(0)=1,\ y(2)=\sqrt{5}$	RWA 5 (138), RWA 6 (142)
(B3-11)	$y''=\frac{3x}{1+x^3}y-\frac{9x^4}{4y^3},$ $y(0)=1,\ y(2)-y'(2)=1$	RWA 6 (142), RWA 7 (144)
(B3-12)	$y''=6xy^2,\ y(0)=1,\ y(1)=1$	RWA 6 (142), RWA 7 (144)
(B3-13)	$y''=-y'-\sin y,\ y(0)=1,\ y'(1)=0$	RWA 5 (138), RWA 6 (142), RWA 7 (145)
(B3-14)	Nichtlineare Durchbiegung eines Trägers	RWA 5 (139), RWA 6 (142)
(B3-15)	$y''+\lambda y=0,\ y(0)=0,\ y'(\frac{1}{2})=0$	EWA 1 (152), EWA 2 (156) EWA 6 (170)
(B3-15')	$y''+\lambda y=0,\ y(0)=0,\ y(1)=0$	EWA 4 (159), EWA 5 (162) EWA 6 (170)

Bezeichnung	Problem	Programm (Seite)
(B3-16)	$y'' + \left(\frac{3}{16x^2} + \frac{\lambda}{x}\right) y = 0,$ $y(1) = 0,\ y(2) = 0$	EWA 1 (152), EWA 2 (156), EWA 4 (159), EWA 5 (162), EWA 6 (170)
(B3-17)	$y'' + \lambda(9 + 4x - 4x^2)\, y = 0,$ $y(0) = 0,\ y'(\frac{1}{2}) = 0$	EWA 1 (152), EWA 2 (156), EWA 6 (170)
(B3-17')	$y'' + \lambda(9 + 4x + 4x^2)\, y = 0,$ $y(0) = 0,\ y(1) = 0$	EWA 5 (162), EWA 6 (170)
(B3-18)	$y'' + \frac{1}{x} y' + \left(-\frac{1}{x^2} + \lambda\right) y = 0,$ $y(0) = 0,\ y(1) + y'(1) = 0$	EWA 1 (152), EWA 2 (156), EWA 6 (170)
(B3-19)	$y'' + \frac{\lambda}{(1 - \frac{x^2}{2})^4} y = 0,\ y'(0) = 0,\ y(1) = 0$	EWA 1 (152), EWA 2 (156), EWA 5 (162)
(B3-20)	$y'' + \lambda\, p(x)\, y = 0,\ y(0) = 0,\ y(1) = 0$ $p(x)$: Sprungfunktion	EWA 1 (152), EWA 2 (156)
(B3-21)	$y'' + \lambda x^2 y = 0,\ y'(0) = 0,\ y(1) = 0$	EWA 1 (152), EWA 2 (156), EWA 5 (162)
(B3-22)	$y'' + (\cos x - \frac{x}{2} + \lambda)\, y = 0,\ y(0) = 0,\ y(\pi) = 0$	EWA 5 (162), EWA 6 (170)

Literaturverzeichnis

[1] *Baumann, W.:* Numerische Mathematik. Handwerk und Technik, Hamburg 1973.

[2] *Becker / Dreyer / Haacke / Nabert:* Numerische Mathematik für Ingenieure. Teubner, Stuttgart 1977.

[3] *Böhm, W.* und *Gose, G.:* Einführung in die Methoden der numerischen Mathematik. Vieweg, Braunschweig 1977.

[4] *Björck / Dahlquist:* Numerische Methoden. Oldenbourg, München / Wien 1979.

[5] *Bohl, E.:* Finite Modelle gewöhnlicher Randwertaufgaben. Teubner, Stuttgart 1981.

[6] *Collatz, L.:* Numerische Behandlung von Differentialgleichungen. Springer, Berlin / Göttingen / Heidelberg 1955.

[7] *Collatz, L.:* Eigenwertaufgaben mit technischen Anwendungen. Akademische Verlagsgesellschaft, Leipzig 1963.

[8] *Collatz, L.* und *Albrecht, J.:* Aufgaben aus der Angewandten Mathematik. Vieweg, Braunschweig 1973.

[9] *Gloistehn, H. H.:* Programmieren von Taschenrechnern 3 (TI-58/59). Vieweg, Braunschweig / Wiesbaden 1981.

[10] *Grigorieff, R. D.:* Numerik gewöhnlicher Differentialgleichungen, Band 1 und Band 2. Teubner, Stuttgart 1972 und 1977.

[11] *Hämmerlin, G.:* Numerische Mathematik I. Bibliographisches Institut, Mannheim / Wien / Zürich 1978.

[12] *Hainer, K.:* Numerische Algorithmen auf programmierbaren Taschenrechnern. Bibliographisches Institut, Mannheim / Wien / Zürich 1980.

[13] *Henrici, P.:* Elemente der numerischen Analysis, Band 2. Bibliographisches Institut, Mannheim / Wien / Zürich 1972.

[14] *Hoyer, K.* und *Schnell, G.:* Differentialgleichungen der Elektrotechnik. Vieweg, Braunschweig 1978.

[15] *Kahmann, J.:* Numerische Mathematik, Programme für den TI-59. Vieweg, Braunschweig 1980.

[16] *Kamke, E.:* Differentialgleichungen I. Akademische Verlagsgesellschaft, Leipzig 1977.

[17] *Meinardus, G.* und *Merz, G.:* Praktische Mathematik I. Bibliographisches Institut, Mannheim / Wien / Zürich 1979.

[18] *Schärf / Schierer / Aigner / Baron:* Programmieren mit den Taschenrechnern TI-58 und TI-59. Oldenbourg, Wien / München 1980.

[19] *Stiefel, E.:* Einführung in die numerische Mathematik. Teubner, Stuttgart 1965.

[20] *Stoer, J.:* Einführung in die Numerische Mathematik I. Springer, Berlin / Heidelberg / New York 1979.

[21] *Stoer, J.* und *Bulirsch, R.:* Einführung in die Numerische Mathematik II. Springer, Berlin / Heidelberg / New York 1978.

[22] *Törnig, W.:* Numerische Mathematik für Ingenieure und Physiker, Band 2. Springer, Berlin / Heidelberg / New York 1979.

[23] *Venz, G.:* Lösung von Differentialgleichungen mit programmierbaren Taschenrechnern. Oldenbourg, München / Wien 1980.

[24] *Willers, Fr. A.:* Methoden der praktischen Analysis. de Gruyter, Berlin 1950.

[25] *Zurmühl, R.:* Praktische Mathematik für Ingenieure und Physiker. Springer, Berlin / Heidelberg / New York 1965.

Sachwortverzeichnis

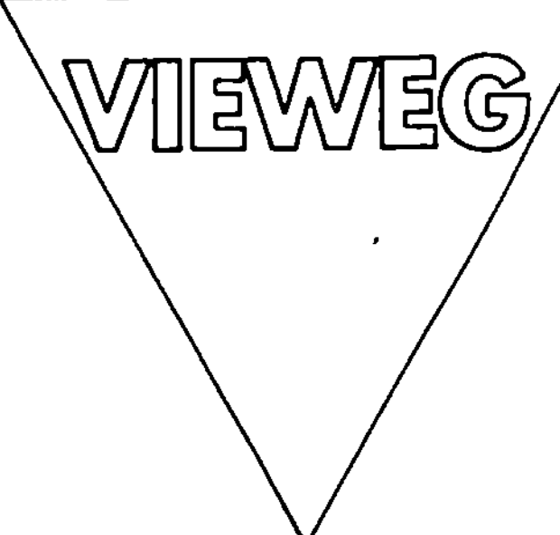

Hans G. Gloistehn

Lehr- und Übungsbuch für den TI-58 und TI-59

3. verb. Aufl. 1981. IV, 150 S. 12 X 19,5 cm (Programmieren von Taschenrechnern, Bd. 3). Kart.

Inhalt: Anleitung zum Programmieren mit dem TI-58 und TI-59: Manuelles Rechnen / Programmaufbau und Programmherstellung / Verzweigungen / Unterprogramme / Der Drucker PC 100 A – Programmbeispiele aus der Mathematik und Technik.

Dieses Lehr- und Übungsbuch führt den Leser in das Programmieren von Taschenrechnern ein, ohne daß Kenntnisse auf diesem Gebiet vorausgesetzt werden. Der Leser lernt die Programmiertechnik und die Fähigkeit, mathematische und technische Probleme zu formulieren und in die Sprache des Rechners umzusetzen.
Anhand vieler Beispiele aus der Mathematik und Technik wird gezeigt, wie die Programmiertechnik angewendet wird. Zahlreiche Übungsaufgaben geben dem Leser die Gelegenheit, sein gelerntes Wissen zu überprüfen und zu festigen. Das Buch wendet sich vorwiegend an Studenten an Fachhochschulen und Universitäten und an Lehrer und Schüler der Sekundarstufe II.